Carl August von Gersdorf

Allgemeine und besondere Anmerkungen vom einheimischen und fremden Handel,

von Sammlung einiger Abgaben, welche an sehr vielen Orten übel verstanden, und

noch schlimmer ausgeübet, und angebracht werden

Carl August von Gersdorf

Allgemeine und besondere Anmerkungen vom einheimischen und fremden Handel,
von Sammlung einiger Abgaben, welche an sehr vielen Orten übel verstanden, und noch schlimmer ausgeübet, und angebracht werden

ISBN/EAN: 9783744672832

Hergestellt in Europa, USA, Kanada, Australien, Japan

Cover: Foto ©Suzi / pixelio.de

Weitere Bücher finden Sie auf **www.hansebooks.com**

Allgemeine und besondere Anmerkungen

vom

einheimischen und fremden

Handel,

von

Sammlung einiger Abgaben,

welche an sehr vielen Orten übel verstanden, und noch schlimmer ausgeübet, und angebracht werden.

Cosmopolis.

Einleitung.

Ich habe mir vorgenommen von dem Schaden zu reden, welchen ein übel geführter fremder Handel anrichten kann, besonders, wenn derselbe unnöthiger Weise in solchen Ländern übertrieben wird, welche mit festen Boden umschlossen, keine gute Schiffarth treiben können, außer diesem aber fruchtbar sind, und edle wie unedle Metalle unter ihren Füssen finden.

Um diese Sache sinnlich und deutlich zu machen, habe ich solche nach vielerley Umständen betrachtet, welche insgesammt beweisen: daß der übertriebene Handel in allen Ländern drey unvermeidliche böse Umstände hervor bringet. Nämlich:

1) Die Theurung der einheimischen Arbeit,
2) Den allzugroßen Zusammenlauf des Volks an einen oder wenige Orte,
3) Den überflüßigen Gebrauch fremder unnöthiger Waaren.

Wer aber beweißen will, daß aus vielerley Umständen, einerley Würkung hervorgebracht wird, der muß von derselben mehr als einmal sprechen.

Die Leser werden also zur Gedult ermahnet, durch einige Wiederholungen sich nicht abschrecken zu lassen.

Ich hoffe dieses um so eher zu erlangen, weil ich eine Menge sich widersprechender Sätze unzähligemal als Axiomata wiederholen höre, ohne daß sich jemand darüber wundern oder dieselben untersuchen will. Zum Exempel: Alle Leute finden in der fremden Handlung großen Nutzen. Alle Länder wollen mehr verkaufen als kaufen, und von Fremden auf die gelobte Balance baares Geld heraus haben. Sobald dieses ausgedrucket wird, erscheinet die Thorheit; selbst diese Länder scheuen sich nicht dergleichen Sätze zu predigen, welche durch alte und neue Abgaben, die innländische Arbeit so theuer gemacht, daß deren Vertrieb sich nothwendig vermindern muß. Ich frage: ob es nicht jeden nachdenkenden Menschen lächerlich scheinen muß? Ein so abgeschmacktes Universal-Principium von der Balance des Handels zu hören, welche nur bey sehr wenigen und meistens denen von Natur armen Ländern statt haben kann. Dieses ist nicht anders, als wenn sich die Schwachheit träumen ließe, etliche hundert Läufer könnten alle, einen oder zwey, oder drey Gewinnste erhaschen, welche nur für so viele der besten Läufer ausgesetzt worden.

Wie einfältig würde es nicht seyn, wenn Spanien, Portugall, oder solche Länder, welche einträgliche Bergwerke haben, ihren Handel bloß nach Gewinn in baaren Gelde richten wollten? dieses wäre nicht anders, als wenn ein Land dessen geringere Anzahl der Einwohner das zugewachsene Getraide nicht verzehren könnte, sich beständig einen Ueberfluß von Korn wollten zuführen lassen, um die Ratten und Würmer zu mästen.

Solche

Solche Länder, welche keine edle Bergwerke besitzen, mögen nach baaren Gelde handeln, besonders, wenn sie mehr Einwohner haben, als sie von eigenen Zuwachs ernähren können; diese müssen wie Sklaven vor fremdes Geld arbeiten, damit sie Lebensmittel kaufen können.

Wollte man hier einwerfen: daß auch fruchtbare Länder sich durch das im Handel gewonnene baare Geld erhoben; so sage ich, daß solches oft durch Betrug, Gewalt, Unrecht und Tyranney gegen Fremde und gegen ihre Colonien zuwege gebracht worden, und daß diese Sache in der Länge nicht stichhalten kann, auch von andern nicht nachzumachen ist.

Auch zeiget uns das Abnehmen der Nahrung vieler andern Länder, und deren Schulden Last: wie wenig das Universal-Principium von der Balance des Handels bey denenselben gefruchtet hat, und wie sie durch den fremden Handel den einheimischen verdorben, indem die Theurung der gemeinen Nothwendigkeiten und Bequemlichkeiten das einheimische Gewerbe verdorben. Fraget man, wie dieses seit länger, als von Anfang dieses Seculi zugegangen? so antworte ich: überall hat man das Nebenwerk, das Reichthum einzelner Kaufleute, das Gewerbe einzelner Städte, vor dem gemeinen Nutzen, vor das wohl ausgetheilte Gewerbe des Landes angesehen, das erste zu Schaden des andern befördert.

Man hat niemals den Unterscheid betrachten wollen, welcher im Handel, nach Unterscheid der Lage, Fruchtbarkeit, Bevölkerung und andern Umständen der Länder zu machen ist.

Völker, welche mit festen Boden eingeschlossen, haben wie die Seefahrer geglaubet, aus den Speditionshandel ihr Hauptwerk machen zu dürfen.

Länder, welche edle und unedle Metalle unter ihren Füssen finden, haben von ärmern Ländern baares Geld durch den Handel erlangen wollen. Sie haben gewaltige Arbeit vor fremdes Geld unternommen, und das einheimische allgemeine Gewerbe wenig geachtet, woraus nur Abnahme der Nahrung, Verwahrlosung des eigenen Zuwachses und Verminderung der Einwohner entstehen.

Ich habe in dieser Schrift meine Gedanken auf die Umstände eines Landes gerichtet, welches mit festen Boden umschlossen, keine gute Schiffarth mit Fremden treiben kann, und zugleich edle und unedle Bergwerke besitzet; ob nun gleich viele Schriftsteller, so ich zu Bestätigung meiner Sätze angezogen, mehrentheils von den Handel großer See-Puissancen reden, so werden die von mir angeführten Stellen, nur zu größern Beweis des Schadens dienen, welcher durch einen unvorsichtigen Handel, denen Landen zugefüget wird, von welchen ich vornehmlich sprechen will; denn die See-Puissancen können oft durch die Weitläuftigkeit ihres Handels manchen Irrthum wieder gut machen, wozu die mit festen Boden eingeschlossene Länder keine Gelegenheit haben. Bey diesen letztern ist das Hauptwerk: daß der innerliche Handel wohl eingerichtet sey; um dieses zu erlangen muß keine Theurung der Arbeit entstehen, sondern wohlfeil zu leben seyn.

Ohne diese zween Umstände, kann der fremde Handel keinen Nutzen bringen; es wäre denn, daß er mit Gewalt nur auf eine Seite könnte gelenket werden.

Daselbst, wo die Abgaben Theurung verursachen, da kann der innerliche Handel nicht gut stehen; daselbst können auch die allgemeinen Einkünfte nicht sogleich vermehret werden, ohne noch größeres Verderben anzurichten; es müssen andere Anstalten vorhergehen, welche nicht plötzlich helfen können.

Wenn man von denen allzugroßen Abgaben gegenwärtig nichts erlassen kann, so ist die Hülfe darinnen zu suchen, daß die Abgaben verändert, und eine andere Art solche zu sammlen angestellet werde. Wenn das Volk durch diesen Weg Erleichterung gefunden, so werden
dessen

dessen Umstände verbessert, und nur dadurch kann in der Folge die Erhöhung der öffentlichen Einnahmen entstehen, ohne daß man fürchten darf, dieselben in der Folge vermindert zu sehen, wenn die Anstalten gut eingerichtet werden.

In dieser Absicht werde ich sagen, was für Fehler gemeiniglich bey denen Accis=Abgaben vorfallen, und wie auch diese öfters zu Abnahme der Nahrung Gelegenheit geben.

Ich habe viele der besten Schriftsteller angezogen, um meinen Vortrag zu bestätigen, und das Verkehrte, gewöhnlicher Anstalten zu zeigen. Dergleichen Stellen haben sich sehr gehäuffet, dieses habe ich mir zu gute gehalten, weil ich eingesehen, daß ich vorgefaßte Meynungen, irrige und dennoch angenommene Principia, ein übel verstandenes Interesse, eingewurzelte böse Gewohnheiten zu bestreiten habe. Diese Dinge sind durch allgemeine Vernunftschlüsse fast niemals zu überwinden, wenn nicht vorhero die Gemüther durch viele Zeugnisse gerühret worden. Nur alsdenn pfleget zuweilen die Neigung zu entstehen, das Böse abzuschaffen, die wahren Mittel dazu aufzusuchen, und nicht einen ewigen Schlendrian zu folgen.

Meine Absicht gehet bloß dahin, den großen Hauffen wohlhabender zu machen, und dadurch die öffentlichen Einnahmen in der Folge zu vermehren. Ohne das erste kann das andere nicht erfolgen. An vielen Orten ist die Nahrung durch die Accis=Abgaben von einheimischen Güthern gehemmet, und man siehet solche täglich abnehmen; wo aber dieses geschiehet, da nehmen die Menschen und der Zuwachs ab, und alsdenn können unsere Künste, selbst die Tyranney nicht Hülfe schaffen.

Der erste Schritt zur Besserung also, ist mit Veränderung der Accis=Abgaben zu machen, um die Theurung der einheimischen Arbeit zu vermindern; sobald dieser gethan, wird man den Weg zu mehrern finden.

Wollte

Wollte man sagen: diese Verbesserung wird wohl zu spät erscheinen; so ist die Antwort, wie folget: Unter einem durch uralte verkehrte Anstalten, und anderes Unglück arm gewordenen Volk, können, wie ich bereits vorhero gesaget, die Einnahmen nicht plötzlich steigen. Es sind vorhero solche Anstalten zu machen, welche nicht eben auf den heutigen Tag mehr Geld zu erheben versprechen, sonst gehet alles zurück. Wenn nur bey einer vorgeschlagenen Veränderung die gegenwärtigen Einnahmen nicht merklich abnehmen, so ist es genug. Und dahin will ich bedacht seyn. Auf Kleinigkeiten und einzelne Cassen kommt es hier nicht an; denn vielmals bringet die Vermehrung einer einzelnen Casse bey vielen andern zusammen genommen einen vielfachen Verlust zuwege.

Bisher haben wir gesehen, daß gemeiniglich und überall die plötzliche Vermehrung der Einnahmen gesuchet worden; so lange man aber nichts bessers vorgenommen hat, war alle Zeit verloren, und kein Anfang zur Besserung möglich; also ist der erste Schritt noch zu thun.

Wenn ich aber von solchen Anstalten rede, welche noch nicht gemacht sind, so soll dieses keinen jetzt lebenden Menschen zum Vorwurf dienen; denn die Irthümer sind insgesammt so alt, als die Einrichtung der General-Consumtions-Accise. Auch lesen wir zur Entschuldigung unseres Zeitalters in der Schrift:

Ordre naturel des Sociétés politiques, 8. Londres 1767. pag. 216. T. II. folgenden Ausspruch: "Wenn die vorhergehenden „Generationen durch dergleichen Unwissenheit gesündiget, so finden sich „überall gewaltige Schwierigkeiten gegen jede Abänderung, und es „können die Unordnungen nur nach und nach gehoben werden; aber „denen Heilungsmitteln, kann man dennoch nicht widerstehen, wenn „man das gemeine Beste achtet; doch die Erkänntniß des Uebels „muß vorhergehen, sonst ist aller Eifer verlohren. Selbst die höchste „Gewalt,

„Gewalt, würde zu schwach seyn, der Blindheit alter Vorurtheile, der
„Hartnäckigkeit, so von der Gewohnheit herrühret, der Tyranney,
„so aus einem gegenwärtigen Mangel entstehet, oder der verrätherischen
„Stärke des Eigennutzes zu widerstehen; Gegen diese Feinde kann
„uns nichts schützen, als die allgemeine Einsicht von denen Ursachen
„des Uebels". In dieser Betrachtung habe ich diese Gedanken aufgesetzet, zumal, da ich in der deutschen Uebersetzung von des Graf Veri Staatswirthschaft, 8vo 1774. bey Waltern in Dreßden gedruckt, p. 25. folgendes gelesen:

„Je erleuchteter das Volk seyn wird, desto sicherer kann auch ein
„Landesherr seyn: daß dessen Diener am Wohl des Landes arbeiten.
„Desgleichen ibid. p. 206. Unter einem unterrichteten Volk wird
„man jene böse Reden, und das oft gefährliche Murmeln nicht hören,
„welches verursachet, daß ein Minister erblasset, sobald er die Hand
„anlegen will alte Mißbräuche abzuschaffen, welche die Quelle des
„Elendes sind, so die Gesellschaft erduldet".

Wollte man gegen diese Gedanken alle böse Exempel von vielen Gegenden, oder Ländern anführen, und sich einbilden, dadurch starken Einwurf zu machen, so ist die Antwort kurz: Viele Millionen Menschen glauben an Mahomet, und dieses können die Christen doch nicht gut heißen.

Alles was in dieser Schrift gesaget ist, wird nicht allen Menschen, nicht jeder besondern Stadt, oder Kaufmann gefallen, und also Anfangs nicht einen allgemeinen Beyfall, noch weniger eine (in diesem Leben ohnmöglich zu erlangende) Vollkommenheit darstellen, aber diese Betrachtungen sind ohnfehlbar nützlich und nöthig, wenn man in denen

I. Th.   B

2

nen Ländern, wovon ich rede, dem Grund der Krankheit entgegen arbeiten, und nicht unzulängliche Heilungsmittel anwenden will.

Ein Medicus, welcher denen Kranken helfen will, muß den Grund der Krankheiten kennen.

Erster Theil.

Erstes Kapitel.
Von Landesschulden.

Die meisten Länder in Europa stecken in elenden Schulden; Auch solche haben dieses Verderben über sich gezogen, welche edle und unedle Metalle unter ihren Füßen finden. Einige Gedanken, so mir hierbey eingefallen, will ich hier aufsetzen, und zeigen: daß ein schlechter Handel mit Fremden mehrentheils daran schuld ist.

Ich stelle mir zum Exempel ein Land wie Sachsen vor, welches mit Bergwerken also versehen ist: daß jährlich 1 Million Werth an edlen Metallen und Produkten aus der Erde gegraben worden; welches daneben ein fruchtbares Land ist, und viele Fabricata und Manufacta an Fremde verkaufet.

Betrachten wir nur blos die Einkünfte vom Bergbau, so müßte ein solches Land von Anno 1707. bis 1756 blos durch diesen Kanal an

Reichthum 49 Millionen zugenommen haben, wenn alle übrige Umstände gleich gewesen wären.

Dürfte aber ein solches Land behaupten: daß es auch durch seinen Handel mit Fremden einen Gewinnst gemachet, so wäre dem vorigen Reichthum noch dieser Handelsgewinnst zugewachsen, und Anno 1756 keine Schulden vorhanden gewesen.

Wann aber Anno 1756 in vollen Frieden (a) die **Armuth** bereits eingerissen, so würde dieses ein deutliches Zeichen von einem beständigen Ausfluß des Geldes, das ist von einem übertriebenen Gebrauch fremder Waaren, oder welches einerley, von einem abgeschmackt unglücklichen Handel mit Fremden darstellen. Denn in Friedenszeiten können die fruchtbaren Länder, welche nicht Contribution, oder Subsidien an Fremde bezahlen, nur durch den Handel mit Fremden und Versäumniß der Landwirthschaft, (welche oft durch die Begierde nach fremden Handel zuwege gebracht wird) arm werden.

Ein Einwurf gegen das, was ich gesaget, scheinet der Mühe werth zu seyn, daß davon gesprochen wird. Man könnte fragen: ob nicht andere böse Wirthschaft zu Versplitterung der vorgenannten Summen und denen Schulden könnte Gelegenheit gegeben haben, und warum ich denn alles auf den Handel schieben wolle?

Darauf antworte ich: daß dieses meine Absicht nicht ist, sondern ich gebe zu, daß ein guter Theil des Ausflusses des Geldes, anderer böser Wirthschaft zugeschrieben werden mag; Aber ein **49 Jahr** lang übertriebener Gebrauch unnöthiger fremder Waaren, muß darzu viel beygetragen haben, denn es ist nicht wahr, daß man solche Summen immer

---

(a) Anno 1707 zogen die Schweden aus Sachsen, und Anno 1756 war erst der Anfang des letztern verderblichen Krieges. Was den Preußischen Einfall de Anno 1745 betrift, dieser war von so kurzer Dauer, daß er diese Summen nur um 2 oder 3 Millionen vermindern kann. In der übrigen Zeit waren keine Feinde in Sachsen.

immer wegschenket, ohne fremde Waaren dafür zu erlangen es ist auch nicht wahr, daß seit 1707 bis 56 beständig nur Unglück in Sachsen geherrschet, wohl aber ein allzu großer Gebrauch in fremden Waaren, welcher allen Menschen vor Augen gelegen.

Man lege also einer besondern bösen Wirthschaft so viel auf den Hals, als man will, so wird ein übel verstandener, und alles innerliche Gewerbe umstürzender fremder Handel immer mehr Armuth und Unglück hervor gebracht haben, als jene.

1) Wenn zum Exempel eine besonders nachläßige Wirthschaft und allerhand Unglück Anno 1756. 49 Millionen an Reichthümern von Bergwerken weggenommen hätten (b), so sollte doch (wenn der fremde Handel, Gewinnst zuwege gebracht,) das

2) vor ausgeführte Manufacta gewonnene Geld, als Zuwachs des Reichthums vorhanden gewesen seyn, und es wäre keine Gelegenheit entstanden, die Armuth zu vermehren.

3) Wollte man endlich gegen alle Wahrscheinlichkeit diese beyden ersten Summen zusammen, einer bösen Wirthschaft allein zuschreiben, so würden dennoch die aufgelaufenen Schulden, als ein dritter Verlust auf den unbedachtsamen Gebrauch fremder Waaren, das ist auf einen tödtlichen Handel fallen. Es ist also kein einiger Fall, welcher den Schaden abzuwenden vermag, welchen der Handel verursachet hat.

Hier könnte die Frage entstehen, wie ist es möglich: daß man über dergleichen Materien so unterschiedener Meynung seyn kann, und wie

(b) Ich rede blos von der Zeit bis 1756. als derjenigen, wo die Abnahme der Nahrung, die Armuth bestätiget, und die Schulden bereits gemacht waren, damit man nicht alles Elend auf den letzten Krieg zu schieben, und den Handel vom Verderben frey zu sprechen, sich einfallen lasse.

wie die meisten Sachsen noch jetzt von ihren Handel mit Fremden so vortheilhafte Gedanken hegen dürfen?

Die folgende Erzählung kann darauf zur Antwort dienen:

Es war eine üppige Zeit von langer Dauer, in welcher man von Fremden Geld borgete, und ihnen solches für ihre Waare wieder schickte, ob sie gleich oft bey uns nur als Ueberfluß anzusehen war.

Dieses Geld circulirte jedesmal auf eine kurze Zeit bey uns im Lande, und brachte ein gewisses Gewerbe zuwege. Das geborgte Kapital, so ins Land gezogen ward, und der Ausfluß desselben, wenn die fremden Waaren und einige dieser Darlehne, samt denen Zinßen an Fremde mußten bezahlet werden, gieng durch die Hände einiger Kaufleute, diese machten bey diesen dreyfachen Transport des Geldes jedesmal Gewinn, und bereicherten sich nach und nach.

Die einheimischen Mäkler derer zu unsern übermüthigen Gebrauch eingebrachten Waaren, erwarben gleichfalls Vermögen, indem sie viel Geld aus den Beutel des großen Haufens in ihre einzelne Cassen gezogen, wenn sie die fremden Waaren im Lande verkauften.

So lange diese Wirthschaft durch den fremden ausgegebenen Credit dauerte, glaubte eine allgemeine Schwachheit, der Handel in Sachsen blühe, das Ende von diesen Handel konnte nicht anders seyn, als erfolget ist: Das Geld ist großentheils zu Fremden gereiset, ein kleiner Theil ist aus den Beutel des großen Haufens in einzelne Hände gefallen. Die Neigung zur Ueppigkeit nebst der Armuth ist übrig geblieben, und die Blindheit über den sächsischen Handel dauert noch diesen Tag.

Zweytes Kapitel.

Allgemeine Betrachtungen vom Handel, welche uns zeigen, was bey dem Handel geschehen muß, wenn derselbe einem Lande nützlich seyn soll, wie solche von den besten Autoribus angegeben werden.

Mr. du Tot, in Reflexions politiques sur les Finances et le Commerce. Tom. II. pag. 166. sagt:

„Der Grund und die Dauer des Commercii bestehet in der Man„nigfaltigkeit der Güter, welche ein fruchtbares Land hervorbringet. „Dessen Wachsthum und Beförderung kann von nichts, als von der „Beschäftigung und Fleiß der Einwohner eines Landes abhangen (c). ibid. p. 168. stehet:

„Alles was den Anbau des Landes und Ackers vermehret und verbes„sert, alles was unsere Manufakturen vermehret, was den Vertrieb „und Transport derselben zu denen Fremden erleichtert, dieses verdienet „Protektion, weil dergleichen Sachen dem Staat so nützlich sind, „als denen Particuliers.

„Der Handel hat in Absicht auf das Wohlseyn des Staats nur „zwey Absichten, nämlich: daß

1) „der Ueberfluß seines Zuwachses und seiner Fabriquen aus „dem Lande gehen, (wenn nämlich die innerlichen Bedürfnisse „besor=

(c) Wenn er nun in Verfolg dieser Worte, die Application auf die Franzosen, seine Landesleute macht, so spricht er: „die Activité fehlet den Franzosen nicht, sie „haben das Genie, was zum Handel nöthig ist; aber sie appliciren sich auf fal„sche Commercia (das ist: welche den Staat keinen Vortheil bringen) weil die„selben unter uns gelitten werden, und weil sie sich vorstellen, dadurch reichlicher „und eher die Früchte vor sich selbst zu sammlen".

I. Th.   C

„besorget sind) (d) und daß dadurch die absoluten Nothwen=
„digkeiten, von denen Fremden herbey geholet werden.

2) „Daß der Staat sowohl, als die Particuliers an Vermögen
„wachsen.

Ibid. p. 170 finden wir folgende Worte:

„Wenn wir sehen, daß uns die Fremden mehr Waaren liefern,
„als wir ihnen verkaufen, so ist das Mittel dagegen dieses: den Ge=
„brauch der überflüßigen und unnöthigen Waaren abzuschaffen (e).
Dieser halben sagt Herr Melon in seinen Essais politiques sur le
Commerce et les Finances, Edit. Amsterd. in 8vo 1742. p. 272.

„Dasjenige, was als Luxus bey uns zu gebrauchen nicht unter=
„saget ist, muß oft verboten werden, wenn uns die Fremden solches
„liefern.

Der zu Dresden 1753. in 8vo in französischer Uebersetzung heraus
gegebene Negotiant Anglois p. 6. sagt:

„Die verständigen Völker lassen sich angelegen seyn, ihren ange=
„henden Fabriquen aufzuhelfen, indem sie die fremden Manufacta
„(von gleichen Genere) entweder gar nicht zu sich kommen lassen, oder
„doch mit starken Abgaben belegen.

Ibid. p. 7. sind folgende Maximen von einem nützlichen Handel ge=
geben.

I.

„Der Debit unserer Manufakturen an Fremde ist überhaupt das
„vortheilhafteste, was eine Nation wünschen kann.

2. „Wenn

(d) Hier meynet der Autor, diese Bedürfnisse sollen von einheimischer Arbeit, und
nicht durch Fremde besorget werden, wie die Folge erkläret.

(e) Und wenn wir uns durchaus einbilden, diese oder jene Zierlichkeit nöthig zu ha=
ben, so müssen wir lernen, solche selbst bey uns hervor zu bringen.

2.

„Wenn nun eine solche Ausfuhre noch in solchen Dingen bestehet, „welche uns überflüßig sind, und uns an unsern Nothwendigkeiten „nichts abgehet, so ist der Nutzen desto größer.

3.

„Wenn die Einfuhre von fremden Waaren bey uns in solchen „Dingen bestehet, woraus wir Fabricata verfertigen können, welche „wir sonst in ganz fertigen Zustand von Fremden haben holen müssen, „so wird dem Lande viel ersparet.

4.

„Der Tausch von Waaren gegen Waaren ist gemeiniglich nützlich.

5.

„Wer seine Schiffe an Fremde verleihet, oder fremde Waaren „durch deren Hülfe wieder an Fremde verführen lässet, dieser hat einen „klaren Verdienst (f).

6.

„Wenn fremde Waaren zu uns kommen, und wieder an Fremde „verführet werden, so wächset uns ein Vortheil zu (g).

7.

„Die Sachen, welche uns von Fremden zugeführet werden, und „zur absoluten Nothwendigkeit gehören, kann man nicht unter die „schädlichen Dinge rechnen.

8.

„Die Zufuhr von solchen Dingen aber, welche blos zum Uebermuth „gehören, diese sind ein wahres Verderben des Staats.

9) „Die

(f) Bey großer Schiffarth ist dieses universaliter wahr.
(g) Doch müssen sie durch einheimisches Fuhrwerk verführet werden, wenn der Vortheil merklich seyn soll.

9.

„Die Zufuhre solcher fremden Dinge, welche wir bey uns selbst
„verfertigen, und welche also den Vertrieb und die Consumtion unse-
„rer Arbeit verringern, ruiniren uns sicherlich, besonders, wenn das
„Materiale denen Fremden wohlfeiler in die Hände fället, oder deren
„Arbeiter mit weniger Lohn leben können; Denn dieses machet ihre
„Waaren wohlfeiler, und ruiniret unsere Fabriquen (h).
ibid. p. 16. sagt der Autor.

„Wenn eine fremde Nation solche Waaren von uns ziehet, welche
„sie nicht entbehren, und anderwärts nicht eben so wohlfeil, oder bes-
„sern Kaufs haben kann, so ist man ihr keine solche Erkenntlichkeit
„schuldig, welche die Einfuhre ihrer Waaren bey uns favorisiret.
ibid. p. 24. merket der Autor an:

„daß wenn die Engelländer so unverständig seyn sollten, die Im-
„posten auf fremde Waaren zu vermindern, so müßten sie von solchen
„Waaren überschwemmet und ruiniret werden.

ibid. p. 33.

„beschreibet der Autor, was es heiße, die Balance des Commer-
„cii wider sich haben. Nämlich: wenn unser baares Geld an fremder
„Länder Arbeiter, für Waare weggeschicket, und dadurch die Arbeit
„und der Verdienst unsers Volkes vermindert wird.

ibid. p. 34. stehet:

„Wenn ein fremdes Land gegen unsere Manufacta, uns solche
„Waaren liefert, welche man Materias primas heißt, so ist gegen
„solche Länder, die Balance vor uns; denn durch die Materias pri-
„mas

(h) Also gehet es denen Sachsen oft mit den Brandenburgischen wollenen Waaren,
Tüchern, Frießen, Hüten, Strümpfen, Clincaillerie und mit vielen andern
Waaren.

„was wird die Gelegenheit zu unserer Arbeit überhaupt vermeh-
„ret (i).

Pag. 50. ibid. ist eine fernere Erklärung dieser Sachen gegeben, der Autor nimmt den Handel zwischen Engelland und Portugal zum Exempel, und sagt:

„Dasjenige, was die Portugiesen den englischen Arbeitern, für
„ihre Manufacta mehr bezahlen, als diese Nation der erstern, dieses
„ist der klare Gewinnst für die Engelländer, und ein sicherer Verlust
„für die Portugiesen.

„Desgleichen, wenn unsere Früchte den Portugiesen zugeführet
„werden, so bezahlen dieselbigen unsern Landesbesitzern ihre Renten.

Also und nicht anders meynet der Autor, sey die Balance des Handels zu bestimmen. Daraus und aus mehrern Instanzien ziehet er p. 213. T. I. den Schluß:

„daß man auf die innerliche Consumtion der Einwohner, am aller-
„meisten Acht zu haben hätte, und die fremden Waaren aus der ein-
„heimischen Consumtion verbannen müsse, und solches kann nicht an-
„ders, als durch das gänzliche Verbot, oder sehr hohe Imposten zu-
„wege gebracht werden.

Denn fähret der Autor fort:

„Man darf nicht glauben, daß unser Volk die einheimischen
„Früchte und Fabriquen consumiren wird, wenn es die fremden Dinge
„wohlfeiler, oder mit mehr Leichtigkeit erlangen kann. Aber so wie

C 3 „durch

(i) Doch ist hier zu merken, daß die von Fremden gekauften Materiae primae einem Lande bey weiten nicht den Profit können bringen, als die Verarbeitung der Einheimischen. Denn für die ersten müssen wir unser Geld wegschicken, und die Circulation unsers Zuwachses samt der Arbeit des Landmanns kann dadurch wenig, oder nichts gewinnen, also bleiben die einheimischen Materiae primae und deren Verarbeitung bey uns allezeit das vornehmste Object; wenn dafür gesorget ist, alsdann ist es Zeit, an die Fabriquen von fremden Materien, die übrigen Hände anzulegen, wenn deren vorhanden sind.

„durch den Gebrauch der fremden Waaren der Fleiß und die Arbeit
„unsers Volks abnimmt, so verlieret sich ein Theil davon aus dem
„Lande. (Und dieses machet das Ende aller Glückseeligkeit und
„Wohlfahrt).

Es ist schwer a priori zu bestimmen, wie viel Menschen ein Land fassen und ernähren kann; aber es ist leicht zu merken, ob daselbst eine hinlängliche Anzahl Einwohner und Gewerbe angetroffen werden oder nicht.

So lange ein fruchtbares Land un= oder **schlecht** bearbeitete Felder hat, und viel fremde Fabriquen brauchet; so lange fremde Fuhrleute dergleichen Manufacta, oder andere Nothwendigkeiten, mitten in unsere Länder bringen, und von einem unserer Orte zum andern schleppen, so können wir sicher seyn, daß wir wenigstens so vielen Landeskindern mehr Nahrung schaffen könnten, als wir Fremde durch obgenannte Gelegenheiten ernähren und in Arbeit setzen.

Ich sage wenigstens; Denn sobald diese Leute vorhanden, und in Nahrung gesetzet sind, so bedürfen sie wieder anderer, und auch diese haben wieder neuer Menschen Hülfe vonnöthen, also, daß man sich Anfangs schwer vorstellen kann, wie weit diese Sache zu treiben ist.

Vielleicht könnten unterschiedene Länder noch ein 6tel so viel Menschen (als sie einschliessen) bey sich ernähren, wenn alle Gelegenheit zur Nahrung und Gewerbe recht wohl besorget, und diese Menschen wohl vertheilet würden.

Sollte dieser Satz ein und andern widersinnig scheinen, dem dienet zur Nachricht: Wenn eine solche Menge Menschen auf einmal zu uns kommen sollten, so müßten selbige verhungern, oder so viel andere vertreiben, weil unsere Sachen nicht darnach eingerichtet sind.

Aber, wenn sie nach und nach, durch gute Anstalten uns zuwachsen könnten, oder zugewachsen wären, so würden sie insgesamt Nahrung finden und glücklich seyn.

Wer hätte zu Zeiten: der spanischen Unruhen in den Niederlanden sich traumen laſſen? daß die kleine Provinz Holland, jemals ſo viel Menſchen erhalten und ernähren könnte, als ſolche wirklich in sich faſſet.

Wer hätte geglaubet? daß dergleichen Vermehrung des Volks, an einen ſolchen Ort ſtatt finden könnte, wo, von der Natur, außer Fiſchen und Viehzucht, ſo wenig Zuwachs zum menſchlichen Leben hervorgebracht wird.

Warum ſollte dieſes anderwärts in gehörigen Verhältniß nicht auch angehen.

Es iſt wahr, ohne große Schiffarth wird man durch das Frachtlohn niemals ſo viel, als Holland verdienen.

1) Weil es ohnmöglich iſt z. E. in einen mit feſten Boden eingeſchloſſenen Lande, ſo viel Fuhrleute in Nahrung zu ſetzen, als die holländiſchen Schifleute ausmachen.

2) Weil der Zuwachs in Oſtindien von einer Menge Gewürz, welcher von dannen kann geholet, und allen Völkern zugeführet werden, ihnen eigen iſt.

Aber, wer ſaget denn? daß eben der Spedition= oder Commiſſionhandel in allen Ländern das Hauptwerk ausmachen ſollte? Wer hat uns denn gelernet, daß der fremde Handel überall den innerlichen Gewerbe, ſo von Manufakturen und anderer einheimiſcher Arbeit herkommt, vorzuziehen ſey?

Ich will zu ſeiner Zeit ſagen, was z. E. bey den ſächſiſchen Fuhrweſen zu beobachten iſt, obgleich ſolches mit der holländiſchen Schiffahrt niemals zu vergleichen ſeyn wird.

Aber dieſen Irrthum werde ich niemals begehen, zu behaupten, daß ein Land wie Sachſen iſt, auf den Handel mit ganz entfernten Waaren, aus allen Theilen der Welt zuſammen geholet, aus der 3ten und 4ten Hand gekauft, von fremden Fuhrleuten mitten in unſer Land geſchlep=

geschleppet, oder auf Messen und Jahrmärkte, oder auf den Contrebandhandel sein Wohlseyn gründen soll.

Man darf nur bedenken, was alle gesittete Völker bey den Handel und Wandel vornehmlich suchen? Gemeiniglich kommt alles darauf an: daß sie ihren Einwohner Nahrung und Verdienst schaffen, und die beste Waare, ich meyne das Geld, gegen solche Produkte eintauschen, welche bereits die Einheimischen in Arbeit gesetzet haben. Und auch dieses Geld würde nicht die beste Waare genennet werden, wenn sie nicht vor andern geschickt wäre, die Einwohner aufs neue in Arbeit zu setzen, und einige unentbehrliche Nothwendigkeiten dafür von Fremden zu erkaufen, welche wir zu Hause nicht erlangen können.

Wer aber bey sich unter der Erde nicht nur Silber, sondern auch viel andere Materialien findet, für welche die Fremden nothwendiger Weise ihr Geld bringen müssen, weil sie solche bey sich nicht finden, der darf nur den allzu häufigen Gebrauch der überflüßigen fremden Arbeit, und anderer fremden Dinge bey sich abstellen, so behält er das Geld, und alsdann richtet sich die Nahrung des Volks, dessen Beschäftigung der innerliche Handel ist, leichter ein, als man glaubet, wenn die Industrie befördert und nicht gehindert wird, wie solches an vielen Orten geschiehet (k).

Die ersten und vornehmsten Angelegenheiten, sind die Manufakturen, diese schaffen vielen Leuten Brod, sobald wir dieselben bey uns consumiren, oder an Fremde verkaufen, doch ist die eigene Consumtion bey einheimischen Manufakturen, oder Fabriquen allezeit das Hauptwerk in denen mit festen Boden eingeschlossenen Ländern; dieserhalb sind die fremden Manufacta mit starken Abgaben zu belegen. Denn wie die Menschen und deren Verdienst sich unter uns vermehren, so wird das Land fleißiger gebauet, und mehr, oder nützlicher Zuwachs hervor

---

(k) Allerhand Abgaben hindern die Industrie gewaltig.

hervorgebracht. Der Anbau des Landes richtet sich allezeit nach der Consumtion. So lange wir aber fremde Fabriquen und fremder Länder Arbeiter ernähren, wie können wir unsern Leuten hinlänglichen Verdienst geben? Ein jeder unserer Einwohner müßte mehr Geld haben, und einen stärkern Aufwand zu machen im Stande seyn, als er wirklich machen kann und will. Da nun dieses einen Widerspruch in sich fasset, und wir Sachsen wirklich eine allzu große Menge fremde überflüßige Waaren kaufen und verbrauchen, so rennen wir in unser Verderben. Unsere Einwohner müssen von uns ziehen, um bey Fremden Arbeit und Nahrung zu finden; weil unser Handel fremde Einwohner ernähret, und denen Landsleuten die Arbeit und Nahrung entziehet; also muß das Volk sicher abnehmen.

Die untrüglichen Merkmaale eines jämmerlichen Handels, können durch folgende Beobachtungen, uns in die Augen fallen.

I.

Wir dürfen nur den Wechselcours, viele auf einander folgende Jahre hindurch ansehen, so werden wir gleich inne, wie es mit dem Handel eines Landes beschaffen ist.

Wenn nun dieser Wechselcours meist allezeit und wenigstens lange Jahre her, wider den Nutzen eines Landes stehet, so können wir sicher seyn: daß für fremde Waaren mehr Geld weggeschicket wird, als für unsere Producta zu uns kommt, und dahero ist ein solcher Handel im Ganzen nichts nutz (1).

2. Wenn

(1) Es ist zwar wegen dieser Anmerkung von Wechselcours zu sagen: daß unsere Wechsel zuweilen an einen Ort verlieren, und an den andern gewinnen können. Aber davon ist hier die Rede nicht; sondern vom Ganzen: Wenn die Wechsel daselbst gemeiniglich verlieren, woher die größte Menge fremder Waaren zu unserm Gebrauch zu uns geschicket wird.

I. Th.   D

2.

Wenn unser grobes gutes Geld beständig unter den wahren Werth verwechselt worden und verschwunden ist.

3.

Wo die meisten Fabriquen fallen, und der Verdienst der Fabrikanten abnimmt:

4.

Wenn in vielen unserer Städte die Häuser leer stehen und den Preiß verlieren.

5.

Wenn in gemeinen Jahren der Zuwachs und die Früchte den Landmann weniger Nutzen, als vormals bringen.

6.

Wo die Steuern und Gaben sehr gesteigert werden, und dennoch nicht viel mehr austragen, als zu der Zeit, da die Gaben leidlicher waren.

7.

Wo eine elende Theurung der Arbeit eingerissen ist. An solchen Orten, sage ich: wird gewiß ein landverderblicher Handel, und niemals ein nützliches Commercium angetroffen (m); Daselbst handelt jeder Kaufmann nach eigenen Gefallen, ohne einige Absicht auf die Wohlfahrt des Landes, ohne die geringste Achtung auf die Gesetze (oder die Gesetze sind nicht wohl eingerichtet) ein jeder ist wider den andern, und alle gegen das gemeine Beste.

Demjenigen Volk aber, welches an meisten Orten seines Landes oberzählte Merkmaale antrift, demselben ist nicht erlaubet, daß es sich länger

(m) Hier können gewisse Länder, welche Possessiones in fremden Welttheilen haben, auf einige Zeit eine Ausnahme machen.

länger schmeichelt und überreden wolle, seine Umstände wären nicht so übel, sondern es ist hohe Zeit, daß es die gehörigen Mittel zur Genesung und Besserung anwende.

Daß der innerliche Handel und die einheimische Consumtion fruchtbarer Länder überall das Hauptwerk ausmachet, und eher, als der auswärtige muß eingerichtet werden, sagen uns selbst die Schriftsteller derjenigen Völker, welche große Schiffahrt treiben.

In dem Negociant Anglois T. I. p. 209. lesen wir:

„Das vornehmste von allem Handel ist die Consumtion unserer „Einwohner, daß nämlich deren Nothwendigkeiten im Lande gefun„den, und auch daselbst consumiret werden (n).

Und p. 242. ibid. erzählet er:

„daß die ganze Consumtion in Engelland (ohne den Miethzinß der „Häuser in Anschlag zu bringen) 42 Millionen Pfund Sterlings zu „schätzen sey, und die Exportation aller Waaren aus Engelland sey „nur 7 Millionen werth; also sagt der Autor: machet unser ganzer „ausländischer Handel bis hierher nicht einen sechsten Theil so viel aus, „als die innerliche Consumtion. Wenn wir nun noch die Importa„tion der fremden Waaren abrechnen, welche wir consumiren, beson„ders solche, welche den Umlauf einheimischer Arbeit vermindern, weil „wir eben dergleichen Waaren, bey uns entweder wirklich verfertigen, „oder hervorbringen könnten, alsdann wird man sehen, daß unsere „ganze Exportation nicht ein 20stes Theil so viel werth ist, als die in„nerliche Consumtion der Einwohner.

(n) Dieses wird von den Kaufleuten entweder nicht erkannt, oder doch wider die Ueberzeugung bestritten. Wenn aber dieses in solchen Ländern geschiehet, welche mit festen Boden umringet sind; so fället der Eigennutz dieser Menschen desto mehr in die Augen.

Mr. du Tot, in Reflexions politiques sur les finances et le Commerce, Edit. à la Haye 1740. Tom. II. p. 165. sagt:

„Die Bearbeitung der Erde und der Fleiß unserer Einwohner, „samt deren Geschicklichkeit, ist der Anfang und Grund aller Reich„thümer der Menschen, und also die zween einigen Gegenstände der öf„fentlichen Einnahmen. Es kommt also alles darauf an, daß wir un„sern natürlichen Gütern allen möglichen Gebrauch zu geben, und de„ren nützlichen Anwendung unsern Einwohnern und andern empfindlich „zu machen wissen: also, daß wir dadurch unsere gegenwärtige Noth„wendigkeiten besorgen, und die Fremden anreizen, solche bey uns zu su„chen, indem ihnen solche gefallen ꝛc. Dieses zusammen vermehret un„sere Circulation, und bringet die Balance des Handels also auf unsere „Seite: daß uns die Fremden baares Geld auf den Tausch zugeben.

„Diese Sorgfalt ist auch das wahre Mittel die Versplitterung „unserer Schäze zu vermeiden, und von unsern Volk die Auflagen „mit Leichtigkeit zu erlangen.

Pag. 66. ibid. lesen wir:

„Von dem Fleiß und Geschicklichkeit, von der vermehrten Indu„strie der Menschen, hanget es ab: daß dasjenige, was die Natur „hervor bringet, zu unsern Gebrauch zubereitet wird. Wenn aber die „Industrie unsers Volks durch einheimischen Zuwachs unterhalten „wird, alsdann wird das Commercium, so dadurch in Flor gebracht „ist, natürlich und beständig seyn.

In der Anno 1755. in Dreßden gedruckten Französischen Ueber= setzung der Discours Politiques des Englischen Autoris Hr. Hume p. 145. als er von den Mißbrauch des öffentlichen Credits in Engelland und dessen Kolonien redet, heißt es:

„Wenn dieser Credit der Pappiere (welche dorten circuliren abo„liret würde: wer könnte alsdann zweifeln: ob das Geld sich wieder

„in

„in die Kolonien hinziehen würde? Keinesweges! So lange diese „Kolonien die Manufakturen und Bequemlichkeiten bey sich haben „werden; so kann es ihnen nicht fehlen. Dieses sind die einigen „schätzbaren Dinge des Commercii, um derentwillen die Menschen al„lein nach dem Gelde Verlangen tragen.

Ibid. p. 156. lesen wir:

„Jedes Gouvernement hat Ursache alle Sorge anzuwenden, daß „es seine Unterthanen und seine Manufakturen beyzubehalten su„chet (o). Was das Geld anbelanget, dieserhalben darf man nicht „in Sorgen seyn: Dieses meynet der Autor, kommt von selbst, wo „jene gefunden werden.

Weil aber diese Materie von der Einfuhre fremder Waaren zu uns und der Ausfuhre unsers einheimischen Ueberflusses gänzlich abhanget; so will ich hiervon ein besonder Kapitul machen.

Drittes Kapitel.
Von Importation und Exportation der Kaufmannswaaren.

Da finden wir in den bereits allegirten Negociant Anglois in Discours préliminaire pag. XCVI. wo von der vortheilhaften Einrichtung des Englischen Handels geredet wird.

„Alle Exportation ihrer Manufakturen geschieht frey und ohne „Abgaben, ja zuweilen bekommen diejenigen einen Recompens, welche „einheimische Manufacta ausführen.

Ibid.

(o) Dieses letzte kann nur daselbst erhalten werden, wo das Leben und die einheimische Arbeit nicht durch Accisen theuer gemacht wird.

Ibid. pag. XCVII.

„Fremde Waaren, welche auf einheimischen Schiffen wieder
„ausgeführet werden, bekommen das Geld zurück, welches sie bey der
„Importation an die Douanen bezahlet haben. Jedoch sind von die=
„sen Vortheil ausgenommen, die Materiae primae, welche zu Ma=
„nufakturen dienen.

Ibid. pag. XCVIII. stehet:

„daß fast alle Produkte von fremden, welche in Concurrenz mit den
„Englischen stehen, verboten sind, oder mit gewaltigen Imposten bele=
„get werden.

Ibid. im 1. Theil p. 5. ist angemerket, was für Commercia einem Lande Schaden zuziehen. Da heißt es:

1) „Wenn uns fremde Dinge, welche nicht zur Nothwendig=
„keit, sondern zum Pracht, zum Ueberfluß und Schwelgerey
„gehören, zugeführet, und größtentheils bey uns consumiret
„werden.

2) „Wenn wir solche Dinge von Fremden holen und consumiren,
„welche wir selbst bey uns hervor bringen, oder doch produci=
„ren könnten, so leidet die Consumtion unsers Zuwachses,
„und die Beschäftigung unserer Einwohner.

Daraus folget: daß uns ohne Schaden von Fremden nichts zu unserer Consumtion kann zugeführet werden, was wir selbst bey uns verfertigen, oder finden können.

Der Autor giebet an diesem Orte ein Exempel, wie die Einfuhre der Französischen seidenen Zeuge die Englischen Seidenmanufakturen vor diesen zurück gehalten hat, und sagt ferner:

„Eben dieses Verderben würden die englischen Pappier= und Lein=
„wandfabriquen zu erwarten haben, wenn diese Art der Französischen
„Waaren nicht mit hohen Imposten beleget wären.

Ibid.

Ibid. p. 20. werden noch mehr Exempel angeführet:
„wie seit der Zeit, als die Französischen Brandteweine mit großen Ab-
„gaben beleget, in Engelland vielmehr Brandteweine von Malz und
„Melasses gemacht worden.
Ibid. p. 22.
„also hätten sich die Pappierfabriquen in Engelland nur seit der Zeit
„verbessert, als das Französische sonst so wohlfeile Pappier ganz ver-
„boten worden sey.
Ibid. p. 23.
„Dergleichen habe sich mit den englischen Seidenfabriquen zuge-
„tragen, seitdem die Französischen verboten wären.
Ibid. p. 33. findet man folgende Worte:
„Wir werden von denen Nationen von unsern Schätzen entblöset,
„welche uns für baares Geld viel Waaren liefern, aber diejenigen
„machen uns reich, welche von uns solche Dinge kaufen, so wir ent-
„weder selbst fabriciret, oder doch gegen unsere Manufacta von andern
„eingetauschet; denn auf diese Art hilft das fremde Geld, unsere Ein-
„wohner in Arbeit zu setzen, und diese Arbeit vermehret den Werth
„der Landgüter und den Ackerbau?
p. 45. giebet der Autor ein Exempel von einer andern Natur und
saget:
„daß zwar die Engelländer viel baares Geld für allerhand Waaren
„nach China und Ostindien schickten: Weil aber den Engelländern
„verboten wäre, Ostindische und Chinesische Zeuge zu brauchen, oder
„zu tragen, so würden dieselben, samt andern Waaren dieser Länder,
„wieder aus Engelland verführet, also thäten sie unter dieser Bedin-
„gung diesem Lande keinen Schaden. Wenn aber dergleichen fremde
„Manufacta bey uns consumiret würden, so würde uns freylich Scha-
„den zuwachsen.

p. 209.

p. 209. heißt es:

„Das sicherste Mittel ein gutes Commercium zu haben, ist: wenn „man sich des Debits seiner Landwaaren versichert und conserviret (p). Und ich setze hinzu: Dieser Debit sey innerlich oder äuserlich.

p. 165. T. II. citiret der Autor ein englisches Wochenblatt vom 1. Dec. 1704. worinnen diese Worte enthalten:

„Unser Commercium stehet jetzt, auf einen bessern Fuß, als seit „50 Jahren geschehen ist.

„Unter der Regierung des K. Carls II. wurden wir mit fran„zösischen Waaren, Moden, und Weinen überschwemmet, Frankreich „zog von uns einen Ueberschuß von 800,000 Pfund Sterlings; aber „unsere Gesetze und Verbote steuerten diesem Verderben.

p. 66.

„Die französischen Weine kosteten vormals den Engelländern „mehr, als unsere ganze Exportation nach Frankreich austrug.

Ibid. Tom. II. p. 36. sagt der Autor:

„Wenn wir nothwendigerweise, einige Dinge von Fremden holen „müssen, so ist es besser, selbige von einer solchen Nation zu nehmen, „welche gewohnet ist, unsere Manufakturen zu consumiren, als von „solchen welche von uns wenig oder nichts brauchen.

Ibid. p. 95. wird dieses durch Exempel erläutert:

„Frankreich sagt der Autor, liefert uns nicht wie die Nordischen „Länder solche Waaren, welche zu unsern Schiffbau nöthig sind. Es „liefert uns auch keine solche Dinge, welche wir weiter verführen „könnten, wie unser indianisches Commercium, auch keine Wolle, „oder Materialia zu unsern Manufakturen, wovon die Anwendung,
„unsere

(p) Wer solches erlangen will, muß gegen den Aufschlag der einheimischen Arbeit Vorsehung anwenden, daß ist: keine Abgaben von dergleichen Waaren und deren Vertrieb von einem Ort zum andern fordern.

„unsere erste Auslage vergüten können, sondern wir kaufen daselbst
„Wein, Brandtewein, zugerichtete Reh-Häute, Früchte, Leinwand
„und seidene Zeuge, von welchen Dingen uns die Consumtion gänz=
„lich zur Last fället, und hierbey ist nicht nur der Verlust des Geldes
„zu consideriren, welches wir auf diese Balance heraus zu geben haben.

„Man begreift leicht, daß je mehr wir französische Weine consu=
„miren, je weniger nehmen wir den Portugiesen und Italienern von
„den ihrigen ab; da uns nun das Commercium mit diesen Nationen
„immer vortheilhaft gewesen, so ist es nöthig, daß wir unsere Nothwen=
„digkeiten von daher ziehen, damit der Schaden, welchen sie ohnedem
„in der Balance leiden, ihnen nicht immer empfindlicher und endlich
„unerträglich wird. Wenn dieses geschiehet, dürfen wir nicht hoffen
„in diesen Ländern so viel von unsern Waaren anzubringen (q).

„Das wahre Reichthum und die gute Circulation hänget von
„der Consumtion des ganzen Volkes ab, und von der Austheilung
„des Geldes in kleine Partien, welche durch den einzelnen Handel ge=
„schiehet. Durch dergleichen Eintheilung und Consumtion können die
„Abgaben bezahlet werden. Dieses soll die Absicht des Regenten
„seyn."

Herr Ulloa, in Retablissement de Manufactures d'Espagne,
pag. 13. beschreibet den Handel, welcher einem Lande Nutzen bringen
soll, wie folget, und die Natur der Sache giebet dieser Definition
ihren Werth:

Der vortheilhafteste Handel sagt er, bestehet darinnen: „wenn
„ein Land seine übrigen Früchte und Manufakturen, den Fremden
„zuführet und verkaufet, diejenigen Lebensmittel aber und rohen Ma=
„terien,

(q) Diese Vorschrift kann nur daselbst befolget werden, wo eine große Schiffarth
auf Weltmeeren ausgeübet wird.

„terien, welche es nicht entbehren kann, nebst einem Ueberschuß an
„baaren Geld zurück bringet.

„So lange ein Handel nicht also eingerichtet ist, so kann er dem
„Lande, wo er getrieben wird, nicht nützlich seyn, und es hilft nichts:
„daß man einige Kaufleute reich werden siehet, denn alle ihr Reich=
„thum wird directe oder indirecte von unsern Einwohnern ge=
„sammlet.

Ich aber sage: der Handel kann in keinem fruchtbaren, mit festen
Boden eingeschlossenen Lande so vortheilhaft beschaffen seyn, bis der
innerliche Handel alle Freyheit genießet, der fremde aber nach klugen
Vorschriften geführet wird.

Es ist also ohne Umstände die Einfuhr unterschiedener Dinge,
welche wir ohne sonderliches Bedenken entbehren können, durch alle
nöthige Mittel zu vermindern, ehe der äußerliche Handel uns Nutzen
bringen, und ehe das vornehmste bey uns geschehen kann. Nämlich:
daß unsere Ausfuhr größer, oder wenigstens nicht geringer sey, als
die Einfuhr (r).

Denn ein fruchtbares Land kann kein nützliches Commercium
treiben, bis es fremder Fabriquen nicht mehr bedarf. So lange wir
unser Geld an fremde Arbeiter auszahlen, so bleiben eben so viel Men=
schen bey uns ohne Arbeit und Nahrung, als wir deren auswärts er=
nähren, wir finden bey uns so viel weniger Spinner, Würker, Wal=
ker, Färber, Hut= und Strumpfmacher ꝛc. Mit diesen Menschen müs=
sen alle übrigen Handwerker abnehmen, welche sich von der Consumtion
der ersten ernähret, die Verminderung der zweyten bringet einen neuen
Abgang zuwege, und also steiget das Verderben von Zeit zu Zeit.

Endlich

(r) Alles, was gegen diese Hauptabsicht streitet, müssen wir unter die Füsse treten,
wenn wir dieses thun, alsdenn werden die Kaufleute dem Lande Nutzen bringen,
und alsdenn verdienet dieser Stand alle Ehre, und allen Ruhm.

Endlich leidet auch der Landmann an geschwinden Debit seines Zuwachses, also wird das Land schlechter gebauet, und die öffentlichen Einnahmen müssen fallen.

Daß aber diese Bemühung, unsere Ausfuhr zu vermehren, um so viel ernsthafter unternommen werden muß, erhellet daraus, weil wir ohnedem einen gewissen Theil fremder Waaren beständig als unentbehrlich ansehen, und von Fremden nehmen.

Also sollen wir dahin trachten, daß diese Ausgabe niemals höher steige als die Exportation unserer Fabriquen (exclusive des Bergwerks-Gewinnsts) zu uns bringet, auf diese Art, kann uns den Vortheil im Handel niemand streitig machen, und wir werden baares Geld genung haben, wenn dergleichen Anstalten einige Zeit gedauret.

Viertes Kapitel.
Von dem Handel fruchtbarer mit festen Boden eingeschlossenen Länder.

Das einzige wahrhafte allgemeine Principium des Handels aller Länder ist dieses: die Beschäfftigung der Menschen, und die Gelegenheiten zur Nahrung; das ist eben so viel, als die Vermehrung der Einwohner zu besorgen, denn einer von diesen Umständen bringet den andern zuwege. (s)

Wenn wir aber betrachten, mit was für Verwirrung die Völker in ihrem Handel zu Werke gehen, so müssen wir uns billig verwundern.

(s) Wo das Volk nach und nach, und besonders durch Vermehrung der Heyrathen anwächset, daselbst vermehren sich die Gelegenheiten zu nützlicher Beschäfftigung, oder wo diese Gelegenheiten sich häufen, da nimmt sicher das Volk zu.

Man kann nicht vermeiden folgende allgemeine Irrthümer zu erkennen, wenn man auf dasjenige Acht hat, was man täglich siehet. Ich sage:

Es sind Irrthümer

1) Wenn ein fruchtbares Land seinen Handel nach den Grundsätzen führet, welche einem unfruchtbaren angemessen sind.

   Denn das letzte ist gezwungen von Fremden die Nahrung zu holen, und jenes nicht, also ist der Handel mit Fremden in beyderley Ländern gänzlich unterschieden.

2) Wenn ein mit festen Boden eingeschlossenes Land, seinen Handel, wie große Seemächte treiben will, welche noch dazu Kolonien in fremden Welttheilen haben.

   Bey denen letztern ist der Oeconomiehandel oder der Transport fremder Waaren an Fremde, ein Hauptwerk der Beschäfftigung. Dieses kann und soll bey dem ersten vernünftigerweise nur als ein Nebenwerk angesehen werden, weil es nöthigere Dinge zu Hause zu besorgen hat, und weil der Landtransport zu kostbar ist.

3) Sollte ferner ein fruchtbares mit festen Boden eingeschlossenes Land, welches keine große Schiffarth treiben kann, auch einträgliche Bergwerke von edlen und unedlen Metallen haben, so bringet auch dieser Umstand, einen mächtigen Unterscheid gegen andere Länder zuwege.

Denn ein solches Land hat, wie ich bereits erinnert, nicht nöthig, ewiglich auf Vermehrung des Geldes durch den fremden Handel zu denken, weil es edle Metalle unter der Erde findet, und die unedlen insgemein mit der größten Sicherheit bey Fremden gegen Geld vertauschen kann, und überflüßige Gelegenheit hat, seine Einwohner zu beschäfftigen.

Ein solches Land kann seinen fremden Handel Gesetze vorschreiben, wenn es verstehet, was in der Sache zu thun ist; aber diesen Verstand wird es mit Willen seiner Kaufleute niemals erlangen.

Der Eigennutz, oder die einzelnen Absichten und Beschäftigungen halten diese Leute ab, das gemeinnützliche entweder selbst zu erkennen, oder dem Publiko darüber aufgeräumte Begriffe geben zu wollen; Denn sie haben überhaupt nichts, als ihren Privatnutzen vor Augen, ohne auf dasjenige zu denken, was dem gemeinen Wesen durch ihren Handel wiederfähret. Ob sie ihren Gewinnst von Einwohnern, oder von Fremden ziehen: dieses kann ihnen ganz gleich seyn, und es ist viel leichter das Geld von denen Einwohnern einzeln zusammen zu bringen, als von denen Fremden zu erlangen, weil man an die Fremden (woferne man bey ihnen Debit haben will) viel wohlfeiler verkaufen muß, als denen Einwohnern, welche im Kleinen einkaufen.

Die Kaufleute werden uns also keinen guten Rath zu einer vorhabenden Veränderung und Verbesserung des Handels geben.

Die Facta, die Orte des Absatzes, die Preise der Waaren, die Transportkosten, die fremden Abgaben, und die Mißbräuche, welche bey den Einheimischen vorfallen, das unnöthige Versäumniß, so denen Fuhrleuten zugezogen wird, und dergleichen Dinge kann man von ihnen am besten erfahren, vielleicht die Anzahl Menschen, welche jeder zu seinem Geschäfte anwendet, wenn er solches aufrichtig sagen möchte; oder wenn seine Correspondenz gut eingerichtet: so erfähret er zu rechter Zeit wenn eine fremde unentbehrliche Waare wohlfeiler, als gemeiniglich zu erlangen, oder im Preiß aufschlagen wird.

Zu den übrigen Einrichtungen gehören andere Köpfe als diejenigen, welche blos auf sich zu sehen berechtiget sind, und welche so einzelne, so veränderliche und oft gegen einander laufende Absichten haben.

Der Mißbrauch des fremden Handels in fruchtbaren mit festen Boden eingeschlossenen Ländern, pfleget überall das einheimische Gewerbe, die gute Beschäftigung der Einwohner zu zernichten, auf weniger nutzbare Geschäfte zu lenken, und die Menschen dadurch zu vermindern.

Ich kenne kein fruchtbares mit festen Boden eingeschlossenes Land in Europa, welches mehr, oder so viel Einwohner hat, als es bey guten Einrichtungen in gemeinen Jahren erhalten könnte.

Und so lange dieses nicht gefunden wird: so soll der fremde Handel daselbst, als ein Nebenwerk angesehen werden.

Die einheimische Beschäftigung mit einheimischen Zuwachs, Materialien und Waaren, so wie die einheimische Consumtion, muß in solchen Umständen das Hauptwerk bleiben. Vorhero kann der auswärtige Handel nichts dazu setzen, als eine Vermehrung solcher Geschäfte, welche oft unnütze, oft schädlich sind.

Wenn nun ein Land in guten Umständen ist, und sein klüglich beschäftigtes Volk in ordinairen Jahren zu Hause wohl ernähren kann, so müßte man dem Volk erst Zeit lassen, sich nach und nach zu vermehren, ehe man die Geschäfte häufen dürfte.

Sollten sich aber die einheimischen nützlichen Geschäfte durch den auswärtigen Handel vermindern, so ist das Unglück des Landes unausbleiblich, und dieses muß doch erfolgen, wenn der auswärtige Handel, die Hände von den einheimischen bessern Geschäften abziehet; Denn dadurch wird das Vermögen sehr ungleich ausgetheilet, und also der Ackerbau verwahrloset (t). Doch wir wollen den gemeinen Fall betrach=

(t) Diese Umstände hatte bereits der Prophet Jesaias unter den jüdischen Volk deutlich beschrieben; wenn er im 5ten Kapitel v. 8. saget: Wehe denen, welche ein Haus an das andere ziehen; einen Acker zu den andern bringen, bis daß kein Raum mehr da sey: daß sie das Land allein besitzen. Der Effekt von dergleichen Wirthschaft wird ibid. in 10. Vers beschrieben; wenn es heißt: 10 Acker Weinbergs sollen nur 1 Eymer geben, und ein Malter Saamens nur einen Scheffel.

betrachten, nämlich: Wenn der Einwohner weniger sind, als ein wohlbestelltes Land in gemeinen Jahren nach seiner Fruchtbarkeit zu fassen vermag.

Und da fället es sogleich in die Augen, daß keine Hände zu überflüßigen fremden Handel anzuwenden sind. Denn die nothwendigste Arbeit wäre vor allen Dingen zu Hause zu bestellen, und das würde den Bau des Zuwachses und die gemeinen Handwerker treffen, ehe wir an andere Dinge denken dürften, und wir würden auch noch viele Bequemlichkeiten zu verfertigen nöthig haben, welche uns oft von Fremden geliefert werden.

Denn ich habe meine Gedanken bey allen diesen nicht blos auf ganz unentbehrliche Nothwendigkeiten gerichtet (u).

Es ist praktisch unnöthig den 3ten Fall zu betrachten: wenn des Volks in einem solchen fruchtbaren Lande zu viel würde, denn er wird in Europa jetzt nicht angetroffen.

Wenn wir aber denselben theoretisch betrachten wollten, so würde alsdenn entweder die Emigration, oder die fremde Handlung nothwendig werden.

Wir

(u) Eine allgemeine Erfahrung kann einen Beweiß abgeben: wie elend die Sachen von statten gehen; wenn die Geschäfte nicht klüglich eingetheilet sind, und das Volk abgenommen hat.

Niemals sehen die fruchtbaren, auf festen Boden gelegenen Länder mehreres Volk nach den großen Städten laufen, als wenn die Nahrung auf denen Landgüthern fället; Alsdann wird in denen Städten viel zierliche, viel unnöthige und vergebene Arbeit vorgenommen, und das Land bringet weniger, als vorhero hervor.

Ist nun in vorhergehenden Zeiten ein weitläuftiger Handel mit Fremden getrieben, weil fremde zur Ueppigkeit und Pracht dienende Waaren consumiret werden; so ist auch das Geld theils über die Gränze geschickt, theils aber in wenige Hände der Kaufleute gefallen. Durch eine solche Austheilung vermehret sich der Luxus täglich, und der Landeinwohner wird immer ärmer, also findet man lauter Widerspruch.

30

Wir sehen also wie wenig der fremde Handel in denen Ländern, von welchen ich rede, als ein Hauptwerk angesehen werden kann, wann nicht (nachdem der Landbau am besten bestellet) des Volks allzu viel ist (x).

Wir sehen hier wie nöthig es ist, daß die besten Geschäfte vor andern besorget, daß die Menschen und die Arbeiter nach Verhältniß der Geschäfte und Arbeit in dieser oder jener Gegend abgemessen werden, und daß man in solchen Ländern durchaus keine nutzbare Einrichtung des fremden Handels veranstalten kann, ohne die Anzahl und die Beschäftigung in denen Gegenden des Landes genau zu kennen; damit man wisse, an welcher Art der Arbeit die Hände fehlen, bey welcher deren übrig, und ohne sichere Beschäftigung sind.

Ohne solche Einrichtungen können die Regierungen dieser Länder bey dem Handel keine nutzbare Ordnung machen, und wann (wie man überall gewahr wird) in denen umliegenden Ländern, einseitige Anstalten gemacht sind, so ist es nichts nutz: daß wir unsere Kaufleute mit aller Freyheit handeln lassen; weil es nicht wahr ist: daß sie den Handel nutzbar einrichten können, oder an etwas anders, als ihren einzeln Gewinnst denken mögen; Also müssen sie durch gute Ordnungen dahin gebracht werden.

Alles kommt hier auf die Menge der Einwohner und die Nahrungsgeschäfte an; diese müssen die Reguln des Handels an die Hand geben, wenn man nicht in das einzelne verfallen, wenn man sich nicht begnü-

(x) Anno 1769 ist ein Schriftsteller in 8vo erschienen, genannt Anaxagoras von Occident, Betrachtung von der Bevölkerung zu Smirna, dieser beweiset (von p. 143. bis ans Ende) deutlich, daß ein fruchtbares Land keinesweges nöthig hat, sein Glück in fremden Commercio zu suchen, und da er sich die französischen Lande zum Objekt vorgestellet hatte, welche großen Seehandel treiben können; so werden dessen Urtheile bey einen mit festen Boden umgebenen Lande, um so viel sicherer statt finden.

begnügen will, blos als ein Accißeinnehmer (oder als ein Kaufmann von seinen einzelnen Handel) zu sprechen.

Doch nur auf diese Art höret man sehr viele Menschen vom Handel reden.

Ich frage: wie viele Länder finden wir, welche die geforderte Kenntniß von ihrem Lande haben? Ja! welche nur genau wissen, in wie vielen Gegenden desselben, — selbst der Bau des Zuwachses Ermunterung erfordert, und was für Mittel zu dieser Absicht anzuwenden.

Ein allgemeiner Aberglaube erhält uns in dieser Unwissenheit. Man will gleich den Mäcklern, allen Nutzen des Handels in baaren Gelde finden.

Dem Publiko ist aber nicht erlaubt, in denen fruchtbaren Ländern, welche edle Metalle bey sich finden, seinen Vortheil immediate also zu suchen. Wenn man gleich unterschiedene Mäckler und Kaufleute gesehen, welche durch Gewinnste im Gelde, sich über ihres gleichen erhoben, so kann man doch 1000 an eins wetten, daß von hundert solchen in fruchtbaren Ländern reich gewordenen Personen etliche 90 ihren Reichthum von denen Einwohnern erworben, indem sie die Fremden auswärts in Beschäftigung und Nahrung gesetzet, und zu Hause Abnahme an Arbeit verursachet, zu gleicher Zeit aber (gegen die allgemeine angenommene Absicht des Handels) das Landeskapital directe oder indirecte an fremde Länder geschicket, und also kann das gemeine Wesen keinen Gewinnst machen.

Dergleichen Länder haben blos auf die Beschäftigung, Nahrung und Vermehrung ihrer Einwohner zu sehen; alsdenn wird sich das Geld sicherlich finden; plötzlich wird solches zwar nicht geschehen; aber nach und nach kann es nicht außen bleiben. Ja! die plötzliche Vermehrung des Geldes könnte keinen Nutzen bringen; denn sie kann nicht wohl ausgetheilet seyn; also würde dadurch Theurung der Arbeit entstehen,

1.Th.   F

stehen, (wo sie nicht bereits eingerissen ist) und diese allein stehet in denen Ländern wovon ich rede allen Vortheil des Handels, aller guten Nahrung, allen nützlichen einheimischen Geschäfften, und besonders den Bau des Zuwachses directe entgegen (y). Dieses kann man an den Exempel einiger fruchtbaren Länder sehen, welche eine Zeitlang prächtig und üppig gelebet, das von Einwohnern erpreßte Geld, so wie dasjenige, was sie von Fremden geborget, großen Theils durch den Handel und Consumtion unnöthiger fremder Waaren, wieder über die Grenzen geschickt, und während dieser elenden Bemühung süße Träume von dem Nutzen ihres Handels gehabt; da doch nur die Theurung der Stadtarbeit dadurch entstanden, das Volk vom Feldbau abgezogen worden, das Geld verschwunden, oder übel vertheilet, und lauter Armuth des großen Haufens übrig geblieben; also daß die Geschäfte, die Mittel zur Nahrung in ganzen abgenommen, und viele Menschen ausgewandert sind (z). Ich sage also: Die Vermehrung des Geldes ohne Vermehrung der Menschen, kann nur die Arbeit der Üppigkeit befördern, bey diesen Umständen muß die nützlichste, das ist, die gemeinste Arbeit sicherlich abnehmen, und also werden die Heyrathen vermindert.

Ein anderer Fall würde dieser seyn, wenn das Geld sich merklich vermehren, und das Volk vermindern sollte, alsdenn würde die Theurung noch größer werden; denn es muß an gemeinen Arbeitern noch größerer Abgang seyn.

Man siehet also wie einfältig es gehandelt ist, wenn das Publikum nicht vornehmlich auf die vielfache Beschäftigung und das wohlfeile Leben der Einwohner die Absicht richtet, und wenn ein solches frucht=

(y) Denn alle Theurung der Arbeit fället endlich dem Landmann zur Last.

(z) Davon ist Irrland, Schottland, und selbst das gepriesene Engelland nicht ausgenommen, ohngeachtet seiner großen Schiffarth.

fruchtbares Land blos das Geld als den Nutzen des Handels ansiehet (a).

Wollte man in den besondern Fall, wenn ein fruchtbares Land, so keine sonderliche Schiffarth hat, und an Fremde viel Geld schuldig wäre, eine Ausnahme machen und sagen: in dieser Gelegenheit wäre doch das Geld das Hauptobject; so möchte ich wohl hören, wie das Geld unter den vorhergehenden Umständen sollte von Fremden erlanget werden; da erstlich dieselben mit uns gleiche Absicht haben; oder, ob ein Volk klüger als alle übrigen zu seyn sich einbilden dürfte? Ja! wenn bey einen vorher beschriebenen schädlichen Handel, einiges Geld in die Hände etlicher Privatpersonen gefallen; so frage ich zum zweyten: ob solches vor das Publikum gewonnen wird? Nein! diejenigen, welche reich geworden, können zu Bezahlung der öffentlichen Schulden nicht angehalten werden, und haben uns noch nicht gewiesen, daß sie solches von selbst thun möchten.

So oft das Geld nicht unter den großen Haufen vertheilet ist, so nutzet es dem Publiko wenig oder nichts. Ja! selbst das Geld, welches einige große Verleger, denen Arbeitern zuwenden wollen, oder müssen, bringet, (wenn einmal die Theurung eingerissen) dem Publiko wenig Nutzen; denn diese letztern können nicht viel davon genießen (b).

F 2   Wenn

(a) Wo aber eine so einfältige Denkungsart statt finden könnte, da wird man auch gewahr: daß man sich allezeit über die Idee des Reichthums irret, und das Reichthum einiger Privatpersonen, vor das Reichthum des Landes ansehen will: daß man nur auf das sogenannte Wohl der Städte acht hat, und des Landes im großen vergißt.

(b) Wo Theurung regieret, können die Arbeiter nur wenig kaufen, daselbst sind auch die Abgaben gemeiniglich so weit getrieben, daß selbst der Verleger immer weniger Arbeiter anlegen kann, und beständig an ihrem Lohn zu ersparen suchen muß, wenn er außerhalb Landes Absatz finden will; alles dieses vermindert die Gelegenheit zur Nahrung, und sollte uns längstens schamroth gemacht haben,

wenn

Wenn zum Exempel nur das innerliche Fuhrlohn theuer ist; so ist die Communication der Güther, der Arbeit und Nahrung gehemmet, und so oft die fremden Fuhrleute bey Gelegenheit ihres periodischen Durchzugs, den größten Theil dieser innländischen Austheilung bestreiten, so ist das innerliche Gewerbe gehemmet, verdorben, denn man muß erst auf deren Ankunft warten. Sie bringen uns auch so viel fremde Waaren, daß alle einheimische Arbeit, und also die öffentliche Einnahme abnehmen muß.

Dieses sind nothwendige Folgen von der Theurung der Arbeit: und es ist zu verwundern, daß jemals ein Politikus in einem fruchtbaren Lande, welches keine große Schiffarth treiben kann, und des Volks nicht zu viel hat, sich einen andern Nutzen von fremden Handel hat versprechen können, als diejenigen Nothwendigkeiten zu erlangen, welche die Natur seinem Vaterlande versaget hat.

Ist ein dergleichen Land arm worden, so muß es sich blos an abgehenden Nothwendigkeiten halten. Hat es bey bessern Umständen neben einer guten Fruchtbarkeit und Bevölkerung auch gute Bergwerke, so kann es auch allerhand fremde Bequemlichkeiten ohne großen Schaden genießen; doch immer sollte es darauf bedacht seyn, daß diese letztern nicht allzu gemein werden, damit nicht die einheimische Arbeit und Nahrung abnimmt, damit der Ackerbau nicht in Verfall gerathe, und das einheimische Geld sich nicht allzusehr vermindere; denn so wie die allzu große Menge des Geldes in wenigen Händen vertheilet, Theurung und mediate Abnahme der gemeinen Arbeit zuwege bringet, so

pfleget

wenn wir dem glücklichen Geiz eines reich gewordenen Kaufmanns, eine niederträchtige Verehrung bestimmen.

Ich will durchaus keine Verachtung auf diesen Stand geworfen wissen; denn er ist nothwendig, und kann sehr nützlich werden, (Ja! ich kenne unter diesem Stande respectable Leute). Aber die blinde und überall eingerissene Verehrung des Geldes ist schändlich, und gegen das allgemeine Beste gerichtet.

pfleget die jählinge Abnahme des Geldes unter den großen Haufen den Mangel der Geschäfte und Nahrung immediate zu verursachen.

Die Länder, von welchen ich rede, haben also mehr de damno vitando als de lucro captando zu denken, wenn sie dem Handel eine ihnen nutzbare Einrichtung geben wollen. Vor allen Dingen müssen sie gegen die innländische Theurung arbeiten.

Nur unter dieser Bedingung, wenn das Leben wohlfeil ist, werden dergleichen Länder wohl erhalten, und das Volk successive durch Heyrathen vermehret; diejenige Länder aber, welche durch einen schlechten Handel, an Volk abgenommen, können keine andere, als eine langsame Vermehrung vertragen; wenn man ihnen gleich eine Kolonie Menschen auf einmal zuführen, und also den Mangel des Volks ersetzen wollte; so wissen sie selbige zu Hause weder zu beschäftigen noch zu ernähren.

In theuren und arm gewordenen Ländern siehet man allezeit, daß, das noch vorhandene Geld und anderes Vermögen viel zu ungleich ausgetheilet sind, um eine gute Beschäftigung hervor zu bringen (c). Aus allen diesen folget: daß vor allen Dingen das einheimische Gewerbe einzurichten ist, ehe wir von fremden Handel Nutzen ziehen können; Wir sehen auch daselbst, wo der auswärtige Handel den einheimischen zu Schanden gemacht; daß man von denen welche berechtiget sind, blos auf eigenen Vortheil zu denken, keinen Rath erwarten kan, welcher zum allgemeinen Besten dienet; daß andere einsehende ganz uneigennützige Personen diesen Rath geben müssen, welche weder denen Städten noch dem Landvolk einen dauerhaften Vorzug

---

(c) Wenn das Vermögen von einer reichen Familie unter zwanzig oder dreyßig Familien vertheilet wäre, so ist es klar, daß dadurch mehr Arbeit und Circulation entstehen muß.

im Gewerbe einzuräumen geneigt sind, (sollten auch die Städte noch so starke Honorarien-Cassen in Händen haben).

Man siehet ferner, daß die Abänderung solcher Dinge nicht plötzlich statt findet, und daß man nicht vermeiden kann, an vielen Steinen anzustoßen, welche durch unglückliche Gewohnheiten allen Guten in Weg geleget werden.

Aber hier lieget eben die größte Hinderniß, oft wird alles dasjenige verachtet, was nicht den heutigen Tag großen Nutzen in Gelde bringet, und gleichwohl ist dieses bey verdorbenen Umständen und arm gewordenen Ländern unmöglich zu erhalten; man muß vor die künftige Zeit arbeiten. Zum Exempel: man hätte wahrgenommen, daß zu viel Arbeiter angestellet wären, um die öffentlichen Geschäfte zu besorgen. Daraus entstünde nichts als Widerspruch, Weitläuftigkeit und Schaden, (welchen man vor diesen, als die Sachen besser stunden, und dieser Arbeiter weniger waren, nicht empfunden). So könnte man ohnmöglich auf einmal ihren Haufen vermindern, wenn nicht vorhero eine ganz andere Art der Arbeit vorgeschrieben würde.

Ich sage: der Gang der Arbeit, der Schlendrian, welcher zur Weitläuftigkeit Gelegenheit giebt, muß durch neue Vorschriften geändert werden. Dieses erfordert Zeit; aber man würde am Ende sicherlich finden, daß man vielweniger besoldete Arbeiter nöthig hat, und in öffentlichen Ausgaben große Ersparniß machen.

Wollte man die Theurung vermindern, so muß man dasjenige aus dem Wege räumen, welches den Grund dazu geleget.

1) Nämlich: Man muß demjenigen Handel andere Gesetze vorschreiben, welcher jetzt die einheimischen Geschäfte oft vermindert, und auch dieses kann nicht auf einmal gänzlich ausgeführet werden.

2) Das-

2) Dasjenige was am besten gegen die Theurung der einheimischen Arbeit, gegen die Abnahme des Volks, zu machen wäre, bestehet darinnen: die Accisen von einheimischen Güthern und solcher Arbeit gänzlich aufzuheben, und die Einnahmen, welche bis jetzt davon gezogen worden, auf eine andere Art zusammen zu bringen. Von denen fremden Waaren hingegen kann man die Accisen zahlen lassen.

Es ist nicht genug um diesen Vorschlag abzuweisen, wenn man fraget:

Wo soll das Surrogatum herkommen?

Dieser Frage setze ich zwey andere entgegen:

1) Wer hat denn mit Mühe und anhaltender Arbeit darauf gedacht?

2) Warum will man sich nicht einfallen lassen: daß ein arm gewordenes Land keine andere Hülfe hat, als: entweder die Abgaben zu vermindern, oder in dem modo percipiendi eine starke Veränderung zu machen?

Wenn man nun das Erste nicht thun will, oder nicht kann, so arbeite man an dem Andern.

Es ist keine Stadt, welche nicht (mit ihrem großen Vortheil) den größten Theil der seit einigen Jahren durch die Accise von einheimischen Güthern, in die öffentliche Casse gelieferten Gelder, auf eine andere Art zusammen bringen könnte; wenn alle Accisen von einheimischen Waaren aufgehoben würden. Man wolle mir nicht sagen: dieses habe man bereits versuchet, und es gehe nicht an. Kein Versuch ist unvollkommener angestellt worden; Man hat die Eintheilung dieser Abgaben denen angesehenen und reichen Stadteinwohnern überlassen, ohne ihnen eine Ordnung wie solches am besten einzurichten sey vorzuschreiben;

schreiben; Diese fanden ihren Nutzen, alle Last auf die Armen zu wälzen, und also gieng es nicht an. Hier sind generale Vorschriften zu machen, welche den armen und fleißigen Arbeiter, welcher keine Gesellen und Diener halten kann, und sich blos mit einheimischer Arbeit beschäftiget schonen, oder in den Stand setzen, der Forderung ein Gnügen zu leisten (d). Und dabey soll man sich vorstellen: daß keine solche Einrichtung auf einmal ganz perfekt werden kann, bey allen Anfang ist es genug, das kleinste Uebel zu leiden, und das Größte zu vermeiden.

Auch ist noch anzumerken: daß alle diese Dinge von Zeit zu Zeit einiger Veränderung unterworfen sind, nicht in denen allgemeinen Absichten, sondern in der Anwendung, wenn sich die Umstände der Nahrungsgeschäfte verändern, wie solches mit der Zeit nicht außen bleibet. Nur eine Sache soll keiner Veränderung unterworfen seyn; Nämlich: daß die erste Sorgfalt dem Bau des Zuwachses und denen Armen gewidmet bleibe.

Fünftes Kapitel.
Vom Durchgangshandel und vom Fuhrwesen.

Von dieser Sache haben ihrer viele bey uns sehr große, aber nicht gar aufgeheiterte Ideen; Sie reden viel von der Zehrung (e) der fremden Fuhrleute in Wirthshäusern, und vergessen, daß es unsere

(d) Blos nach solcher allgemeinen Absicht, sind die Einwohner zu klassificiren. Aber man muß dieselben und deren Klassen wohl kennen, und ohne diese Kenntniß ist kein Heil zu erwarten.

(e) Ich werde hier (wenn ich von der Consumtion rede) das allgemeine Vorurtheil als ausgemacht annehmen; daß die Vermehrung einer jeden Consumtion möglich und nützlich sey; obgleich dieses nicht einen Augenblick eher wahr seyn kann, als wenn

sere Landsleute sind, welche diese Zehrung und den Verdienst des Fuhrmanns für alle diejenigen fremden Waaren bezahlen, welche wir selbst consumiren, und daß dieses eine gewaltige Ausgabe machet.

So wie sie nur daselbst einen guten Handel suchen, wo sie eine Menge gegen einander laufende Menschen und unzählige Buden mit fremden Waaren antreffen, so stehen sie auch in den Gedanken, wo sie ein großes Getöse von Karren und Wagen gewahr werden, da müsse das Fuhrwesen vielen Nutzen bringen.

Aber es kommt nicht auf das Herumfahren, nicht auf den Nutzen einer einzelnen Stadt, dieser oder jener besondern Casse, oder einiger Wirthshäuser, sondern darauf an: ob unserm Lande von dieser Sache mehr Geld und Nahrung überhaupt übrig bleibet, als entzogen wird.

Daß aber diese Umstände wider den Vortheil von Sachsen eingerichtet sind, ist klar sobald man bedenket: daß die Fracht von unseren Gebrauch in fremden Waaren mehr wegnimmt, als die Zehrung derjenigen Fuhrleute einbringen kann, welche in- oder durch unser Land ihre Güther führen. Aber wir wollen anderer klugen Menschen Meynung darüber vernehmen; und obgleich diese von der Schiffarth reden; so ist ihr Discours doch im Ganzen auf unsere Umstände, auf das Fuhrwesen zu Lande anzuwenden.

Ulloa Part. II. pag. 56. etc. saget:

„Die Fremden nehmen uns den sichersten Nutzen unsers Handels „weg, indem sie uns ihre Waare bringen, und die unsrigen, deren sie „nicht entbehren können, aus unserm Lande verführen.

„Ueber

---

wenn dergleichen Consumtion durch die vermehrten Einwohner wächset. Ich will weisen sage ich: daß unser Fuhrwesen auch nach denen angenommenen Principiis vom Handel und der Consumtion, Verwirrung und Schaden bringet. An einem andern Orte werde ich zeigen: wie übel der Artikel von der Consumtion an vielen Orten verstanden wird.

„Ueber den ersten Einkaufspreiß der Waaren, und den Profit, welchen sie daran machen, bezahlen wir ihnen die Fracht und die Com-„missionsspesen an ihre Kaufleute.

„Diesen Nutzen würden unsere Kauf= und Schifleute machen, „wenn wir denen Fremden unsere Waaren zuführten, und unsere „Nothwendigkeiten holeten (f).

„Bey dieser Anstalt würde die Retour, welche wir von ihnen zu „uns führen wollten, nur als ein Nebenwerk angesehen, damit wir „nicht leer nach Hause fahren dürften.

„Unsere Hauptabsicht würde alsdann diese seyn, unsern Ueber=„fluß an diejenigen Orte zu führen, wo sie am leichtesten und geschwin-„desten anzubringen wären, und diese Anstalt würde ohnfehlbar deren „Debit vermehren; weil alsdann nicht fremde Leute, welche ganz ent-„gegen gesetzte Absichten haben, sondern wir selbst daran arbeiten „könnten.

Ibid. p. 58. führet der Autor

1) „Ein Fr. Edikt von Anno 1703. an, welches eine Confirmation „eines vorhero 1696. gegebenen Befehls war, vermöge dessen „alle

---

(f) Man siehet leicht, wenn ein jedes Land also denken wollte, daß es nicht ange=het: Denn wenn ihrer viele nach einem Ziele laufen, können sie solches nicht alle zu gleicher Zeit erlangen. Doch würde vor die mit festen Boden eingeschlossene fruchtbaren Länder, dieses zu erlangen seyn: daß die Waaren zu ihrer Consum-tion an denen Gränzen von fremden Fuhrleuten übernommen, und an dieselben die einheimischen Waaren übergeben würden. Alles dieses gehet den Durchgang nichts an; sobald man die Sachen dahin eingerichtet: daß der Durchgang mit ganzen Fuhren passiret, und von dem Fuhrmann, so sich zum Durchgang ange-geben, im Lande nichts abgeladen wird.

Und dieses ist zu erlangen. Es ist auch nichts neues. Churfürst Joh. Georg der II. zu Sachsen hat bereits 1657. verordnet: daß die Waaren, so zum Durchgang angesaget werden, in ein dazu verordnetes Kauf-haus, bis zur Wiederabfuhre niedergeleget werden sollen. Vid. Cod. Aug. Tom. II. pag. 1281.

„alle Schiffe, welche Waaren aus der Levante brachten,
„20 pro Cent mehr Abgaben bezahlen sollten, als die fran=
„zösischen Schiffe, welche directe aus der Levante herkom=
„men:

Er sagt ferner:

2) „Engelland untersaget in seinem berühmten Actu Nauigatio-
„nis de anno 1660. denen fremden Schiffen fremde Waaren
„nach Engelland, oder in dessen Kolonien zu bringen, und die
„Confiscation ist auf die Uebertretung gesetzet.

Ibid. p. 60. schliesset der Autor also:

„Da alle Nationen auf die Erweiterung ihres Commercii so viel
„Sorgfalt wenden: wie ist es möglich: daß Spanien das seinige
„also darnieder liegen lässet.

Alles dieses sage ich: ist gänzlich auf den Sächsischen Handel, und besonders auf das Fuhrwesen zu appliciren.

Die Fracht ist bey uns so theuer, daß dem innländischen Commercio und denen Manufakturen empfindlicher Schaden zuwächset. Fremde Fuhrleute finden in unserm Lande Nahrung, und wir haben deren zu wenig. Wer hindert uns, den einheimischen Fuhrleuten geringere Abgaben leisten zu lassen, als denen fremden, so Waaren zu unseren Gebrauch bringen? Dieses ist der kürzeste Weg zur Besserung zu gelangen.

Jetzt geschiehet just das Gegentheil. Ein Fuhrmann, welcher aus fremden Landen Waaren bringet, und mitten in den unsrigen mit seiner Ladung herum ziehet, bald da, bald dort etwas abladet, derselbe hat weniger Abgaben in Leipzig zu entrichten, als wenn ein Sächsischer Fuhrmann daselbst die Ladung von Fremden übernimmt, und weiter führen will.

Ich frage: ob die Feinde unsers Handels und Gewerbes etwas erdenken könnten, welches der Vermehrung unsers Fuhrwesens schädlicher seyn, oder denen Fremden mehr Nutzen schaffen kann?

Es ist nicht anders, als wenn eine oder wenige Städte des Landes das Recht hätten, unsern Fuhrleuten zu befehlen, daß sie sich führohin mit dem Fuhrwerk unvermenget lassen, und diesen Verdienst und Nahrung den Fremden cediren sollten. Was etwa von den Nutzen der königlichen Cassen bey solcher ungeschickten Gelegenheit vorgebracht wird, ist eitel Thorheit. Diese Cassen können keinen Nutzen haben, wo das Land insgesammt Schaden leidet, wo die natürliche Gelegenheit zum Verdienst, zur Consumtion der Unterthanen abnimmt, und was in einer solchen Gelegenheit etwa in eine Casse fället, dieses mangelt zehnfach bey denen übrigen Einnahmen.

Und wenn irgend ein Mensch schwach genug seyn könnte, eine solche Einnahme vor nützlich zu halten, welche den Fremden einen Thaler, und den öffentlichen Einnahmen einen Groschen zuwendet, so kann doch ein solcher nicht läugnen, wenn unser Geld weggeschleppet, und die Nahrung bey uns vermindert ist, daß auch diese und andere gute Einnahmen wegfallen, oder sich vermindern müssen.

Daß diese dem Lande nachtheilige Anstalt, der Stadt Leipzig zu allen Zeiten Nutzen gebracht hat, dieses ist ohne Streit. Jedoch niemand von uns kann glauben: daß das gemeine Wesen dabey einen Vortheil habe, bis es bewiesen worden, daß die fremden Fuhrleute bey diesen Gewerbe nichts verdienen, oder welches einerley ist, daß sie alle rasend seyn, und vergebens arbeiten.

Der Zehrung in Wirthshäusern ist es gleichgültig, ob ein Fremder oder Einheimischer seinen Durchzug hält. Aber das Geld, welches der Fremde nach Hause träget, und die Consumtion des ganzen Jahres, welche der einheimische Fuhrmann machen würde, da der fremde nur eine kurze Zeit bey uns bleibet, diese Dinge sind dem Lande nicht gleichgültig.

Denn die öffentlichen Einnahmen wachsen durch nichts sicherer, als durch die vermehrte Consumtion der einheimischen Güther und Zuwachses. Aber todtschädlich ist es vor das Land, daß aus Mangel der einheimischen Fuhrleute, die Fracht von einer unserer Städte zur andern, so theuer ist, oder daß es außer den Meßzeiten das ganze Jahr hindurch denen meisten Orten an prompter Expedition der Fracht fehlet.

Wollte einer behaupten, wir würden unsere einheimische Arbeit gar nicht in die Fremde anbringen, wenn es nicht bey Gelegenheit der Leipziger Messen, und der gegenwärtigen Einrichtung des Fuhr= wesens geschehen sollte; so wird

1) Dadurch bewießen, daß wir einen passiven, einen elenden und so verderblichen Handel mit Fremden haben, daß wir von Stund an allen fremden Handel aufgeben, und blos auf die **innerliche Consumtion** unsere Gedanken richten müssen.

2) Jedoch diejenigen, welche dergleichen Einrede anführen soll= ten, würden noch in ein anderes Labirinth verfallen.

Denn, wenn es möglich und wahrhaftig seyn könnte, daß unsere Landfabriquen nur gelegentlich von Fremden als Retour müssen fort= geschaffet werden, nachdem sie ihre Waaren zu unserer Consumtion ins Land gebracht; und daß das übrige fremde Fuhrwerk zum Durchgang nöthig wäre: so müßte just so viel fremde Waare, an Volumine oder Gewicht, bey uns gebraucht werden, als die Ladung unserer zu ver= schickenden Landwaare austräget.

Nur auf solche Weise würden die nach Leipzig angekommene Fuhr= leute volle Rückfracht oder Ladung haben, und also unsere Waaren wohlfeil mitnehmen können.

Da wir aber sehen, daß dieses sich ganz anders findet, und die fremden Fuhrleute insgesammt mit voller Ladung nach Leipzig kommen, und oft durch unsere Grenz-Städte, mit schwacher Ladung zurück fahren; so ist auch bewießen, daß dieser große Zusammenfluß der fremden Fuhrleute

1) Zum Vertrieb unserer Manufakturen nicht nöthig ist.

2) Daß sie eben aus der Ursach, nicht vor wohlfeile Fracht die fremden Waaren zu uns bringen können, weil sie die Fracht-Spesen auf der Zufuhre bereits gewonnen haben, und die Retour als ein Nebenwerk ansehen müssen, wenn sie bey gesunden Verstande sind; und dieses um so viel mehr, weil der Debit unserer Land-Waare jährlich in vielen Theilen abnimmt, und (g)

3) Daß bey uns gar vielmal mehr fremde Waaren consumiret werden als unsere Ausfuhr beträget, welche obgedachte Fuhrleute als Rückfracht mitnehmen.

4) Daß aber auch die Fracht von unserer Ausfuhr größtentheils dadurch nicht wohlfeil wird, (wie es doch noch scheinen könnte) dazu giebet etwas anders Gelegenheit. Denn diejenigen von unsern Fabriquen, welche in Ansehung ihrer Bestimmung durch Leipzig einen Umweg machen, und dennoch wegen der übrigen fehlerhaften Einrichtung unsers Handels diesen Ort nicht vermeiden können; dieselbe sagen ich, haben bereits an der Fracht mehr gezahlet, als natürlicherweise nöthig war. Dergleichen Umwege werden von unserer Landfabrique so oft gemachet, als Leipzig nicht in gerader Straße zwischen der Fabrique

---

(g) Wenn diese Sache bey dem letztern Pohlnischen Unruhen, von versammleten starken Armeen sich jetzt anders gezeiget, so gehöret es zu einer Ausnahme, und nicht zu dem ordentlichen Lauf der Dinge.

brique und den Ort ihrer Bestimmung lieget, oder so oft Leipzig nöthig hat, der Stapelgerechtigkeit zu erwähnen, und ihren Wirthshäusern und Budenzinß zu gefallen, unsere Landwaare theuer zu machen.

Wollten wir aber viele erbärmliche Wege betrachten, welche die entlegenen einheimischen Waaren nach Leipzig führen, so würden wir alle Gedanken von wohlfeilen Frachtlohn sogleich fahren lassen.

Wollte man sagen, wenn die fremden Fuhrleute nicht einen Theil des einheimischen Transports besorgten, so würde die Fracht noch theurer werden.

So sage ich erstlich: die Fuhrleute würden sich bey uns bald vermehren. Zweytens aber, so hat Herr Josias Child, p. 130. bereits auf diesen Einwurf (in Absicht auf den Englischen Handel) geantwortet:

„Wenn auch die Waaren etwas theuer würden, so verlieret die „Nation nichts, wenn es die einheimischen Fuhrleute sind, welchen „die Fracht bezahlet wird. Hingegen alle an Fremde bezahlte Fracht „ist ein sicherer Verlust vor die Nation (h).‟

Auf diese Art denke ich, sey der Artikul des Fuhrwesens auseinander zu setzen, und zu übersehen, daß:

1) Das ganze Argument von Transit also wie es gemeiniglich vorgetragen wird, verwirret und dunkel ist.

2) Daß der Transport fremder und einheimischer Waaren durch unsere Einrichtung nicht wohlfeil werden kann.

3) Daß, wenn es auch in Leipzig noch zuweilen also scheinet, als wenn die fremden Fuhrleute volle Rükfracht hätten, daß, sage ich, solche doch nicht also an unsere Grenzen gelangen, sondern

---

(h) Noch ein stärkeres Argument ist aber dieses: Wenn überhaupt die Zufuhr fremder überflüßiger Waaren zu unserer Consumtion sich bey uns vermindert, so ist daher kein Schaden zu erwarten.

sondern, daß den fremden Fuhrleuten aus Leipzig, oft ein Haufen fremde Waaren aufgehangen werden, welche sie zur Consumtion in unsern Lande auf ihren Durchzug absetzen, und dieses, weil es uns an Fuhrleuten fehlet, und

4) Was das Vornehmste, daß die Zufuhr fremder Waare zu unserén Gebrauch ohne Vergleich stärker als der Abzug unserer Landwaare ist, und daß wir auf die Balance gemeiniglich viel Geld heraus geben.

Nachdem wir also gesehen, daß uns durch die fremde Zufuhre überall Schaden zuwächset, so frage ich: ob wir ewig das Kleine den Großen, den Nutzen einer Stadt, oder einer einzelnen Casse, dem Wohl des Landes, der Einnahme der übrigen Cassen zusammen genommen vorziehen, ob wir beständig mit Verführung unserer Manufakturen warten wollen? bis uns die Fremden mit ihren Waaren überschwemmet, und uns gleichsam aus Gnaden, durch ihr fremdes Fuhrwerk Gelegenheit geben, unsere Waaren loß zu werden.

Ich frage: ob diese Anstalten unsern Handel nicht so verwirret und elend machen, daß er gänzlich von Fremden abhänget?

Vor diesen als unsere Nachbarn schliefen, wenig oder nichts fabricirten; als denen Fremden viel mehr Waaren aus der 3ten oder 4ten Hand durch Leipzig procuriret wurden, und wir noch nicht so viel fremde Waaren consumirten, da war dieser Durchzug der Fremden austräglicher (i): da hatten die fremden Fuhrleute beynahe so viel Rückfracht, als sie zu uns brachten; aber jetzt hat sich die schädliche Consumtion fremder Waaren bey uns vermehret, unsere Nachbarn haben entweder selbst ihre Fabriquen zu Stande gebracht, oder verschreiben

(i) Allerdings ist ein großer Transit in Leipzig: aber der größte Theil davon langet nur bis zu unsern Städten. Der Transit in fremde Lande nimmt jährlich ab.

ben ihre Waaren von andern Orten als von Leipzig, und ihre eigenen bringen sie zu uns.

Eben dergleichen Klagen führet Ulloa Part. II. p. 103 etc. in Ansehung des Spanischen Handels nach Amerika:

„daselbst sagt er, hat sich (nach dem Kriege zwischen Engelland und
„Spanien) eine solche Zufuhre von fremden Schiffen gefunden, daß
„die unsrigen weniger Occupation finden; dahero sind unsere Reisen
„dorthin seltsam, und der Absatz unserer Manufakturen nimmt ab,
„die dasigen Einwohner haben sich durch die fremde Zufuhre an fremde
„Waaren gewöhnet, und die unsrigen bleiben liegen (k).‟

Es ist also nöthig, daß die ganze Einrichtung unsers Fuhrwesens geändert werde, und damit der berühmte Durchgang gar nicht leide, so lasse man alle fremde Fuhrleute mit ganzen Frachten, ohne alle Abgaben durch das Land fahren, oder man lasse sie bey dem Eingang ein gewisses Geld erlegen, welches ihnen bey dem Ausgang wieder gegeben wird, wenn sie im Lande nicht abgepacket und abgesetzet haben. Man erlaube hingegen nicht: daß diejenigen Wagen, welche sich zum Transit angeben, im Lande irgend etwas als ihren Hafersack, oder Fuhrmannsgeräthe abladen dürfen.

Diejenigen, welche bey uns ihre ganze Fracht abladen, und zum Transit einem andern Fuhrmann übergeben wollen, vor diese kann man sorgen: daß diese Fracht einem von unsern Fuhrleuten übergeben werde,

---

(k) Wenn wir die Application auf unsere Umstände machen wollten, so ist es gewiß: wenn in Leipzig nicht so viel fremde Waaren gefunden würden, so hätten unsere Fabriquen einen bessern Debit, und würden sich in kurzen merklich verbessern; Aber nicht das Fuhrwesen, sondern die Concurrenz fremder Waaren in Leipzig, bringet den wohlfeilen Preiß zuwege, und die Theurung der unsrigen machet: daß man die fremden Waaren comparative wohlfeil kaufet.

werde, welcher selbige ohne Zeitverlust mit ganzer Ladung an bestimmten Ort schaffet, ohne im Lande etwas abzuladen (l).

Aber anstatt, daß man dem einheimischen Fuhrmann in Leipzig mehr als dem fremden erlegen lässet, sollte man ihm aus denen publiquen Cassen etwas schenken, (wenn es nicht anders seyn könnte). In Summa, wenn wir es recht anfangen, wenn wir nicht vor Kleinigkeiten erschrecken, so kann diese Sache zu unsern Nutzen gelenket werden.

Sollten einige fremde Fuhrleute alsdann gar wegbleiben, so schadet es im geringsten nicht, denn die Sachen können ohnedem nicht eher besser werden, bis dieses geschiehet, nämlich: daß zu unserer üppigen Consumtion, weniger Waaren zugeführet werden (und der Transit leidet dadurch nicht).

Die politischen Umstände und Schwierigkeiten, welche hierbey vorfallen können, müssen alle gehoben werden, es geschehe solches direkte oder indirekte, es gehet gewißlich an.

Wann man die veränderte Elbpassage unserer Schiffe bey Magdeburg, die erhöheten Abgaben der Königin von Ungarn auf alle fabricirte wollene Waaren, und noch viele andere veränderte Ordonanzen unserer Nachbarn ansiehet, so kann man bald lernen, was dabey zu thun ist (m).

Aber

(l) Auf diese Art würden die Hrn. Leipziger an dem Artikel der Spedition gewiß nichts verlieren. Am Ende dieses Kapitels wird diese Anstalt mehr ausgeführet werden.

(m) Aber was mag es wohl seyn, daß uns abhält, unserm Nachbar in dergleichen Anstalten nachzuahmen, und Gleiches mit Gleichen zu vergelten? Ich glaube es ist vornehmlich die Stadt Leipzig daran Ursache, und deren Vorstellungen: welche blos dahin gerichtet sind, die alten privilegirten Unordnungen ewig dauren zu sehen, welche dem Ganzen nur Schaden, und blos dieser Stadt gegenwärtig Nutzen bringen (denn dauren kann dieses Wesen dennoch nicht).

Aber wir müssen unsere Sprache und unsere Argumente ändern, wenn wir mit denen Nachbarn dieserwegen handeln, unsere Stapelgerechtigkeit heißt nichts, sie schadet nur dem einheimischen Gewerbe, auch können wir keinen Fremden zumuthen, unsere Waaren zu kaufen, wenn er solche nicht brauchet. Wir müssen nach dem Exempel unserer Nachbarn, den Schaden zu vermeiden suchen, welchen uns fremde Fabriquen zuziehen.

a) Man vermindere die Consumtion fremder überflüßiger Waare bey uns, durch Auflagen.

b) Man verschreibe die unentbehrlichen fremden Waaren vor das ganze Land, durch öffentliche Anstalten in großen Partien, so kann man das Fuhrwesen beynahe nach seinem Gefallen einrichten.

c) Alsdann werden zwar die fremden Fuhrleute die Gassen in Leipzig in den wenigen Meßtagen nicht so enge machen, aber die unsrigen werden die Landstraßen anfüllen.

d) Diejenigen, welche einem nützlichen Durchgang bey uns verursachen, bleiben dieserhalben gewiß nicht weg; sondern es wird sich der Durchgang vermehren, sobald wir um unsers eigenen Nutzens willen, diesen Leuten weniger, als jetzt abfordern.

e) Unsere Fuhrleute müssen nothwendig dabey mehr verdienen, und der Transport der einheimischen Waaren bey uns wird wohlfeiler werden.

f) Gegenwärtig aber ist er im Lande so theuer, daß er allen guten und innländischen Handel und alle Fabriquen störet.

Ich weiß wohl, daß bey einer solchen Einrichtung allerhand Schwierigkeiten vorfallen werden, besonders, wo so viele schädliche Vorurtheile aus dem Wege zu räumen; aber sie sind nicht unüberwindlich, wenn wir nicht vergebene und unnütze Dinge, wie z. E.

Stapel-

Stapelgerechtigkeit ꝛc. als ausgemachte Nothwendigkeiten voraus setzten, und nicht wie Ulloa P. II. p. 15. von seinen Landesleuten saget: vor jede Difficulte erschrecken. Dieses sind seine Worte:

„Die geringsten Hindernisse stellen sich unserm Gemüth als Mon„stra, und solche gefährliche Dinge vor, welche nicht zu überwinden „seyn. Wir glauben eine kleine Aenderung in unsern Dingen werde „die Elemente confundiren, und unsern Untergang hervor bringen.

„Wir sind knechtischer Weise an die alten Gewohnheiten gefes„selt, und wollen nicht glauben, daß wir die Sachen besser machen „können, ohne zu bedenken, wenn wir in vorigen Zeiten von unsern „Anstalten einigen Nutzen gezogen, daß selbige nunmehro verschwun„den, daß damals die Einrichtung anderer Völker ganz anders war, „daß die veränderte Gestalt, worinnen sich diese befinden, bey uns „nothwendig gleichfalls andere Anstalten erfordert, daß wir diesen „Bewegungen folgen, Industrie und kräftige Anstalten, denen entge„gen setzen müssen, welche dergleichen voraus angewendet, damit wir „nicht zum Schlachtopfer der fremden Politik werden.

Nachdem Josias Child in seinem Discours of Trade 8. Lond. in der 4ten Edition allerhand Mittel untersuchet, wie man die Balance des Handels zu examiniren pfleget; so sagt er p. 176.

„Ich unterstehe mich zu behaupten, und zwar ohne Bedingung „von allen Theilen der Welt, daß ein jeder Handel, welcher groß ist, „täglich immer zunimmt und größer wird; und in der Schiffahrt „zunimmt, und dieses nicht nur für eine Folge von wenig Jah„ren, sondern für Menschenalter. Ein solcher Handel, saget der „Autor, ist einer jeden Nation vortheilhaftig, wo er angetroffen wird.

Wann wir nun merken, daß er diesen seinen Spruch auf die Einrichtung von Engelland richtet; wo der berühmte Actus navigationis

de

de anno 1666. den meisten Waaren, welche auf englischen Schiffen herbey gebracht werden einige Vortheile angedeyhen lässet, wo es gänzlich verboten ist, daß irgend ein fremdes Schif etwas anders, als den Zuwachs seines eigenen Landes herbey führen darf (n).

So werden wir leicht begreifen, warum der Autor als das sicherste Zeichen eines nützlichen Handels, dieses giebet, wenn die englische Schiffahrt sich vermehret.

Denn so lange die englischen Schiffe sich an der Anzahl vermehren, so ist es auch gewiß, daß sich die Exportation, die Manufakturen und Gewerbe vermehret, weil kein Kaufmannsschiff ohne Ladung ausfähret, es sey denn zur Fischerey o).

Was nun hier von den Schiffen gesaget wird, ist auf das Fuhrwesen zu Lande wörtlich und sinnlich anzuwenden, und unser Handel wird nicht eher etwas nuz werden, bis er mit unserm eigenen Fuhrwesen kann geführet werden, (so weit als diese Sache auf dem festen Lande zu treiben ist.)

Dieses wird das sicherste Zeichen seyn, daß die Ausfuhre der Landwaaren sich vermehret, und bis dieses nicht geschiehet, ist der fremde Handel uns nichts mehr nuz, als den Kindern ein spitziges Holz, mit welchen sie sich die Augen ausstechen p). Sollte endlich, vermöge der unaufhörlichen Begierde, Einwürfe zu machen, und einen

H 3 großen

(n) Und welches wohl zu merken, daß auf mancherley, also von Fremden zugeführte Waaren, solche hohe Abgaben geleget sind, welche mit einem gänzlichen Verbot, fast gleichen Effekt haben.

(o) Diesem ohngeachtet haben die großen Aufschläge auf einheimische Güter in Engelland, eine solche Theurung hervorgebracht, daß sich diese Ausfuhre gewaltig vermindert, und diese Verminderung ist längst vorher angemerket worden, ehe der Streit mit denen Amerikanern den Anfang genommen.

(p) Vielleicht ist es auch ein Exceß, wenn wir jetzt allzuviel künstliche Manufacta, so bey uns hervorgebracht werden an Fremde verkaufen wollen; aber dieses gehöret nicht hieher, sondern an einen andern Ort.

großen Verstand zu zeigen, welche das ganze menschliche Geschlecht angefallen hat, jemand sagen:

Wenn es alle Länder also machen, und ihrem Fuhrwesen diese Gestalt geben wollten? So wäre ja die ganze Anstalt vergebens. Diesem antworte ich, wie folget:

1.

Wer am letztern dazu schreitet, hierinnen sich andern gleich zu setzen, der hat den Schaden am längsten zu leiden, der wird arm und elende werden; er wird seine Einwohner zu denen Nachbarn ziehen sehen, welche ihm in guten Anstalten zuvor gekommen.

2.

Ein Land, welches Produkte wie Sachsen hat, die in vielen andern Gegenden gar nicht gefunden werden, dieses darf bey guten Anstalten die Hofnung fassen, daß ihm der Vortheil bleiben muß.

Ich sage: daß in Absicht auf das Fuhrwesen die Anstalten nirgends vor das eigene Land, schädlicher als in Sachsen anzutreffen, wo die Fremden nicht nur die Fracht über uns gewinnen, sondern auch unserm ganzen Handel seine Einrichtung geben, welcher sich insgesamt nach den Absatz der fremden Waaren bey uns, und nach den fremden Fuhrwerk richten muß.

Das den fremden Fuhrleuten verbotene Abladen einzelner Partien in unserm Lande, wird vielleicht ihrer vielen wunderlich vorkommen; Wer aber

1) den Durchgang der Fuhrleute erleichtern,
2) Von den zur einheimischen Consumtion bestimmten fremden Waaren Accisen ziehen, und
3) die gröbste Defraudation vermeiden, endlich auch
4) seinen Handel und die innländische Consumtion fremder Waaren übersehen will, dem bleibet kein anderes Mittel übrig, als der-

dergleichen Anstalt, nämlich: dem durchgehenden Fuhrmann müssen innerhalb Landes besondere Plätze bey seiner Durchreise in Städten angewiesen, und die Anstalten also gemacht werden, daß er nichts abladen kann, sonst giebet er alles, was zu unsern einheimischen Gebrauch bestimmet ist, als Durchgangswaare im Lande an, und fähret wie man oft gewahr wird, mit halber Ladung zum Lande hinaus. In Summa: Wer Durchgangswaare geladen, soll keine solche einführen, welche in unsere Städte zur Consumtion bestimmet ist.

Derjenige Fuhrmann aber, welcher gegen dieses ihm bekannt gemachte Verbot, dergleichen vermischte Ladung an die Gränze bringet, muß dasjenige, so in unsere Städte ꝛc. gehöret, am ersten Gränzort niederlegen, und dergleichen Waare ist durch einheimische Fuhrleute an ihre Bestimmung zu verschicken (q). In allen Ländern müssen sich die Fuhrleute nach gewissen Einrichtungen richten, und dieses ist mit keiner Schwierigkeit verbunden.

Der eine kann lauter Durchgangswaare laden, der andere lauter solche, so innerhalb des Landes gebraucht wird. Der erste zahlet wenig oder nichts für dem Durchgang, der andere giebet seine Waare ordentlich an, und zeiget durch seinen Frachtbrief, an wen sie bestimmet ist, und dieser ist schuldig, die gesetzte Accise zu vergüten, welche für denselben ausgeleget worden (r). Alsdann ist der Fuhrmann von

Abga=

(q) Obgleich die fernern Einrichtungen zu dieser Sache hier nicht alle beschrieben werden; so sind sie dennoch nicht schwer. Man darf nur fragen, was in vielen großen Handelsländern an Gränzen geschiehet? Daselbst sind große Spediteurs so alles besorgen. Wenn nun dergleichen Leute jetzt an unsern Gränzen noch nicht vorhanden seyn. So setze man sie dahin; sollte man selbige auch Anfangs salariren. Bald werden sich die Menschen finden, welche ohne Sold sich dazu anbieten. Wer den Entzweck erlangen will, muß dazu die Mittel ergreifen.

(r) Vielleicht könnten auch viele Kaufleute unserer Städte vor diese Abgabe in Büchern bey der Einnahme debitiret werden (doch ich sage nur vielleicht).

Abgaben überall frey, nur daß der durchgehende bey uns nichts abladen darf (s).

Sollte man aus den gewöhnlichen Haß gegen alle Abänderung, oder neue Arbeit, hier von besondern Gelegenheiten zur Defraudation sprechen, welche bey den neuen Vorschlägen sich zeigen dürften, und aus allgemeiner Liebe zum Widerspruch alle diejenigen Wege des Unterschleifs vergessen wollen, zu welchen unsere gegenwärtige Einrichtungen selbst Thür und Angel öfnen, so sage ich:

1) Daß gegenwärtig die allgemeine Defraudation aufs Höchste gestiegen, und daß man von dieser Seite nichts zu verlieren hat; daß kein Bedenken übrig bleibet, daselbst gute Generalanstalten zu machen, wo man bishero beständig ins kleine gefallen, und durch solche Verwirrung den Hauptzweck verfehlet hat.

2) Daß endlich alle kleine und große Sachen denen Menschen anvertrauet werden müssen, daß ein allgemeines Mißtrauen, uns nicht dahin bringen soll, gute Generalanstalten zu unterlassen.

Die einzeln Vorfälle muß man abwarten, nach und nach verbessern, Strafe und Belohnungen anwenden, um zur Ordnung zu kommen, und das gemeine Wohl zu befördern.

DIGRESSION.

Man fragte einsmals einen reich gewordenen und dieserhalb höchlich geehrten Kaufmann: was zu Verminderung des allgemeinen Mangels an Gelde, der gefallenen Handlung mit Fremden und Wohlstand, anzufangen wäre? Er antwortete: **Nichts!** Und diese Antwort

---

(s) Man suche nach im Codice Augusteo von Sachsen; was ihnen für Vorschriften gegeben, und besonders wie denen fremden Fuhrleuten noch 1753. verboten worden, von den zum Durchgang angegebenen Waaren etwas abzuladen. Vid. Fortsetzung des Cod. Aug. 2te Abtheilung, pag. 944. N. XXVI.

wort wurde als ein vortreflicher Ausspruch in einem solchen Lande bewundert, wo unter dem großen Haufen lauter Elend zu finden war.

Gut wäre der Ausspruch allerdings gewesen, wo der Handel dem gemeinen Wesen zum Vortheil gestanden, und der große Haufen sich in leidlichen Umständen befunden hätte.

Aber in solchen Ländern, wo der fremde Handel dem einheimischen unterdrücket, wo Privilegia für einzelne Städte, Gesellschaften, oder besondere Personen angetroffen werden, wo die Handwerksgebräuche innungsmäßig die Nahrung einschränken, wo die Fuhrleute großen Aufenthalt und Versäumniß unter jeden Stadtthor auszustehen haben, wo denselben nicht wegen der Abgaben, sondern dieser oder jener Stadt zugefallen Umwege innerhalb Landes vorgeschrieben sind, wo die einheimischen gemeinen Lebensmittel mit starken Abgaben beleget sind, und wodurch alles vorhergehende eine gewaltige Theurung des Lebens entstanden, daselbst ist eine totale Aenderung nöthig, und wenn man nichts macht, so wird niemals die Verwirrung vermindert. Die Nahrung, die Einwohner werden abnehmen, der Ackerbau täglich elender werden, und einige in der Verwirrung reich gewordene Personen helfen alsdann zu nichts.

Sechstes Kapitel.
Von Kaufleuten.

Bis hieher haben wir gesehen, daß die Einrichtung des innerlichen Handels und der Consumtion das Hauptwerk der allgemeinen Absicht ist, nun wollen wir von den Kaufleuten insbesondere reden, und merken, wie sie oft die allgemeine Glückseligkeit zu befördern, oder zu verhindern pflegen.

Nach dem Zeugniß der klügsten Leute, ist der Kaufmannsprofit, von demjenigen ganz unterschieden, welchen unsere Länder überhaupt von dem Handel ziehen können und sollen.

In dem Negotiant Anglois T. II. pag. 130. stehen folgende Worte:

„Die letzte Sache, welche bey dem Handel in Betrachtung zu zie=
„hen, ist der Profit des Kaufmanns, das Interesse dieser Leute ist
„von dem Nutzen des Staats ganz abgesondert, weil sie demselben
„durch fremde Waaren gänzlich ruiniren, und dennoch vor ihre Per=
„son sehr reich werden können.

„In diesem Fall, fähret der Autor fort; sammlen die Kaufleute
„ihren Reichthum blos von den Einwohnern des Landes, wo sie
„handeln.

„Also gehet das Interesse der Kaufleute, den Staat nicht weiter
„an, als in so viel sich dieselben nach den Nutzen des Publici und des=
„sen Hauptabsichten richten.

„Thut der Kaufmann dieses nicht, so ist sein Gewinn nicht an=
„ders anzusehen, als wenn ihm solcher von dem Land= und Ackermann,
„von den Handarbeitern und von den Besitzern der Güter, sey des=
„wegen bezahlet worden, weil er alles dasjenige gethan, was die ersten
„ruiniret.

In eben diesem Verstande, saget der Autor pag. 52. T. I. wenn er die Balance des Handels zwischen zweyen Völkern zu machen anweiset:

„Der einzelne Gewinnst des Kaufmanns gehet eigentlich dem
„Publiko nichts an; es wäre denn, daß alle Kaufleute der einen Na=
„tion zusammen, an die andern mehr verkauften, als sie von daher
„Waaren ziehen (t).

„Als=

(t) Man wolle hier merken, daß dieses an keinem Ort der Welt ohne Zwang der Gesetze, von den Kaufleuten erhalten wird.

"Alsdann ist der Ueberschuß am Gelde vor diejenigen ein Vortheil,
"welche solches heraus bekommen.
Pag. 57. in fine stehet:

"Ja! wenn wir auch an solche Länder, welchen wir auf die Ba-
"lance heraus zu geben haben, nicht unser Geld in Natur schicken,
"sondern Mittel hätten, selbige an andere zu assigniren, die uns schul-
"dig sind, so kann doch unser Land dabey niemals gewinnen; sollten
"aber die Waaren, welche unsere Schulden zuwege gebracht haben,
"von der Natur seyn, als wir bey uns selbst fabriciren, oder fabrici-
"ren könnten, wenn wir unsere Fabriquen durch dienliche Mittel en-
"couragirten, so ist der Verlust um so viel größer, je mehr unserm
"Volk dadurch Gelegenheit zur Arbeit und Verdienst entwendet wird.

Ibid. in Discours préliminaire p. XX. und p. CLXXXVIII.
ist mehr hiervon gesagt.

Mr. du Tot in Reflexions politiques sur le Commerce et les
Finances, Edit. à la Haye 1740. Tom. II. pag. 167. saget:

"Es finden sich gemeiniglich im Handel zweyerley einander entge-
"gen gesetzte Interessen:

1) "Der Particuliernutzen des Kaufmanns, und

2) "Der allgemeine Nutzen, welchen der Staat von dieser Sache
ziehet.

"Der letzte ist reél, und hat nichts als das Beste der Nation zum
"Endzweck.

"Es ist also diese Sache würdig, daß die ersten Minister solche
"zu Herzen nehmen, und daß sie examiniren, was in dieser Beschäfti-
"gung dem Publiko zum Nutzen, oder zum Schaden gereichet, damit
"sie den ersten befördern, den letzten abwenden, und die Kaufleute
"verhindern können, dergleichen Schaden zu verursachen. Denn al-
"les Commercium, welches eine unendliche Menge fremder Waaren

"zu

„zu uns zieht, die zu dem Uebermuth in Kleidern und Meublen, oder
„zur Schwelgerey in Essen und Trinken gehören, dienet blos darzu,
„daß unsere Schätze zum Fremden gehen, ein solcher Handel verzehret
„unsern Staat, obgleich die Kaufleute dadurch reich werden, und ein
„solcher Gewinn der Kaufleute muß niemals Prodektion finden, son=
„dern verhindert werden.

Jedoch, an einen andern Ort, saget eben dieser Autor:

„Mais l'interet particulier a toujours un grand nombre
„d'Avocats, et l'interet general en a peu.

Nachdem ein Engelländer **Josua Gée** von Einrichtung der Fa=
briquen gesprochen, so saget er in der Fr. Uebersetzung Londres 8vo
1749. welche Considerations sur le Commerce et la Navigation
tituliret wird, p. 221.

„Nichts wäre wichtiger, als dieses von dem Parlament beherzi=
„get zu werden.

„Denn in dieser Gelegenheit kann man von den Kaufleuten
„nichts gutes erwarten. Diese denken auf ihr besonderes Interesse
„und bereichern sich lieber, durch die bereits eingeführten Mittel und
„Wege. Sie können viel Güter erwerben, indem sie uns mit einen
„Haufen fremder Waaren überschwemmen, und achten gar nicht,
„daß die Nation dadurch arm wird.

Ibid. pag. 234. stehen folgende Worte:

„Es ist fast unmöglich, daß eine neue Anstalt, die Fabriquen,
„oder den Handel betreffend, einen guten Ausgang gewinne, wenn
„die Regierung eine solche Sache nicht mit Ernst unterstützet.

Er erzählet ferner an einem andern Ort:

„Daß zwar in dergleichen Angelegenheiten allezeit eine gute An=
„zahl Kaufleute aus der Unterkammer des Parlements erwählet wür=
„den, um selbige einzurichten, aber es pflege oft zu geschehen, daß
„durch

„durch den Widerspruch solcher Menschen untereinander, die Sachen
„mehr verwirret, als auseinander gesetzet würden, indem sie unter
„sich allezeit diverses Interesse haben:
Endlich setzet der Autor hinzu:

„Er habe bey denen vornehmen Personen mehr Neigung gefun=
„den, die Handlungsangelegenheiten also anzusehen, wie solche dem
„Publiko angehen und nutzen können.

„Die Kaufleute hingegen pflegten selten weiter, als auf ihr be=
„sonderes Interesse zu sehen.

Ich erinnere mich in einen andern Engelländer, wo mir recht ist,
in den Josias Child folgendes gelesen zu haben.

„Ein jeder Kaufmann bildet sich entweder ein, oder will uns doch
„weiß machen, daß von seinem Handel das Wohl des Landes abhän=
„get, wo derselbe getrieben wird, wenn auch sein ganzes Commercium
„mit fremden zu unsern Gebrauch verschriebenen Waaren geführet
„würde 2c." Wir würden wunderlich Zeug zu hören haben, wenn wir
einmal unsere Banquiers oder die Krämer, oder auch diejenigen, welche
unsere Jahrmarkts= und Meßplätze beziehen, fragen sollten, welches von
beyden, ob der innerlich gut eingerichtete Handel, und die Consumtion
unsers Volks, oder das auswärtige Commercium dasjenige sey, wel=
ches die größte Anreizung verdiene? Man gehe nach den größten Han=
delsplätzen und sammle die Vota der Haußbesitzer, aller Krämer, der=
jenigen, welche die Accise einnehmen, und welche die Stellen für die
Buden vermiethen, oder die größten Banquiers, so werden wir gegen
eine Stimme funfzig antreffen, welche in dem auswärtigen Negotio
allein, oder doch den größten Gewinst suchen.

Aber glückseliger Weise hat man das Urtheil aller dieser Leute nicht
nöthig, wenn man etwas kluges anstellen will, so zum Ganzen gehö=
ret.

ret. Sie sind nur darzu gut, daß man Fakta von ihnen sammlet, (welche wahrhaft seyn).

1) Die Beschwerden, welche auf den Straßen in fremden und einheimischen Zöllen vorfallen.

2) Aus welchen fremden Orten, diese oder jene Waare geholet, oder wohin unsere Fabriquen verführet werden.

3) Was eigentlich unsern Manufaktis an innerlicher Güte, oder an der Farbe, oder Zurichtung abgehet, daß diese oder jene fremde einen Vorzug bey uns und in fremden Landen hat.

4) Was die Ursache ist, daß sie nicht so wohlfeil als die fremde kann verkauft werden.

5) Was für besondere Gelegenheiten zuwege bringen, daß der Wechsel-Cours immer zum Schaden unsers Landes stehe, und wie solcher sich von Zeit zu Zeit verändert (u).

6) Wie hoch sie unsere Münzen an diesen oder jenen Ort anbringen, oder was für fremde Münzen und für welchen Preiß sie solche anschaffen müssen, um die Schulden bey Fremden zu bezahlen, welche wir jährlich durch unsern Handel machen.

7) Ob sie sicher seyn, die Materialia zu ihren Fabriquen, zu allen Zeiten in hinlänglicher Quantité zu erlangen, oder ob Umstände vorgefallen sind, oder sich vielleicht ereignen können, wodurch ihnen solches entzogen wird.

Diese

(u) Ich sage particular Ursachen, denn die allgemeine ist nicht verborgen. Sie kommt anfangs auf die Abgaben und die Theurung der einheimischen Arbeit, und des Unterhalts, und auf die Consumtion fremder Waaren an, und dieses elende Commercium bringet zuwege, daß man endlich an Fremde schuldig wird, daß man Zinsen außer Landes zu bezahlen hat; und das Land, so vermöge seines Handels immer an Fremde schuldig ist, verliehret ewig in Wechselcours.

Wenn aber ein Land bey diesen Umständen seine Lebensart nicht ändert; so verliehret es letzlich seine Einwohner, und dieses ist das Ende.

Diese und andere Nachrichten sind von ihnen einzuholen.

8) Die Handwerker müssen uns, von ihren Innungsgebräuchen genau, und wenn es nöthig, bey den härtesten Strafen informiren, damit wir die Narrheiten kennen lernen, welche die Industrie und die Geschicklichkeit zurück hält.

9) Ihre Abgaben und Unkosten, welche sie nothwendig aufwenden, müssen wir von ihnen selbst genau kennen lernen, und andere Sachen mehr.

Sobald wir aber von dergleichen Dingen hinlänglich benachrichtiget sind, und eine generale Einrichtung machen wollen, so können uns diese Leute wenig helfen, denn sie sind und bleiben ewig in der Finsterniß ihres besondern Nutzens, und einzelner Dinge verwickelt.

Es müssen also ganz andere Menschen seyn, welche aus vorigen und vielen Nachrichten vernünftige Schlüsse abfassen, welche zu bessern Einrichtungen dienen können.

Sollten wir uns aber dennoch zuweilen eines Raths erholen müssen oder wollen, so begreiffe ich nicht, warum man nicht vornehmlich diejenigen fraget, welche dem Lande am nützlichsten zu scheinen; ich meyne die Verleger unserer Fabriquen.

Diejenigen, welche ihre Manufakta in fremde Länder schicken, können uns in Ansehung des fremden Handels, mehr nützliches sagen, als alle Krämer und große Mäckler, welche bloß fremde Waaren kommen lassen, um solche größtentheils an uns selbst zu verkauffen; mehr als die Banquiers welche nur wünschen, daß viel Geld durch den Handel aus dem Lande gehet, damit an Wechselcours viel gewonnen wird.

Diese aber, deren Fabriquen bloß im Lande Vertrieb finden, werden die beste Gelegenheit geben, daß wir erkennen lernen, was dieselben verdirbet, wodurch unsere Nachbarn denselben würklich Abbruch thun, oder doch Schaden zufügen können.

Auf solche und auf keine andere Art, wird uns dasjenige zu statten kommen, was uns die Kaufleute sagen können und mögen (x).

So oft aber die Frage entstehet: Ob wir neue Fabriquen anlegen sollen oder nicht? Da haben wir nicht nöthig, irgend einen Kaufmann zu fragen, denn sie sind alle darwider, ausgenommen der Verleger einer solchen Fabrique.

Und damit auch dieses Mannes seine Handlung den Ruhm verliehren möge, daß er dem Publiko Nutzen schaffe, so gehen alle seine Anschläge dahin, daß er ein Monopolium erhalte.

Wir dürfen uns nur auf unsern unglücklichen Messen und Jahrmärkten, und in den Buden oder Kramläden umsehen, und wenn wir gewahr werden, daß unsere Einwohner von den fremden Manufaktis viel kaufen, so können wir sicher glauben, daß wir unser Land verbessern, unser Volk und die herrschaftlichen Cassen bereichern, den Debit unsers Zuwachses vermehren und erleichtern, wenn wir sorgen, daß dergleichen Arbeit bey uns verfertiget werde, und hiermit ist die Questio an entschieden. Das Quomodo kommt durch fleißige Anstalten und kluge Einrichtungen. Einige Unkosten muß man nicht ansehen, und oft ist die Anstalt vorzukehren, daß fremde Arbeit von dieser Art aus unsern Gränzen bleiben muß, wenn sich etwas neues erheben soll (y).

Zum Exempel, wenn ich in Meß= und Jahrmarktsplätzen einheimische Nadler ihren Einkauf bey den Nürnbergern machen, und sogenannten

---

(x) „Im Negotiant Anglois T. I. in der Abhandlung de l'usage de l'Arithme-„tique politique, p. CLXXXVIII. siehet: In allen Ländern sind die Consilia „beschäfftiget, die Wahrheit zu erforschen; aber es giebt allzuviel Leute, welchen „daran gelegen ist, daß sie verborgen sey, und daß alle diejenigen Dinge weit=„läuftig und verworren bleiben, welche die Commercia angehen, weil bey den „Deliberationen die weisen Leute beständig andere an ihrer Seite haben, die ihre „Absichten lieber als das gemeine Beste befördern."

(y) Dazu sind erhöhete Abgaben allezeit vorzüglicher, als die Verbote der Einfuhr.

genannte Herumträger, oft bey Berlinern oder andern Fremden ihre Kasten füllen sehe.

Wo ich eine Menge Künstler und Handwerksleute in der Nothwendigkeit finde, die Instrumente, welche sie zu ihrer Profession nöthig haben, von fremden Orten kommen zu lassen; so muß ich mich über solche Unwissenheit betrüben.

An dergleichen Orten ist es nicht anders, als wenn man glaubte, der Nutzen des Handels sey in Messen und Jahrmärkten zu finden.

Jedoch ich kann in den besten Büchern von dieser Materie nichts antreffen, was zum Vortheil dieser Krämerey dienet.

Herr Ulloa hingegen in seinem Retablissement des Manufactures et du Commerce d'Espagne Edit. Amsterdam 1753. in 8. p. 14. saget:

„Die Spanier betrügen sich, wenn sie denken von ihrem Handel „in Cadix Nutzen zu ziehen, weil dorten viel fremde Schiffe und „Menschen aus allen Ländern hinkommen.

„Sie werden nicht inne, daß durch diese Schwämme der beste „Saft von Spanien angezogen wird.

Ustariz pag. 99. erzählet: wie Ludwig XIV. „erkennet, daß „die Freyheiten, welche er den Jahrmärkten und Messen ertheilt, „nur den Fremden zu Nutzen gereichten, und gab allerhand Befehle „zur Correction dieser Mißbräuche.

Ibid. p. 173. ist angemerket: „daß Philippus V. in Spanien, „eine gleichmäßige Sorge hat müssen anwenden, um zu verhindern, „daß die Fremden nicht von den Meßfreyheiten am meisten pro„fitirten.

Von diesen Dingen könnten viele Meß= und Jahrmarktsplätze eine gute Anwendung machen, wenn sie wollten, aber die Einwohner solcher Städte sehen gerne, daß etliche Tonnen Bier bey ihnen ausgeschenket,

schenket, daß in ihren Wirthshäusern allerhand Fremde, oder Einwohner des Landes eine Consumtion machen.

Wenn nur dieses geschiehet, so sind sie wohl zufrieden, daß die fremden Kaufleute 30mal so viel von unserm Vermögen wegschleppen, als sie verzehren, und bedenken nicht, daß wenn der Landmann viele Dinge nicht bey Fremden zur Jahrmarktszeit einkaufen könnte; so müßte er solche bey den Künstlern, Handwerkern und Krämern unserer Städte suchen, und sie würden ihre Consumtion dadurch verdoppeln, weil ihre Mitbürger das ganze Jahr hindurch mehr Verdienst hätten, als die wenigen Jahrmarktswochen.

Das Geld, welches die Fremden wegtragen, würde in unsern Städten bleiben, und den öffentlichen Cassen vielmehr einbringen. Denn der Thaler, welcher aus dem Lande getragen wird, giebet nimmermehr keine Abgaben mehr, derjenige aber, welcher im Lande bleibet, giebt ewig Abgaben, so lange er circuliret. Man glaubet gemeiniglich; ja! man saget solches laut; es sey nicht möglich, die Kaufleute dahin zu bringen, daß sie den ihnen verbotenen Handel unterlassen, und eine allgemeine Sentenz saget: Je höher die Abgaben, je größer ist der Unterschleif. Aber eben diejenigen Personen, welche obigen Handel das Wort sprechen, welche bey jeder vorgeschlagenen Erhöhung der Abgaben unstreitig sagen werden: Je höher die Imposten, je stärker ist die Defraudation, pflegen dennoch Klage zu führen, wenn benachbarte Puissancen solche Waaren mit größern Abgaben belegen, welche bey uns fabriciret werden.

In dieser Sache stecket eine gewaltige Verwirrung.

Wenn es wahr ist, daß unsere und fremde Kaufleute (ohngeachtet aller gehörigen Aufmerksamkeit und Anstalt) unsere Zölle und Accisen nach eigenen Gefallen, oder doch gemeiniglich hintergehen können; so würde der Aufschlag auf unsere Waaren bey Fremden den

Debit

Debit unserer Fabriquen nicht Schaden bringen, sondern die Geschick=
lichkeit vieler Kaufleute oder Krämer würde die Fremden, so wie ih=
ren Landesherrn zu betrügen im Stande seyn, und man hätte keine
Ursache sich über einen neuen Impost zu beschweren, welchen die Frem=
den auf unsere Waaren legen. Hier ist ein Widerspruch, obgleich eine
allgemeine Sentenz.

Ich sage, hier muß ein Fehler in der Anstalt seyn, oder, wenn
den Krämern diese Herrschaft über die Gesetze nicht abzuschneiden ist; so
müßte man gleich aufhören, von dieser Sache ein Wort zu sprechen;
weil auf solche Art nimmer etwas vernünftiges auszurichten, und an
keinen nützlichen Handel zu gedenken ist.

Aber glückseeligerweise sind die Sachen noch nicht so desperat, als
sie aussehen. Wenn wir den Grund des Uebels erkennen, und die
rechten Mittel ergreifen wollen; so wird diese Confusion zu überwin=
den seyn.

So lange wir aber wissendlich und durch öffentliche Anstalten,
die Gelegenheiten zu den Unterschleif geben, so darf man sich auch
nicht wundern, wenn unser Handel mit aller ersinnlichen Unordnung
geführet wird (z). Die Orte, welche den fremden Handel einrichten
sollen, müssen überall die Gränzorte seyn, daselbst muß die fremde Fa=
brique entweder verhindert seyn zu uns zu kommen, oder durch aufge=
legte Imposten sehr theuer werden, und diejenige, welche zum Transit
destiniret ist, muß nicht bey uns zum Verkauf ausgeleget werden, son=
dern unausgepackt durchgehen (a).

Also sind die Sachen an denen Orten eingerichtet, wo der Han=
del verstanden und gut getrieben wird.

Sollten

(z) Von den vorgeschriebenen Anstalten zu Beförderung der Defraudation werde ich
besonders sprechen.

(a) Doch dieses ist gegen die Anstalten und Privilegien vieler Handelsstädte.

Sollten dergleichen Generaleinrichtungen allerhand solchen Kaufleuten schaden, welche bishero zu unserer Consumtion lauter fremde Waaren geliefert haben; so kann man Staat machen, daß je größer der Haufen der Leidenden seyn sollte, je merklicher wird der Nutzen des Landes und der öffentlichen Einnahmen wachsen. Denn je weniger Menschen am Verderben des Publici arbeiten, je besser stehen die allgemeinen Umstände, je mehr werden die Fabrikanten und Einwohner des Landes verdienen.

Wenn zum Exempel, ein Kramer, welcher bishero mit Aachener Tuche gehandelt, inskünftige von diesen Handwerk keinen Verdienst hätte, so könnten vielleicht 20 Familien ihren Unterhalt finden, und das weggeschickte Geld würde führohin in der innern Circulation bleiben, wiederholte und bessere Abgaben, als vormals leisten können.

Ich sage je mehr solcher Kaufleute eingehen können, je mehr lieget die Nothwendigkeit am Tage, sie in ihren Handwerk zu stören, und da sie bishero nur fremder Länder Fabrikanten, Fuhrleute und Arbeiter mit unserm Gelde ernähret, so könnte man sie als Fremde mit so viel gleichgültigern Augen ansehen (b). Ich sage: es ist gleichgültig: Ob solche Leute ihr Brod mit Spinnen, Flachsjäthen, oder Hecheln, oder einem andern ehrlichen Gewerbe verdienen. Man nimmt ihnen ja nichts; sondern verhindert blos das schädliche Projekt auf ihrer Brüder Unkosten Reichthum zu erwerben. Und ein kleines Ungemach kann in Absicht eines allgemeinen Nutzens von einem verständigen und gut gesinneten Publiko nicht geachtet werden.

(b) Was gegen dieses, in Absicht auf den berühmten Speditionhandel konnte vorgebracht werden, darauf wird hinlängliche Antwort erscheinen.

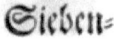

Siebendes Kapitel.
Von der Nutzbarkeit der Banquiers.

Ein Banquier ist an jedem Ort eine Mittelsperson, deren Credit eine dem Lande bald nützliche bald schädliche Handlung befördert, fremdes Geld ins Land ziehet, oder des Landes durch den Handel gemachte Schulden an Fremde bezahlet.

Die Umstände mögen ausfallen, wie man will, so muß dasjenige Land, so schuldig bleibet sein Geld über die Grenze schicken, oder Interessen, endlich aber das Capital bezahlen.

Also können die Banquiers gemeiniglich keinen Nutzen bey dem auswärtigen Handel schaffen, als wenn die Bilanz des Handels zum Vortheil desselben stehet. Sie dienen nur zur Bequemlichkeit, und oft dazu, daß ein schädlicher fremder Handel befördert wird, daß man denselben über billige Gränzen ausdehnet, und dieses ist den fruchtbaren mit festen Boden eingeschlossenen Ländern schädlich.

Die Grenzen des fremden Handels in solchen Ländern bestehen a priori darinnen:

1) Daß dem Bau des Zuwachses keine Hände entzogen werden, (durch die Handelsgeschäffte),
2) Daß auch die Arbeiter und Handwerker welche innländische Materialia verarbeiten, und dadurch eine nützliche Circulation befördern, in hinlänglicher Anzahl gefunden werden, und wegen eingerissener Theurung nicht allzu elend leben müssen.

Wo diese glückliche Umstände angetroffen werden, daselbst wird das Land stark bevölkert seyn, mit den Banquiers mag es alsdenn stehen wie es will.

Ich sage mehr; bey solchen glücklichen Umständen, wird man viel weniger nöthig haben, das Volk wie Sklaven für fremdes Geld arbeiten zu lassen; also sind auch aus dieser Ursache weniger Banquiers nöthig. (Ich habe gesagt von was für Ländern ich rede, ein anders ist es mit großen Seepuissancen).

Sobald ein Land mehr Geld auswärts schicket als von Fremden ziehet, daselbst können die Banquiers nichts anders verrichten, als die Bequemlichkeiten dieses Ausflusses leichter machen und befördern.

Nur in zween Hauptumständen, können sie als unentbehrlich angesehen werden (c).

1) Wenn nämlich ein Land vermöge seiner Unfruchtbarkeit die Menge seiner Einwohner von eigenen Zuwachs nicht erhalten kann, sondern fremde nothwendige Lebensmittel herbey holen oder hungern müßte (d).
2) Wenn es in entfernten Weltgegenden Possessiones hat.

Aus allen diesen folget: daß in den fruchtbaren Ländern, die Banquiers gemeiniglich keinen Nutzen durch den fremden Handel schaffen können, bis der Handel durch vernünftige Einschränkung in der Bilanz gewinnet.

Sobald diese Einschränkung wegfället, so sind zweyerley Uebel von dem fremden Handel untrennlich. Ich sage dessen Ausbreitung wirft alle Länder in eine weitläuftige und verderbliche Consumtion fremder unnöthiger Waaren, und in eine grundfalsche Anwendung unserer Arbeit für fremdes Geld, indem viele unserer Arbeiter von nützlichern Geschäften abgezogen werden.

Bey

(c) Ich sage Hauptumständen; denn von einigen besondern werde ich noch sprechen.
(d) Aber ich habe Exempel erlebet, daß sie in diesem Fall gar nicht, oder nur zu spät geholfen haben.

Bey diesen Umständen dienen die Banquiers großen Theils darzu, die Consumtion des fremden Ueberflusses, so wie sie an der Anzahl wachsen, in größerer Menge herbey zu ziehen.

Es sind diesen ohngeachtet besondere Fälle, wo die Banquiers nöthig seyn können.

1) Den fremden Gesandten Geld zu schicken.
2) Zu Kriegszeiten; wenn unsere Trouppen auswärts für unsere Unkosten, den Alliirten beystehen, oder überhaupt in fremden Ländern herum ziehen.

Der erste Umstand kann bey einem mittelmäßigen Lande nicht ins Große gehen. Der andere sollte bey einem solchen Lande fleißig vermieden werden.

3) Endlich brauchet ein jedes Land einige Waaren aus fremden Orten, je mehr aber dieser Gebrauch kann eingeschränket werden, je besser wird es seyn.

Je mehr wir fremde überflüßige Dinge bey uns verbrauchen, je mehr Banquiers können bey uns Nahrung finden.

Ich habe zum Exempel gesehen: daß vor diesen die Banquiers in Sachsen, die daselbst gut ausgemünzten Doppelgroschen oder $\frac{1}{12}$ theil Thlr. oder andere Sächsische Species in Fässer packten, und solche nach Danzig, Königsberg, oder Riga schickten, um Holländische Wechsel einzukaufen, und dadurch Vortheil hatten.

Dieser Vortheil aber bestand im folgenden: Sachsen hatte beständig aus Holland, Engelland, Frankreich und durch diese Länder auch Amerikanische und Ostindische Waaren kommen lassen, welche mehrentheils durch den Kanal von Holland bezahlet werden müssen.

Also, daß Sachsen beständig in Holland viel schuldig war, und dessen Wechsel in Menge auf den Holländischen Plätzen herum liefen.

Wie

Wie nun bey allen Waaren, welche in Ueberfluß auf den Markt kommen, der Werth herunter gesetzet wird; so verloren auch diese Wechsel 4. 5. und zu Zeiten mehr pro Cent; wenn aber Holländische Wechsel nach Holland geschickt wurden, um einen Theil der in Holland gemachten Sächsischen Schulden zu bezahlen, so wurde dieser Verlust vermieden; also suchten die Sächsischen Banquiers, obgenannte Nordische Orte, wo viel Holländische Wechsel circulirten, weil diese Nation daselbst beständig viel Getraide, viel Hanf, Pech, Theer, Wachs und eine Menge Holz zum Schiffbau holet, diese Holländische Wechsel wurden gegen die Sächsischen Doppelgroschen, oder anderes Sächsisches Silbergeld mit weniger Verlust nach Holland geschickt, um einen Theil der Sachsischen Schulden in Holland zu bezahlen.

Aber diese Bemühung war niemals hinreichend, alle Sächsische Wechsel- und Bücherschulden in fremden Landen zu bezahlen, sondern es müssen jährlich noch große Summen mit Verlust des Landes seyn fortgeschicket worden, und von Zeit zu Zeit beständig zu viel Sächsische Wechsel in Holland circuliret haben, sonst hätten sie nicht beständig einige pro Cent verloren.

Wenn wir nun dieses Negotium in Ansehung der Banquiers betrachten, welche die Holländischen Wechsel kauften, und an die einheimischen Kaufleute wieder theuer verkaufen, damit ein jeder der letztern, seine in Holland gemachten Schulden bezahlen konnte, so waren es die ersten, welche den größten Gewinnst hatten, weil sie das baare Geld weggeschickt, ihre Brüder mußten den Verlust der Sächsischen Wechsel in Holland tragen. Diesen ward er wieder von den Cosumenten überflüßiger Waaren (e) in die Hände geleget.

In

(e) Nur die Consumenten, das ist der große und oft arme Haufen, tragen den Verlust der Handelsbalance.

In Summa die größte Quantité des Geldes gieng aus dem Lande, ein Theil blieb in den Händen großer Kaufleute, oder Banquiers, ein anderer bey kleinern kleben, und je mehr solche Negotia gemacht werden, je ärmer wird das Volk, und so wie die Banquiers an der Anzahl gewachsen, je mehr sind solche Negotia gemacht worden; sonst konnten sie nicht reich werden.

Digression vom Luxu.

Von dem Luxu von welchen so vieles geschrieben, und pro und contra gesaget worden, giebet eine neuere kleine Schrift eine bessere Erklärung, als mir noch vorgekommen ist.

Diese Schrift heißt: Retour du Philosophe 8. Bruxelles 1772. und saget p. 13.

"Der Luxus bestehet nicht in dem Ueberfluß der Dinge; sondern "nur in dem Mißbrauch derselben.

"Ein solcher Mißbrauch leget sich dadurch an Tag, wenn die "überflüßigen Dinge auf Unkosten der nothwendigen und unentbehr= "lichen gebraucht werden (f). Nur dieses kann man unter den Na= "men des Luxus verstehen.

Denn, wenn jeder die nothwendigen und zum Ueberfluß gehörigen Dinge beständig haben könnte, so würde dieses durchaus kein Luxus seyn; sondern es wäre ein Zeichen eines allgemeinen Reichthums in Gelde ꝛc. In diesem Fall hätte man keine andere Sorge anzuwenden,

(f) Wenn zum Exempel, eine arme Dienstmagd, ihre Haube mit goldenen Tressen besetzet, oder seidene Mieder träget, und sich im kalten Winter keine warme Strümpfe anschaffen kann; Wenn derjenige kostbare Kleider träget, welcher den Garkoch, oder den Schuster nicht zu bezahlen im Stande ist; Wenn wir unsere Zimmer prächtig ausputzen, und das Holz zum Einheizen im Winter nicht zu erkaufen vermögen.

zuwenden, als gegen die Weichlichkeit, und den ohnfehlbaren Schaden zu arbeiten, welchen der Ueberfluß am Gelde dem Landbau zuzuziehen pfleget, (doch weiß ich nicht: ob die menschliche Weißheit bey einen dergleichen Ueberfluß etwas solches auszurichten vermag).

Der Lauf der Dinge aber zeiget uns an meisten Orten in Europa, den Mißbrauch der überflüßigen Dinge, auf Unkosten der unentbehrlichen. Mehrentheils reißet die Eitelkeit die Menschen also dahin: daß sie lieber an nothwendigen Mangel leiden, als an überflüßigen, und ein solcher Luxus ist überall schädlich. Wird derselbe in bloßer einheimischer Arbeit getrieben, so machet er zwar das Land am Gelde nicht ärmer, aber er giebet Gelegenheit zu allzu großer Ungleichheit in Vertheilung des Vermögens und verderbet die Sitten. (Ohne gute Sitten aber sind die Gesetze ohne Kraft). Wird aber der Luxus vornehmlich in fremden Waaren ausgeübet; so ist er sehr viel schädlicher: weil das Geld aus dem Lande gehet, wodurch das einheimische Gewerbe unterhalten werden soll. Alsdann fehlet vielen Einwohnern die Beschäftigung. Der Müssiggang nimmt zu, und die gute Vertheilung der Menschen in Ansehung ihrer Wohnungen wird zerrüttet. Denn nunmehro läuft das Volk nach den großen Städten, um sich der Arbeit des Ueberflusses zu widmen und die allerbeste, das ist: die Arbeit des Landbaues zu verlassen (g), oder solche nur nachläßig zu treiben. Herr Montesquiou saget:

„mit dem Wachsthum der Versammlung der Menschen in einer Stadt, „wachsen auch die Fantasien derselben, das heißt: die kindischen und
„vergebe-

(g) Wie vielen Schaden der Zusammenlauf der Menschen anrichtet, siehet man an der eingebildeten Correction, welche von unsern Politicis angewendet wird. Sie sagen insgesamt: in großen Städten müssen Spectakula seyn, um den Leuten die Zeit zu vertreiben, und solche von großen Unordnungen abzuhalten. Also ist der Müssiggang, aller Laster Anfang, zugestanden, welchem man eine unzulängliche Medicin entgegen zu setzen begehret.

„vergebenen Beschäftigungen, und die Eitelkeit durch vergebene Dinge
„nach Vorzug zu streben". Bey diesen Umständen müssen ohnfehlbar,
„die überflüßigen Dinge auf Unkosten der nothwendigen begehret werden. Setzen wir hinzu, was das Exempel der Großen und Reichen
für Einfluß bey den Armen hat; so werden wir leicht finden: wie gewaltig der Gebrauch des Ueberflusses ausgedehnet, und der Mangel des
Nothwendigen vermehret zu werden pfleget (h). Dabey werden wir
gewahr, wie die Handlung mit Fremden dieses Unheil beständig vermehret, und wie dasjenige Geld, welches bey guter Austheilung vieles Elend von den Einwohnern abgewendet hätte, entweder über die
Grenzen reiset, oder in die Hände einiger Mäckler der fremden Waaren verfället. Man wolle nicht sagen: wer heißt den Armen, ihr Geld
für überflüßige fremde Dinge auszugeben! wo deren Gebrauch bey denen übrigen eingerissen ist, wo die Eitelkeit sich dadurch einen Vorzug
zu erwerben suchet, und öfters erhält; da siehet man allezeit: daß diejenigen merklich verachtet werden, welche das eingerissene Verderben
nicht (weniger oder mehr) mitmachen können. Eine solche Verachtung aber zu ertragen, kann Niemand zugemuthet werden. Wie viel
aber die ungemessene Einfuhre aller äußerst, oder meistens unnöthiger
Waaren, die Kaufleute, in Summa der gelobte fremde Handel, und
die so hoch gestiegene Defraudation, zu Ausbreitung des Luxus beygetragen, ist aus den vorhergehenden klar.

L 2 Achtes

(h) Dieser Mangel vermindert die Heyrathen, und also das Volk; folglich auch die
öffentlichen Einnahmen. Darauf folget gemeiniglich eine Vermehrung der Abgaben auf die unentbehrlichste Arbeit und Lebensmittel, und hiermit hat alles gemeine
Wohl ein Ende. Und dieses ist die ewige Folge, von ausgedehnten Gebrauch des
fremden Ueberflusses: Es entstehet daher Theurung, und die Armen leiden an
Nothwendigen Mangel.
Der von mir p. 24. angezogene Anaragoras von Occident beweiset von p. 100.
bis p. 143. deutlich: Wie der Luxus der Männer und Weiber besonders aber der
letztere der Bevölkerung schadet, und verdient gelesen zu werden.

Achtes Kapitel.
Von guten und schlechten Messen.

Nach der Sprache vieler Kaufleute wird oft die Messe schlecht geheißen, wenn sie zum Vortheil des Landes am besten ausfället, wenn nämlich unsere einheimische Fabriquen einen mehr als mittelmäßigen Abgang haben.

Gut aber kann nach eben dieser Sprache eine Messe heißen, wenn gleich die einheimischen Manufakturen und Fabriquen einen zu geringen Abgang finden, wenn nur alle Gewölber besetzet werden. Dieses kann aber ohne viel fremde Kaufleute und fremde Waaren nicht geschehen. Hierüber darf man sich auch gar nicht wundern. Denn das gelernte Handwerk des Kaufmanns erfordert niemals nach den Vortheil des Publici zu fragen, sondern bloß nach den eigenen Gewinn vom Handel. Da nun die meisten Einwohner eines Freyhafens an den Meer, oder einer Meßstadt, auf den festen Lande gelegen, welche mit den Handel zu thun haben, das ist, directe oder indirecte von daher ihren Nutzen ziehen; so fället nicht nur ein jeder ins Einzelne, sondern alle zusammen sehen bloß auf den abgesonderten Nutzen des Orts, wo ein solcher Handel geführet wird. Allen übrigen Orten des Landes mag es gehen wie es will.

Ich sage also noch einmal: man darf sich nicht wundern, wenn diese Kaufleute sich oft ganz widersinnig ausdrucken, und die Messen, welche dem Lande den meisten Vortheil bringen, schlecht, diejenigen aber gut heißen, welche vor fremde zu unserer Consumtion gelieferte Waaren, das meiste Geld aus dem Lande schicken.

In folgenden, habe ich aus herrlichen Schriftstellern unterschiedene Stellen über diese Materie ausgezogen.

1) Der Negotiant Anglois, in der französischen Uebersetzung zu Dreßden 1753. pag. 130. Tom. II. saget deutlich:

„Daß das Interesse der Kaufleute von den Nutzen des Staats „ganz abgesondert sey, weil sie den Staat durch Einführung fremder „Waaren gänzlich in Armuth bringen, und vor ihre Person dennoch „reich werden können,

2) Ibid. in Tom. I. p. 50. lesen wir gleichfalls:

„Der einzelne Gewinn des Kaufmanns, gehet eigentlich dem „Publiko nichts an. Es wäre denn, daß alle Kaufleute einer Nation „an die andere mehr verkauften, als von ihnen kauften.

3) Ibid. p. 52. heißt es sogar:

„Wenn wir auch an solche Länder, welchen wir auf die Bilance „heraus zu geben haben, nicht unser Geld in Natur schicken, sondern „Mittel hätten selbige an andere zu assigniren, die uns schuldig sind; „so kann doch unser Land dabey nichts gewinnen (i). Sollten aber „die Waaren, welche unsere Schulden zuwege gebracht haben, von der „Natur seyn, als wir bey uns selbst fabriciren oder fabriciren könnten;"

(Ich setze hinzu, oder vor welche wir etwas anders von einheimischer Arbeit substituiren könnten).

„so ist der Verlust um so viel größer.

Ibid. in Discours préliminaire ist noch mehr in eben diesem Verstande angemerket. Desgleichen

4) Sagt

(i) Dieses ist also zu verstehen: Sobald die Fremden zusammen genommen, uns auf die Balance nicht Geld heraus geben, so wird das Land nicht reicher, wenn nun dieses nicht geschiehet, und gleichwohl allerhand Kaufleute groß Vermögen erwerben, so hat die Arbeit des gemeinen Volks allein diese Kaufleute bereichert, nicht anders, als wenn sie ihnen Contribution bezahlet hätten. Dieses aber verursachet eine ununterbrochene ungleiche Austheilung des Vermögens.

4) Sagt Mr. du Tot, in Reflexions Politiques sur le Commerce et les Finances, Edition à la Haye 1740. Tom. II. p. 167.

„Es finden sich im Handel gemeiniglich zweyerley einander ent-
„gegengesetzte Interessen.

1) „Der Particulair-Nutzen des Kaufmanns,
2) „Der allgemeine Nutzen des Staats.

„Es ist also diese Sache würdig: daß die ersten Minister solche zu
„Herzen nehmen und examiniren; denn alles Commercium, welches
„eine unendliche Menge fremder Waaren zu uns ziehet, die zur Ueber-
„muth in Kleidern, Meublen, oder zur Schwelgerey in Essen und
„Trinken gehören, dienet bloß darzu, daß unsere Schätze zum Frem-
„den gehen, ein solcher Handel verzehret unsern Staat, obgleich die
„Kaufleute reich werden ɾc."

Jedoch an einem andern Orte saget eben dieser Autor:

„Mais l'interet particulier a toujours un grand nombre
„d'Avocats et l'interet general en a peu.

5) In der französischen Uebersetzung eines andern Engelländers Josua Gee, à Londres, in 8. 1749. unter den Titul: Considerations sur le Commerce et la Navigation, lesen wir p. 221. in eben diesem Verstande:

„Nichts wäre wichtiger als dieses von dem Parlement beherziget
„zu werden. Denn in dieser Gelegenheit kann man von den Kauf-
„leuten nichts gutes erwarten. Diese denken auf ihr besonders In-
„teresse, und bereichern sich lieber durch die bereits eingeführten Mit-
„tel und Wege, sie können viel erwerben, indem sie uns mit fremden
„Waaren überschwemmen, und achten gar nicht, daß die Nation da-
„durch arm wird.

Ibid.

Ibid. p. 234. stehen folgende Worte:

„Es ist fast unmöglich, daß eine neue Anstalt die Fabriquen oder
„den Handel betreffend, einen guten Ausgang gewinne, wenn die Re-
„gierung solche Sachen nicht mit Ernst unterstützet.

6) Herr Ulloa, in seiner Schrift du Retablissement des manu-
facturés et du Commerce d'Espagne, Amsterd. in 8. 1753.
p. 14. saget:

„Die Spanier betrügen sich, wenn sie denken von ihren Handel
„in Cadix Nutzen zu ziehen, weil dorten viel fremde Schiffe und Men-
„schen aus allen Ländern hinkommen. Sie werden nicht inne, daß
„durch diese Schwämme der beste Saft von Spanien angezogen wird.

7) Der vorher angezogene Ustariz p. 99. erzählet, wie Ludewig
XIV. König in Frankreich erkannt hat:

„Daß die Freyheiten, so er den Messen und Jahrmärkten er-
„theilet, nur den Fremden zu Nutzen gereichen, und allerhand Be-
„fehle und Correctiones darüber ergehen lassen.

8) Ibid. p. 173. ist angemerket, daß Philippus V. in Spanien,
eine gleichmäßige Sorge angewendet um zu verhindern:

„Daß die Fremden von denen Meßfreyheiten, mehr Nutzen als
„die Einwohner zögen.

9) Ein neuer vortrefflicher deutscher Autor, Herr Josias But-
scheck, gedruckt 1768. in Prag, in 8. sagt in den Lehrsätzen
aus der Handelswissenschaft:

„Die Handlungspolitik im Staat, soll zum Endzweck haben:
„die größte möglichste Anzahl Menschen, durch Arbeit und Emsigkeit in
„guten und bequemen Umständen zu erhalten. Die Kaufmanns-
„Politik ist etwas ganz anders, also sind sie beständig gegen einander
„gerichtet.

Ibid.

Ibid. §. 6.

„Vergebens ist es, sich von dem auswärtigen Handel viel Vortheil „zu versprechen, wenn der innerliche nicht wohl eingerichtet ist.

10) Desgleichen sagt Herr Otto Ephraim Kunneberg, in seinen Gedanken von einem Schatzungswerke 1761. in 8., welches aus den Schwedischen ins Deutsche übersetzt, in den auserlesenen Sammlungen zum Vortheil der Natur- und Staatswirthschaft, im 2ten Theil p. 239. zu lesen ist: „Die Waaren so „einzig und allein zur Ueppigkeit und Wohlleben gehören, „sind höher als die übrigen zu belegen", (und ich setze hinzu: in der Verhältniß als der Gebrauch derselben gemeiner geworden).

11) Ibid. p. 281.

„Wenn man die Einfuhre ausländischer Arbeit mit so hohen Ab„gaben beleget, daß die innländische Arbeit (ähnlicher Art) nicht ohne „Abgang bleibet, so hat man die monopolischen Steigerungen nicht zu „befürchten ꝛc. (k).

In Herrn M. Johann Jacob Meyers Preißschrift, Berlin 1770. in 4. lesen wir p. 18.

„In keinem Stück sind die Menschen so einig als darinnen: daß „sie ihren gemeinschaftlichen Vortheil nicht leiden können (l).

Bey diesen entgegengesetzten Aussprüchen von schlechten oder guten Messen, weiß ich also nicht, von wem man erfahren soll, ob eine Messe vor das Land nützlich oder schädlich gewesen sey.

Die Menge beladener fremder Wagen können hier nichts entscheiden.

Denn,

(k) Dagegen aber sind alle Kaufleute, so viel fremde Waaren liefern, und alle Meß-Städte gerichtet.

(l) Davon geben die Kaufleute und die Meß-Städte einen deutlichen Beweis.

Denn, wenn nur die Ladung eines solchen Wagens von den Einwohnern consumiret wird, so müßten wenigstens dreyßig andere als Transit wieder zu Fremden gehen, ehe die Ausgabe und die Einnahme einander gleich sind.

Aber viele haben keine andere Begriffe vom Nutzen des Handels, als:

1) Baares Geld auf die Balance einzeler Personen fallen,
2) etliche Kaufleute reich werden,
3) die wahren Arbeiter aber, kümmerlich leben zu sehen.

Der letzte Begriff aber widerspricht dem ersten. Doch der mittelste kann mit großen Schaden des Landes bestehen.

Neuntes Kapitel.
Generalia von der Extension derer Fabriquen und Manufakturen, in einem fruchtbaren und mit festen Boden umgebenen Lande.

Ueberall wo man in einem mit festen Boden umgebenen fruchtbaren Lande, allzuviel Manufakturen und Fabriquen an Fremde verkaufet, reißet auch im Gegentheil der Gebrauch unnöthiger, zur Eitelkeit und Ueppigkeit gehöriger fremder Waaren ein: Denn das durch diesen fremden Handel in einige Hände gefallene Reichthum, gebiehret das Verlangen nach raren und kostbaren Dingen, welche unsere Kaufleute bey Fremden kennen lernen, und uns zur Verführung vor Augen legen, oder von Fremden zu uns gebracht werden.

Die Hauptgelegenheit, welche den Debit unserer Waaren an Fremde verbreitet, ist der wohlfeile Verkauf derselben, dieser kann nicht zuwege gebracht werden, wenn der kleine Arbeiter nicht vor sehr geringes Lohn arbeitet, er kann auch nicht wohlfeil seyn, ohne wohlfeile Fracht; und diese kann nicht wohlfeil seyn, wenn der einheimische Fuhrmann leer nach Hauße fahren sollte (m).

Also kann man Rechnung machen, daß wir selbst von unsern eigenen Fuhrleuten, gemeiniglich in Ansehung der Ladung ohngefähr so viele fremde Güter bey uns einführen sehen, als wir verschicken. Sind diese fremden Güter von größern Werth, oder in größerer Quantité als die unserigen, so gehet unser Geld aus dem Lande, und wir müssen endlich der Fremden Schuldner werden (n).

Wenn aber der Preiß der ab- und zugeführten Güter gleich wäre, so würden noch viele Bedingungen voraus zu setzen seyn, ehe das Land von welchem ich rede, ohne Schaden dergleichen Handel führen könnte, als:

1) Müßte zu keiner von unsern ausgeführten Manufakturen, ein fremdes Materiale gebrauchet werden.

2) Müßten wir ein Mittel kennen, und anwenden, die Ueppigkeit und Eitelkeit, welche durch den Gebrauch unnöthiger fremder Waaren einreißet, zurück zu halten, der ungleichen Austheilung des Vermögens, der Verachtung derer Reichen gegen die Armen, sammt der daher erwachsenden Niederträchtigkeit, und dem Haß der letztern gegen die erstern entgegen zu arbeiten.

3) Und was das vornehmste ist, so müßten wir im Stande seyn, alle Arbeit des Zuwachses und einheimischer Bedürfnisse, neben der Anwendung einer großen Menge der Manufakturiers und Fabri-

(m) Es wird hier nicht vom Durchgang gesprochen, welcher von derjenigen Consumtion gänzlich zu unterscheiden ist, so wir in fremden Waaren machen.

(n) Denn das, was von fremder Waare zu unsern Zeiten wieder an Fremde spedirt wird, ist nur eine Kleinigkeit, gegen dasjenige was wir von fremden Dingen consumiren.

Fabrikanten, der Krämer- und Handelsleute (so vor die Fremden arbeiten), durch die Arbeit unserer Einwohner zu besorgen (o).

Sonst ist diese unsere Bemühung nicht nur größtentheils vergebens, und kann ohne Schaden nicht abgewartet werden.

Ich sage: eine Menge dergleichen für Fremde unternommene Arbeit, kann einem Lande nicht eher Nutzen bringen, bis es mehr Volk bey sich siehet, als dessen aufs beste bestellter Zuwachs ernähren kann.

Es wird nöthig seyn: daß ich eine Erklärung darüber beyfüge, was ich fruchtbare Länder heiße: und dieser Ausdruck gehet (nach meiner Einsicht) theils die Menge des nutzbaren Erdreichs, theils die Menge der Einwohner an, welche von diesem Erdreich und dessen gutem Cultur Unterhalt finden.

Ein Land kann nur alsdann fruchtbar heißen, wenn es seine in großer Menge vorhandene Einwohner von einheimischen Zuwachs, und solcher Arbeit wohl ernähren kann; volkreich aber, und hinlänglich bewohnet, ist dasselbe nicht eher, bis dessen (durch die beste Bestellung und durchgängig genutzten Boden) hervorgebrachter und zur menschlichen Nothwendigkeit und Bequemlichkeit bereiteter Zuwachs von den Einwohnern auch größtentheils consumiret wird (p). Unfruchtbar aber heißen diejenigen Länder, welche ihre Einwohner ohne fremde Hülfe und Früchte nicht ernähren können. Diese letztern sind gezwungen mit Fremden zu handeln; die ersten aber, wenn sie mit festen Bo-

M 2 den

(o) Z. E. man müßte keine fremden Schnitter in der Aerndte brauchen.

(p) Und in diesem Fall würde nicht viel außerhalb Landes zu führen, und für Fremde zu arbeiten Gelegenheit vorfallen. Doch wolle man hier anmerken, daß ich gesaget: größtentheils consumiret werde. Denn von den nothwendigsten Zuwachs, (denen Körnern) wird uns allezeit ein Vorrath im Lande übrig bleiben, und dieses wird sich leicht finden, wenn diese Körner aller Orten im Lande ohne Abgaben auf leidlichen Straßen mit aller Freyheit können ab- und zugeführet werden.

den umgeben, und nicht große Schiffahrt exerciren, haben von einen weitläuftigen fremden Handel und den Gebrauch fremder Waaren oft nichts als Schaden zu hoffen.

Aber was ist denn nach dem gemeinen Ausspruch die billige Absicht des fremden Handels zu unsern Zeiten? Antwort:

1) Die uns abgehende Nothwendigkeiten zu erlangen.
2) Geld von Fremden zu ziehen, und
3) die Einwohner in Nahrung zu setzen.

Ich würde die 3te Absicht vor der 2ten gesetzet haben, weil die zwepte ohne die dritte nicht zu erlangen ist, und weil der fremde Handel niemals etwas dauerhaft Gutes zuwege bringet, wenn die einheimische Nahrung nicht wohl bestellet ist. Doch in solchen Ländern, wovon hier besonders gesprochen wird, nimmt die Bevölkerung durch den Handel mit Fremden, welche uns mit ihren Waaren überschwemmen, nicht zu, sondern sie wird vielmehr vermindert.

Daselbst haben wir auch mehrentheils nicht eher für die Nahrung der Menschen zu sorgen, bis die vergebene Arbeit, so wir für Fremde unternehmen uns in Verwirrung gesetzet, die Einwohner von der guten Vertheilung ab, und auf wenige Haufen zusammen gezogen; die natürlichen Wege zur Nahrung verstopfet, und durch Kunst eine solche Theurung hervorgebracht, daß die Armen mit der stärksten Arbeit nicht hinlängliche Nahrung finden können.

Die zweyte Absicht des fremden Handels sollte seyn, das baare Geld zu vermehren, das heißt: für fremdes Geld zu arbeiten.

Dieses haben diejenigen Länder nicht nöthig, welche edle Metalle unter der Erde finden. Ihre Hauptbemühung soll (wenn sie in der Vermehrung des Geldes was Gutes finden, oder voraus sehen) dahin gerichtet seyn, das Geld so ihnen zuwächset zu Hause zu behalten, und wohl zu vertheilen; denn solchen Ländern nimmt der fremde Handel

gar

gar zu leicht das eigene baare Geld hinweg, und also haben sie nicht nöthig, mit sklavischen Geiz für fremdes Geld zu arbeiten.

Eine weit entfernte Ausnahme würde folgende seyn, wenn die Bevölkerung eines solchen Landes zu sehr anwachsen sollte.

Da könnte man sagen, daß ein Land so heute vor fruchtbar anzusehen, führohin als unfruchtbar zu betrachten sey, wenn der eigene Zuwachs die Einwohner zu erhalten nicht mehr hinlänglich ist; und dieses leugne ich nicht; aber von diesen Umstand habe ich noch nicht nöthig zu sprechen.

Denn jetzt kenne ich kein Europäisches fruchtbares und etwas beträchtliches Land, welches nicht einige Secula auf diesen Umstand zu warten hat, aber unterschiedene Städte sind mir bekannt, welche viel mehr Einwohner haben, als jetzt ihnen selbst und dem Lande, wo sie liegen, nützlich sind.

Was die erste Absicht des fremden Handels betrift, nämlich die uns abgehenden Nothwendigkeiten zu erlangen; darüber ist in Ansehung der Länder, wovon ich rede, blos dahin zu trachten, daß solche nicht vervielfältiget, oder daß die eingebildete Nothwendigkeiten mit den wahren nicht verwechselt werden, damit deren Gebrauch in fremden Dingen nicht unter dem großen Haufen allzu sehr einreiße.

Dieses ist durch stark aufgelegte Abgaben allezeit zu erzwingen. Dem kleinen Haufen kann man die Freyheit lassen selbige zu brauchen, und für seinen Uebermuth starke Abgaben zu geben.

Auf diese Art wird das meiste Geld, so jetzt dafür an Fremde gezahlet wird, im Lande bleiben, und die jetzigen Acciseinnahmen werden kaum merklich abnehmen (q).

Wir sehen aus den vorhergehenden: daß auch bey Anlegung der Fabriquen und Manufakturen der Exceß zu vermeiden: daß auch bey
einer

(q) Wenn die Sachen klüglich eingerichtet werden.

einer solchen Gelegenheit, allerhand vorhergehende politische Betrachtungen anzustellen sind, ehe man solche in den mit festen Boden eingeschlossenen Ländern (wie gemeiniglich geschiehet) für das einige nützliche ansehen darf.

Ein neuer Autor ohne Namen; de la Felicité publique ou Consideration sur le sort des hommes, Amsterd. 1772. 8. Tom. II. p. 117. sagt selbst von den Ländern, so zu Schiffe handeln:

„Man hat beständig das Commercium und die Manufakturen,
„als die Säugmutter der Bevölkerung angesehen, aber an allen Orten
„wo grosse Interessen von Gelde gezahlet werden, wo die Schiffarth
„nicht groß und trefflich eingerichtet ist, wo kurze Reisen viel Trans=
„portkosten wegnehmen, wo die Armateurs großen Gewinnst machen
„können, man setze dazu: wo die Theurung des Lebens eingerissen,
„daselbst kann man glauben, daß das Commercium und die Industrie
„noch in der Kindheit sind (r).

Wenn wir anstatt der Schiffarth, das Landfuhrwesen setzen, und anstatt der Armateurs die Entrepreneurs und großen Kaufleute, so ist dieses gänzlich auf den Handel anzuwenden, welcher in denen Ländern geführet wird, so keine Schiffarth auf den Meer treiben, und mit festen Boden eingeschlossen sind.

Aus den vorhergehenden können wir erkennen,

1) was für Irrthümer, mit vieler ungeschickter Arbeit begleitet, oft im Publiko vorfallen, und welche Arbeit der andern vorzuziehen ist, welche bey uns ausgebreitet zu werden, und Vorzüge zu erlangen verdienet.

2) Wie wir vornehmlich dahin trachten sollen, die Consumtion unserer Fabriquen und Manufakturen zu Hause zu bewürken, ehe mir dergleichen Arbeit an Fremde in Menge debitiren wollen.

(r) Oder gegen ihren Verfall sich neigen.

len. Wenn darnach noch roher Stoff übrig, und wir finden, (nach einen herrlich bestellten Landbau) noch übrige Hände, so ist alsdenn der Debit unserer obgenannten Manufakturen an Fremde mit Klugheit zu befördern. Aber von dieser Stunde an wird die Parthey dieses Handels ungewiß, und dependiret von Fremden.

Dieses sind ewig daurende Generalia.

Ich will deswegen niemanden verbieten allerhand Arbeit zu unternehmen, aber ich wollte niemals von Seiten des Publici eine andere befördert wissen, als diejenige welche die obgedachte natürliche Vortheile genießet.

Noch ist anzumerken: daß ein mittelmäßiges, mit festen Boden umschlossenes Land, nicht alle Manufakturen, Fabriquen rc. in großer Ausdehnung innerhalb seinen Gränzen haben, und verfertigen soll oder kann; weil jedes solches Land nicht alle Materialien hervorbringet, und diejenigen Dinge, so von fremden Materialien verfertiget werden, allerhand veränderlichen Umständen und Ungewißheit unterworfen sind. Wenn zum Exempel eine solche Manufaktur Anfangs vielen Abgang gefunden, so hat sie viele Arbeiter an sich gezogen; viele Umstände aber bringen zuwege, daß sie stocken kann, und ihren Abgang vermindert siehet; alsdenn sind die Arbeiter in großen Elend, und verlaufen sich außerhalb Landes.

Es ist dahero klar, daß ein solches Land sich **niemals vornehmen soll, alle Dinge bey sich hervor zu bringen,** noch weniger aber kann solches alle Arbeit zum Debit an Fremde unternehmen, ohne eine übergroße Population zu haben. Unterschiedliche künstliche Dinge, so den großen Haufen **nicht** nothwendig sind, kann es zwar wohl zur Curiosité zu Hauße verfertigen, aber nicht also ausbreiten wollen, daß dadurch ein Debit an Fremde verlanget werde. Die an Fremde zu verschickende Waare,

Waare, kann in dergleichen Ländern nur in denen Dingen bestehen, worzu das Materiale dem Lande eigen ist, und dennoch sollten vorher ehe man dergleichen Waaren vor Fremde bestimmet, der gemeine und Mittelmann vollständig damit versehen seyn, und von dergleichen oder ähnlichen Waaren wenig oder nichts von Fremden kaufen, (und dieses könnte erhalten werden, wenn dergleichen fremde Waaren durch Imposten theuer gemacht würden).

Diese Betrachtung lernet uns, was für Fabriquen und Manufakturen den Vorzug verdienen, nämlich: alle diejenigen, welche allen Menschen nothwendig sind. Zum Exempel: ein Land, welches Metalle und Wolle bey sich in Ueberfluß findet, sollte keine zu gemeinen Gebrauch bestimmte Waaren von Metall ohne große Abgaben von Fremden brauchen, (hingegen Uhrketten und andere Spielereyen, hat es nicht nöthig selbst zu fabriciren); also ist es mit allen wollenen Tüchern und Zeugen zu verstehen; etliche wenige Spanische, Französische feine Tücher kann es durch Imposten so theuer machen als es will. Ich bleibe bey diesen Exempel stehen, um Weitläuftigkeit zu vermeiden.

Zehntes Kapitel.
Von der Theurung.

Die vornehmste und erste politische Regierungsanstalt bestehet darinnen: die merklichsten Uebel auszurotten; eher kann man keine Besserung hoffen! weil es aber unmöglich ist, mit allen Uebeln auf einmal fertig zu werden, so ist es unvermeidlich dasjenige zuerst anzugreifen, welches den großen Haufen arm gemachet, und ohne dessen Abstellung viele andere Mißbräuche geduldet werden müssen.

So lange die Theurung der Arbeit in einem Lande regieret, muß man viele Unordnungen ungestört lassen.

Zum Exempel; man muß leiden, daß der Nutzen zwischen Land und Städten beständig gegen einander streiten, daß durch diesen Streit alle Mittel zur Nahrung eingeschränket, geschwächt und vermindert, und also unterschiedene Länder verdorben werden.

Was sind aber die Ursachen der Theurung?

1) Sobald ich voraus setze, daß nicht allein von solchen Ländern gesprochen wird, wo wegen Mangel des natürlichen Zuwachses eine immerwährende Theurung in Früchten herrschen muß, (und daß unter den Wort, Preiserhöhung oder Theurung, mehr begriffen wird, als ein hoher Preis des Korns) so werden diese Ursachen der Theurung leicht in die Augen fallen. Als:

a) die allzuschweren, die mit Ungleichheit, an unrechten Ort, oder auf die unrechten Objekte gelegten, oder durch allzu viele Hände, das ist: nicht gut gesammleten Abgaben, als zum Exempel; Consumtionsaccisen.

b) Eine nicht sorgfältige Policey, schlechte Straßen, und andere versäumte Anstalten, die innerliche Communication alles Zuwachses, aller einheimischen Materialien und Waaren also zu befördern, daß solche mit Leichtigkeit und aufs wohlfeilste von einer Hand in die andere kommen, als: z. E. der Mangel an einheimischen Fuhrleuten.

c) Der verminderte innerliche Werth oder Gehalt der Münze.

d) Der ungeschickte Zusammenlauf vieles Volks an wenig Orten.

e) Eine unnöthige und dennoch große Consumtion fremder (theils zum Ueberfluß, theils zur wahren, theils eingebildeten Nothwendigkeit) gehöriger Waaren, welche man zu Hause hervor zu bringen nicht versäumen, oder ungebraucht lassen sollte.

(f) Die allzu ungleiche Austheilung der Reichthümer, und der darauf folgende Luxus. Alle diese Dinge geben Gelegenheit zur Theurung.

2) Es ist ganz sinnlich, daß die vier ersten dieser Umstände direkte Theurung hervor bringen. Aber die ungleiche Austheilung der Reichthümer, der große Gebrauch fremder Waaren, samt dem Luxus, thun solches indirekte.

Die Consumtion fremder Waaren und der Luxus sind gemeiniglich ganz genau verbunden. Beyde aber werden mehrentheils durch die ungleiche Austheilung des Vermögens und der Einwohner unterstützet.

3) Der Gebrauch solcher fremder Waaren aber so zur Nothwendigkeit oder zu gemeiner Bequemlichkeit gehören, sind dasjenige was den fruchtbaren Ländern (welche dergleichen bey sich finden und hervorbringen könnten) am schädlichsten ist, denn je mehr sie deren von Fremden nehmen, je weniger werden solche zu Hause hervorgebracht (s). Also ist des Elends kein Ende, und dieser Umstand beweiset, daß an solchen Orten die Hände von der nutzbarsten Arbeit abgezogen, zu vergebenen und solchen Dingen angewendet werden, wodurch nichts neues hervorgebracht wird.

Daraus kann nichts anders als eine immerwährende Verminderung alles einheimischen Zuwachses erfolgen, und diese
bringet

―――――――――――――――――

(s) Weil eine eingerichtete, obgleich fremde und in der Entfernung verfertigte Arbeit immer vollkommener und oft wohlfeiler ist, als was anfangs von eben der Art bey uns kann gemacht werden, (sobald die Gegend einer Fabrique nicht erlaubet, daß man daselbst sehr wohlfeil leben kann).

bringet eine beständige Erhöhung der Lebensmittel und des Arbeitlohns, und also Mangel der Nahrung zuwege.

4) Wenn allein die Arbeit des fremden Luxus oder des Ueberflusses im Preise stiege, so wäre solches kein Unglück, aber die Preiserhöhung der gemeinsten Arbeit (samt denen dazu gehörigen Instrumenten) und andern unentbehrlichen Dingen, diese ist es welche uns ins Verderben stürzet, und eine Verminderung des Volks, der Heyrathen, und der fernern Bevölkerung verursachet.

5) Es sind nicht diejenigen, welche vermöge ihrer Glücksgüter, ohne Arbeit unter uns leben können, nicht diese, so zur nutzbaren Arbeit oft ungeschickt sind, welche die theuern Länder verlassen; sondern diese, welche zur Arbeit gewohnt sind (t). Denn solche Leute finden überall ihr Brod, und haben nicht nöthig viel Güter aus einem Lande ins andere zu schleppen, und also wird die gemeinste Arbeit täglich theurer, wo die Menschen abnehmen.

6) Also bringet die Theurung Verminderung der Arbeit und der fleißigen Menschen, deren Abgang aber neue Theurung zuwege.

7) Diese Umstände sind auch überall mit der allzu ungleichen Austheilung des Vermögens und der Feldtheile verbunden, ja sie vermehren auch dieselbe. Ich sage:

8) Nicht nur jede allgemeine Vermehrung des Geldes, (wenn solche bey einerley und derselben Menge von Menschen vorfället), verursachet eine Erhöhung des Arbeiterlohns, und der

___

(t) Dieser Umstand wird von denjenigen, welche alle Glückseligkeit nach Gelde messen, vor etwas gleichgültiges angesehen werden, denn diese Leute ließen oft eine Menge arme Menschen gerne laufen, wenn sie nur einen Mann mit Reichthum herbey holen könnten.

Lebensmittel (u); sondern auch die allzu ungleiche Austheilung der Güter, und des Geldes unter denen Einwohnern allein, bringet eine schädliche Theurung zuwege. Derjenige welcher das meiste Geld hat, kann auch am meisten vor die Arbeit, welche ihm andere vor Geld leisten, bezahlen; und da diese Art Menschen, sehr viel überflüßige Dinge verfertigen lassen, so häufen sich die Arbeiter des Ueberflusses, und die Anzahl derjenigen, welche unsere Nothwendigkeiten hervorbringen sollten, nimmt ab; folglich werden die nützlichsten und nothwendigsten Dinge theuer, und dieses macht den großen Haufen arm und unglücklich; der kleine Haufen der Reichen aber hilft dem Publiko in Ansehung der Einnahmen nur wenig (x).

9) Indem ich nur von den Ursachen der Theurung habe sprechen wollen, so sind auch alle schlimme Folgen darinnen begriffen, daß nämlich die nützlichste Arbeit, wie die Arbeiter, und der Umlauf der Nothwendigkeiten dadurch abnehmen muß (y).

10) Einen Umstand will ich noch besonders anmerken: Wenn man an die Orte gehet, wo die Menschen zur Ungebühr versammlet

(u) Dieserhalben bringet eine jählinge Vermehrung des Geldes ungleich weniger Nutzen, als diejenige, so durch Industrie hervor gebracht wird. Wir sehen dieses an Ländern, welche edle Metalle aus der Erde graben, oder ohne dringende Noth viel Geld von Fremden borgen, oder viel Pappier statt baaren Geldes circuliren lassen, wie Engelland.

(x) Diese Ungleichheit kann nicht directe gesteuret werden, sondern nur indirecte und vor künftige Zeiten, wenn man denen Geschäfften, welche zu vieles Geld von den Einwohnern einzeln sammlen, und in ihre Privatcassen ziehen, keinen Vorzug gestattet, und keinen Vorschub thut, (vornehmlich denenjenigen nicht, welche uns fremde Waaren liefern).

(y) Es kann nur zum Gelächter dienen, wenn man von Circulation des Geldes schwatzet, und der Umlauf der einheimischen gemeinen Nothwendigkeiten und Bequemlichkeiten vergißt. Eine solche Circulation bringen die Kinder mit Zahlpfennigen so lange zuwege, bis sie verlohren sind.

sammlet sind, und wo alles Geld zusammen fließet, da siehet man die Ungleichheit in Austheilung des Vermögens beständig wachsen, man siehet aber auch, daß kein einiger Mensch mit seinem Schicksal, mit seinem Verdienst oder Reichthum zufrieden ist, und daß die lächerlichsten und größten Einnahmen nicht hinlänglich seyn, ihren Besitzer zu unterhalten. Was kann daraus entstehen? als eine Begierde nach Gelde, welcher alle andere gute Absichten nachgesetzet werden.

Nachdem ich dieses gesagt, so denke ich, habe ich bereits vieles Unglücks gedacht, welches durch die Theurung zuwege gebracht wird, denn der Geiz ist eine Wurzel alles Uebels, und wer wollte die räuberischen Kinder dieser schändlichen Mutter alle nennen.

11) Bis hieher habe ich von den allgemeinen Ursachen der Theurung guter und fruchtbarer Länder überhaupt auf das Kürzeste gesprochen, und gezeiget, was für Folgen dieselbe nach sich ziehen muß. Ein neuer Beweiß von der Nothwendigkeit solcher Folgen, wird in einigen außerordentlichen Ursachen der Theurung gefunden. Krieg und Pest bringen eben sowohl Verminderung der nutzbaren Arbeit und der Menschen, als Theurung und Hunger zuwege.

Und in diesen allen ist kein anderer Unterschied, als daß diese letztern Ursachen geschwinder und merklicher, die vorhergehenden aber langsamer und unvermerkter würken; alles dieses Uebel betrifft vornehmlich den gemeinen Mann.

13) Ich habe mir vorbehalten, von der besondern Ursach der Theurung der Körner, welche am meisten in die Sinne fällt, zuletzt und besonders zu sprechen, ich meyne den Mißwachs, denn hier fallen ganz besondere Umstände vor.

Wenn mehr als ein Jahr hinter einander Mißwachs erscheinet, so werden gemeiniglich große Gegenden getroffen. Wider dieses Unglück findet sich kein Mittel, und aller vorher genannte Schaden müßte daraus entstehen. Ein Mißwachs von einem Jahre aber, welcher nur eine mittelmäßige Gegend trifft, derselbe würde in einem fruchtbaren Lande keine allzugroße Theurung verursachen, **wo die Vorsicht der Menschen diesem Unheil vorgebeuget.** Einem solchen Unglück wird größtentheils abgeholfen, wenn die Wege von einem Ort des Landes zum andern allezeit gut und leicht zu befahren sind, wenn nicht unglückliche Gewohnheiten, große Abgaben auf den einheimischen Zuwachs und Arbeit, allerhand Aufenthalt und Unkosten der Fuhrleute bey den Zoll= Geleits= und Accis= Städten, innerhalb des Landes die Communication der Nothwendigkeiten schwer machet. An denen Orten, wo diese letztern Verhinderungen herrschen, da wird durch jeden kleinen Mißwachs große Noth entstehen. Wo sich aber diese Hinderungen nicht finden, da müßte ein sehr starker Mißwachs erscheinen, wenn derselbe viel Elend anrichten sollte.

Denn es würden bey solchen Anstalten fast eben so viel kleine Kornmagazins ꝛc. als unter gegenseitiger Bedingung, neue Wirthshäuser, Tabackkrämereyen, und Brandweinbuden aufwachsen, und überall, wo man nicht unterschiedene öffentliche Kornhäuser anlegen will (z), da ist die kräftigste Vorsicht wider die Theurung der Körner, diese: Wenn wir zuwege bringen, daß viele Menschen mit Getraide handeln mögen, weil sie leicht damit handeln können.

14) Aber

(z) Die Anlegung solcher Kornhäuser ist nicht anders, als mit vielen Schwierigkeiten zu bewerkstelligen, und öfters mit großem Mißbrauch verknüpft.

14) Aber die Deutschen haben ein Wort erdacht, welches sie Handlungs-Accise nennen, und überall, wo dieses Ding in einem Lande angebracht wird, da ist die Communication der gemeinsten Güther gehemmet, aller nutzbare Handel verdorben, und unendlich Elend hervorgebracht worden (a).

15) Wir haben gesehen, daß durch Verminderung der Arbeit und der Menschen, allezeit Theurung entstehet, und daß

1) Große Abgaben,
2) Schlechte Wege und Policey,
3) Geringe Münzen,
4) Die Consumtion fremder Waaren
5) Ein ungeschickter Zusammenlauf der Menschen an wenig Orten,
6) Sammt der allzu ungleichen Austheilung des Vermögens, ingleichen
7) Krieg und Pest.

insgesammt Gelegenheit zur Verminderung der Arbeit geben. Auch haben wir gefunden, daß ein starker Mißwachs, so wie Krieg und Pest nur selten erscheinen.

Daraus folget, daß wir besonders wider die ersten 6. Ursachen der Theurung alle mögliche Sorgfalt anzuwenden haben; nicht nur weil dieselben unvermerkt unter uns wüthen, sondern auch mehrentheils von unsern Anstalten abhangen; weil diese beständig und jährlich ihren bösen Effect zeigen, jene

aber

(a) Dieses Elend ist auch dadurch vermehret worden, weil von den ältesten Zeiten her, einige große Städte zu Monopolisten des Getraidehandels sind gemacht worden; vid. Zwickau in Sachsen. Und alle die elenden Foderungen, welche die Zwickauer, bey einer allgemeinen Blindheit an ihre Landesherrn haben machen dürfen. Wie man solche in Codice Augusteo, und in Zwickauischen Chroniken finden kann.

aber nur zuweilen sich äußern, und nicht gänzlich durch menschliche Weisheit abzuwenden sind.

16) Aus allen diesen folget ferner, daß nirgends eine Theurung auf eine kurze Zeit unschädlich seyn kann (b) als diejenige, welche aus dem vermehrten Gelde entstehet (c).

17) Ich weiß, daß die Worte theuer und wohlfeil mehrentheils nur einen relativen Sensum haben. Ich muß also hier sagen: daß ich nicht von der Relation einer solchen Theurung rede, welche zwischen Ländern vorfällt, so nach unterschiedenen Gesetzen, oder von zweyerley Regenten geführet werden, sondern von der innerlichen Theurung besonderer deutscher Länder, eines jeden in sich selbst, in Absicht auf die seit Anfange dieses Seculi beständig gestiegenen Preise der Stadtarbeit, und zwar stelle ich meinen Gedanken ein fruchtbares Land vor, welches keine sonderliche nützliche Schiffahrt treiben kann.

In Deutschland ziehet sich das Geld, der Luxus und die Arbeit so zur Schwelgerey gehöret, gesetzmäßig nach den Städten, und vieles Landvolk verläßt den Feldbau (d), von daher entstehet eine gewaltige Ungleichheit unter dem Volk.

Das Tagelohn stehet Anfangs insgesamt in den Städten **höher als auf dem Lande**, und dieses treibet das Landvolk

nach

(b) Ich sage auf eine kurze Zeit; Denn die Theurung jaget das Geld aus den Ländern wovon ich rede bald wieder fort.

(c) Hier ist eine Erinnerung nöthig. Wenn ein Land von Fremden Geld borget, so bringet dieser Umstand gleichfalls eine zeitige Vermehrung des Geldes und Theurung hervor. Sobald aber dieses Geld wieder verschwunden, so herrschet die Armuth und Theurung zugleich und noch stärker als vorher, und dieses ist nicht mehr indifferent oder unschädlich.

(d) Wenn gleich die Besitzer des Feldes nicht alle in die Städte laufen, so thun es doch deren Kinder, und die Knechte, und also wird der Acker oft schlecht bestellt. Siehe den Anhang zu dieser Schrift.

nach den Städten. Aber diese Menschen bleiben entweder unverheyrathet, oder deren Kinder, werden in den Städten weichlich, und die versammlete Menge giebt Gelegenheit, daß diese Kinder mit solchen Verrichtungen ihr Brod erwerben können, welche in der Stube vollbracht werden, und auf ungewisse Handelsgeschäfte gegründet sind, folglich müssen die starken Arbeiter beständig vom Lande ersetzt werden, und daselbst an der Anzahl abnehmen.

Endlich wird des Volks in denen Städten so viel, daß die Theurung der Lebensmittel nothwendig erscheinen muß (e), und diese Vermehrung der Stadteinwohner geschiehet zu einer solchen Zeit, in welcher die Feldarbeiter sich täglich vermindern, und dieses um so viel mehr, weil in den Städten die Sterblichkeit mehr Leute wegraffet, als auf dem Lande, welche immer von daher wieder ersetzet werden.

Bey solchen Umständen nimmt auch der Zuwachs ab: Alsdann sage ich: entstehet eine andere verderbliche Relation der Theurung. Der Verdienst des großen Haufens ist oft dem gestiegenen Preiß der Lebensmittel nicht mehr angemessen, obgleich derselbe kann theuer genennet werden, und weil viel Menschen, so in mittlern Umständen sind, in Mangel gesetzet werden, so fehlen auch den Arbeitern die Gelegenheiten zur Arbeit.

18) Wenn in einem und denselben Lande das Tagelohn in denen Städten und denen Dörfern, beynahe gleich wäre, wenn der gemeine Mann in denen Städten caeteris paribus, mehrentheils

(e) Weil die Zufuhre von weiten Orten geholet werden muß.

theils so wohlfeil leben könnte, als auf den Dörfern, so wäre dieses ein Zeichen von guter Austheilung des Volks, und des Vermögens unter demselben, so wie auch von geschicklich angelegten Abgaben; und man würde von keiner andern Theurung wissen als derjenigen, so durch großen Mißwachs entstünde, aber wir würden auch keine so große und volkreiche Städte finden.

Wenn aber die Theurung von der ungleichen Austheilung der Menschen, von den allzu unterschiedenen Preiß der Nothwendigkeiten an diesem oder jenen Orte desselben Landes entstehet, so sind die verderblichsten Folgen davon nicht abzuwenden. Ich sage: wenn die Sachen dahin gediehen, so ist jedes benachbarte ärmere und wohlfeilere Land in glücklichern Umständen, als dasjenige, welches zwar eine größere aber schlechter ausgetheilte Summe Geldes hat, folglich ist ein solches ärmeres Land im Stande einen Theil des Reichthums des ersten, in so weit an sich zu ziehen, als desselben Reichthum im Gelde und solchen Menschen bestehet, welche ihre Hände dem Feldbau und der starken Arbeit entzogen haben.

Also kann dasjenige Tagelohn, welches in Städten anfangs zu hoch gestiegen, (weil es das Gleichgewicht zwischen Land- und Stadt aufgehoben, und die Menschen von nützlicher, zu vergebener Arbeit gezogen), zu anderer Zeit in Verhältniß der aufgeschlagenen Lebensmittel, an einigen Orten zu niedrig stehen, die Arbeiter in Elend versetzen und zum Nachbar jagen.

Anfangs

Anfangs ehe die Städte mit Volk angefüllet seyn, das heißt: so lange sie in Wachsthum (zur Vermehrung der Fabriquen und Künste begriffen), so lange sie das Geld des Landes nach alter Gewohnheit gesetzmäßig an sich ziehen, und jedem wer sich anbietet, Arbeit geben können, weil solcher Arbeiter noch nicht allzuviel sind, so sehen diese Anstalten in den Städten prächtig aus, jedoch sie richten am Ende bloß wegen der Theurung Stadt und Land zu Grunde, (wenn wir auch alles moralische Böse bey Seite setzen, so daraus entstehet).

Es ist einerley durch was für Zahlen die Theurung das Arbeitslohns ausgedrucket werde, wenn der Lohn nicht hinlänglich ist, den Arbeiter ein leidliches Leben zuwege zu bringen, so ist er zu geringe, in Absicht auf die theuern Lebensmittel und andere unentbehrliche Nothwendigkeiten.

Wollte man hier den Einwurf machen, daß die ärmern und wohlfeilern Länder denen Arbeitern, von welchen ich gesprochen, keinen größern Verdienst anweisen könnten, als denjenigen, welchen sie in den theuern Städten verlassen, (wo er ihnen zu geringe geworden), und also wäre nicht zu fürchten, daß sich selbige dahin zögen, so dienet zur Antwort:

Wer ein am Gelde armes und wohlfeiles, doch nicht unfruchtbares Land nennet, (wo viele Arbeit des Luxus noch nicht in Ueberfluß getrieben wird), der redet von einen solchen Lande, wo die Lebensmittel und unentbehrliche Nothwendigkeiten viel wohlfeiler seyn, und wo dieses gefunden wird, kann ein jeder Arbeit finden, und mit einen geringen Lohn besser

leben

leben (f); wenigstens kann der Abgang des Ueberflusses dem gemeinen Mann nicht so empfindlich fallen, als in demjenigen Lande, wo die Schwelgerey und die allzu ungleich vertheilten Güter einen so betrübten Unterschied unter den Menschen zuwege bringt, welcher den Armen zugleich Verachtung zuziehet.

19) Es ist lächerlich wenn die Reichen von den Armen verlangen.

a) Diese letztern sollen ein zufriedenes Herz haben.

b) Denen erstern gehorsam und gewogen seyn.

c) Zugleich aber kümmerlich leben, und

d) aus allen Kräften für diejenigen arbeiten, an welchen sie lauter Ueberfluß, Hochmuth, Unbarmherzigkeit und Unzufriedenheit gewahr werden.

Dahin ist aber das Verlangen aller unserer reichen Leute dieser Zeit gemeiniglich gerichtet (g).

Jedoch da diese Forderungen unnatürlich sind, so können sie so wenig als unsere Gesetze, welche diese Dinge unterstützen sollen, in Erfüllung gebracht werden.

Dieser=

(f) Auf diese Weise sind kleine Städte groß worden, und sobald dieses geschehen, ist die Theurung eingerissen, bis endlich diese große Städte den Ruin und die Verwirrung ganzer Länder zuwege bringen, wie solches kluge Schriftsteller längstens angemerket.

(g) Wir wollen hierbey so viel merken: wenn alle übrigen glücklich wären, so würde auch der nicht unglücklich seyn, welcher um der übrigen willen, einen Theil seiner Eitelkeit entsaget hätte; aber dieses begreifen ihrer wenige, weil ein jeder nur in Vorzug, das heißt, in Ausnahmen seine Glückseligkeit suchet.

Dieserhalben ist die Arbeit und die Aufmerksamkeit so groß als vergebens, welche auf die Ausübung der Gesetze gewendet wird, das heißt: die Gesetze sind so lange nichts nutz, als der Eigennutz von dem gemeinen Besten allzusehr und in allzu vielen Gelegenheiten öffentlich abgesondert ist, und seyn darf.

20) Es scheinet die politischen Schreiber wissen mehrentheils nicht, ob Theurung gut oder böse sey; ja es scheinet, daß sie keine andere Theurung kennen, als diese, so durch Mißwachs entstehet, und daß sie auch die entfernten Ursachen dieser Theurung nicht gewahr werden.

Wenn sie von diesen Dingen aufgeklärte Begriffe hätten, so würden sie sich

a) über den Zusammenlauf der Menschen in einigen großen Städten nicht freuen; sondern wissen, daß dadurch die Feldarbeiter vermindert werden, sie würden erkennen, wie schädlich es sey, wenn man

b) demjenigen Handelsaccise geben lässet, welcher mit Korn, gemeinen Victualien und Nothwendigkeiten handelt. Wenn

c) der Becker ein Haufen Geld anwenden, und für seine Backstätte bezahlen muß, ehe er darf Brod feil haben. Wenn

d) bey den Deutschen der Fuhrmann Geld geben muß, wenn er durch Geleits- oder Accisestädte fähret, und in die Städte Getraide und andere Lebensmittel bringet. Wenn

e) der Gastwirth, wo der Fuhrmann einkehret, allerhand Gaben zu erlegen hat, welche diesen Fuhrleuten, so mit Lebensmitteln

mitteln beladen, eine theure Zehrung machen, und also das Fuhrlohn erhöhen (h).

21) Aber warum verstehen wir dieses alles nicht? Ich will es sagen: die Klarheit unsers Witzes hat bey ihrer vielen die Vergessenheit der natürlichsten Umstände zuwege gebracht: Wir sind weit entfernt zu denken, was für Dinge wohlfeil seyn müssen, wenn das gemeine Beste befördert werden soll, und was für Dinge ohne Schaden theuer seyn können, oder mit Vorsatz theuer gemacht werden sollen, damit sie nicht viel gebraucht werden.

So lange diese Dinge unbekannt bleiben, und derenthalben die Anordnungen und Einrichtungen nicht gemacht werden; so kann die Verwirrung von dergleichen Ländern nicht weichen, es wird der allzu theuer oder allzu wohlfeile Preiß des Zuwachses bald den Einwohnern der Städte, bald den Landvolk zur Last fallen, und die Theurung des Arbeitslohns beständig mehr als eine Hälfte des Volks beschweren (i).

Wo nicht alle Dinge, so zur Nothwendigkeit und gemeinsten Bequemlichkeit des großen Haufens gehören, wohlfeil zu erlangen sind; wo es zur Gewohnheit geworden, daß der große gemeine Haufen viel Consumtion in unnöthigen fremden Dingen machet, weil sie wohlfeiler, als die einheimischen von gleicher Art, zu erlangen, oder welche ohngefähr von gleichen Gebrauch sind, daselbst regieret Theurung; wider solche Umstände ist der Hunger sowohl geschaffen, als wider die

Gott-

(h) Allen diesen Leuten sollte das Publikum eher etwas schenken, als denselben für ihr nützliches Gewerbe zu viel Geld abfordern.

(i) Ich sehe, daß in vielen unserer Städte diejenigen Personen, welche durch ihre Arbeit etwas neues hervorbringen, (zum Exempel die gemeinen Handwerksmeister,) niemals in Verhältniß der sich vermehrten Stadteinwohner zugenommen haben. Auch dieses vermehret die Theurung.

Gottlosen, wovon Jesus Sirach Kap. 39, 24. und Kap. 40, 9. spricht.

Noch ein Gedanke von der Theurung fällt mir ein: Sie thut denen am meisten Schaden, welche nichts zu verkaufen haben, nur diese werden dadurch gedrucket, welche die meiste Hülfe bedürfen, und also muß das gemeine Elend, die Landläufer und Bettler, beständig zunehmen, und die Zahl der Kauf= und Handelsleute, der Mäkler, bis zum Gelächter wachsen (k).

Der Grund dieser Verwirrung stecket in dreyerley generalen Ungleichheiten:

1) Theils in Austheilung der Güter unter den Menschen.

2) Theils in Austheilung der letztern in Absicht auf ihre Ver= Versammlung.

3) Theils in Anlegung der Abgaben: alles dieses kann nach und nach, indirecte oder directe geändert werden.

Wenn man an Aenderung dieser drey Ungleichheiten arbeiten wollte, so müßte man vermuthlich bey den letzten, ich meyne bey den Abgaben anfangen, dadurch kann die Austheilung der Menschen sicher gebessert werden, und diese Verbesserung bringet mit der Zeit von selb= sten und unvermerkt auch eine gleichere Austheilung der Güter zuwege.

Bis hieher habe ich von der Theurung gesprochen, jetzt will ich sagen, was der wohlfeile Preiß der Nothwendigkeiten hervor bringet. Und dieses kann in sehr wenig Worten ausgedruckt werden.

Die

(k) Und diese Menschen, ob sie gleich ihren Handel mit Fremden sehr erheben, wissen nur alle unnöthige Waaren, aber keine große Quantité Korn ins Land zu schaffen, wenn dieses mangelt.

Die Heirathen und das Volk vermehren sich, und zwar ein besser ausgetheiltes Volk, weil die Besitzer der Landgüter, so wie die Tagelöhner (welche überall zur Bevölkerung am meisten beytragen) zu Hause bleiben, und nicht so häufig erst nach den Städten laufen, und zuletzt ihr Vaterland verlassen (1).

Eine solche vertheilte Vermehrung der Population hat niemals die bösen Folgen wie das Wachsthum der Städte an Einwohnern. Denn durch jene wird auch der Zuwachs in noch größerer Verhältniß vermehret, wenn hingegen das Geld ohne eine wohl vertheilte Bevölkerung, ohne vermehrten Zuwachs, sich durch unsere lächerlich künstliche Vorschläge des fremden Handels vermehren könnte, und sollte, so nimmt die Arbeit des Zuwachses sicherlich ab; die Theurung kann nicht außen, und das Volk nicht alle im Lande bleiben.

Anhang.

Die Hamburger Zeitungen hatten lange her von den großen Emigrationen aus Schottland und Irrland gesprochen, und von denen, welche ohnfehlbar auch aus Engelland einzeln geschehen nichts gemeldet. Doch in diesem 1773sten Jahre lesen wir in den 170sten Blatt dieser Zeitungen: daß diese Krankheit auch in Engelland angefangen. Die Hauptursache wird der Theurung zugeschrieben. Ich sage: dieses Elend hat überall einen gleichen Effekt. Die gemeine Arbeit vermindert

(1) Die Landleute verlassen nicht leicht das Vaterland, ohne vorher ihre bessere Nahrung in einheimischen Städten gesucht zu haben; daselbst aber lernen sie oft mit Stubenarbeit ihr Brod zu verdienen, alsdann trauen sie sich zu, überall Nahrung zu finden, und suchen fremde Gegenden, wo sie wohlfeiler und besser zu leben hoffen; starke Werbungen und Auslosungen können hier auf eine Zeit eine Ausnahme machen.

dert sich, der Feldbau und die Menschen, welche sich demselben widmen, nehmen ab, und alle Länder müssen bey dauerhafter Steigerung des Arbeitlohns verderben.

In vorigen Zeiten war der Ackerbau in Engelland wohl bestellet, und die Engelländer schickten viele Körner an Fremde. Seit 17 und mehrern Jahren habe ich angemerket, daß dieses Volk beständig über Theurung des Brods geklaget hat, ohne daß man von vielen Mißwachs von da Nachricht gehabt (sonst würde diese Ursache so oft seyn angezogen worden, als man über Theurung geklaget hat): Es kann also nichts als der verminderte Zuwachs und die Theurung des Arbeitlohns, (wodurch der erste entstehet) zur Ursache des Mangels angegeben werden. Die allzu große Ausfuhre kann es nicht seyn; denn die Gesetze bringen daselbst mit sich: wenn der Preiß der Körner über eine gewisse Mitteltaxe steiget, so ist alle Ausfuhre verboten.

Es muß also die Theurung des Arbeitlohns die Haupturfache abgeben.

Ein neuer englischer Autor, welcher mir in die Hände gefallen, nämlich: Jungs Reisen in Absicht auf die Landwirthschaft, (welcher Anno 1772 zu Leipzig in 8. ins Deutsche übersetzet worden) bekräftiget dieses, wenn er in ersten Theil pag. 108. pag. 190. pag. 228. und noch an mehrern Stellen saget:

„Wer ein Gut für 100 Pfund Sterling in Pacht nimmt, der „muß 300 Pf. Sterlings, oder in manchen Gegenden 400 Pf. jähr„lich aufzuwenden haben, wenn er seine Wirthschaft wohl bestellen will.

Daraus folget das Unglück: daß nur die reichen Leute ihre Wirthschaft gut bestellen können, und dieses Unglück trift zu unsern elenden

elenden und üppigen Zeiten viele Länder, denn die Theurung und das Abnehmen des Gewerbes lässet sich überall spüren. In den Berliner Zeitungen im 9ten Stück von Anno 1774. pag. 42. lesen wir folgendes:

„Zu Lion (in Frankreich) ist in den letztern Zeiten viel Seide ein=
„gebracht worden; Allein, obgleich viel Seide daselbst verarbeitet
„wird; so fehlet es doch nicht wenigen Familien an Brod. Getraide
„und Holz ist daselbst zu theuer.

Und ich sage: Also gehet es endlich allen allzu volkreichen Städ=
ten! Die Manufakta, so in großer Menge an Fremde geschickt wer=
den, können der Theurung nicht abhelfen, und also fehlet dem kleinen Arbeiter das Brod.

Zweeter Theil.

Zweiter Theil.

Erstes Kapitel.
Von den Accisen.

Anno 1613. wurde die Landaccise in Sachsen eingeführet, und von 6 zu 6 Jahren auf den Landtägen immer verwilliget.

Anfangs war sie nur auf fremde Waaren gesetzet, und konnte nicht viel einbringen, weil eines Theils damals der Gebrauch überflüssiger fremder Waaren noch nicht wie jetzt ausgebreitet war. Andern Theils aber die Defraudation bey fremden Waaren, vermöge der unzulänglichen alten und neuen Accisordnungen beständig äuserst groß war. Nach und nach wurde diese Abgabe aus unverständigen Rath, auch auf einheimische Waaren extendiret, und die Nahrung im Lande dadurch gehemmet.

Dieses erkannte Churfürst Johann Georg II. zu Sachsen Anno 1670. Denn wir lesen im II. Theil des Codicis Augustaei pag. 1290.

in einer von dessen Verordnungen, daß dieser Herr sagt: wie diese Abgabe den Einwohnern zu großer Beschwerde und Hemmung ihrer Nahrung gereichet, auch Schmählerung Handels und Wandels (nämlich des innerlichen Gewerbes) verursachet.

Dieserhalb wird daselbst verordnet, daß:
1) Land= und Handwerksaccise ganz abgeschaft seyn sollen.
2) Daß aller einheimische Zuwachs, er möchte im Lande consumiret oder ausgeführet werden, und
3) alle Handwerkswaare frey seyn sollten: Hiervon war nichts ausgenommen, als die blaue Farbe und Bleche.
4) In Ansehung der fremden Waare wurden nur 16 Gr. von 100 Thlr. Werth gefordert.
5) Dieser Churfürst sahe auch ein, daß der Defraudation nicht besser begegnet werden könnte, als wenn die Accisen von fremden Waaren an der Sächsischen Grenze eingenommen würden, wie er solches ibid. pag. 1293. (oben) ausdrücket, und verordnete diese Art der Abgabe an der Grenze in der Stadt Reichenbach (a).
6) Zur selbigen Zeit war auch Leipzig von den allgemeinen Accis-Ordnungen nicht ausgenommen, wie nachhero zum Schaden alles übrigen Volks geschehen ist.

Zwischen Anno 1650. und 1698. finde ich ein Haufen Klagen über die Defraudation, und besonders gegen die Stadt Leipzig gerichtet, wie solches ibid. p. 1285. 1293. 1321. und 1315. zu lesen ist.

Und

(a) Es war zwar diese letztere Anordnung nur besonders auf die Stadt Reichenbach gerichtet (im Voigtland) aber die daselbst angeführten Ursachen sind insgesamt also beschaffen; daß man mit Händen greifen kann: wenn Accisen von fremden Waaren genommen werden sollen, daß der Defraudation nicht besser zu widerstehen ist: als die Abgaben überall an Grenzen zu nehmen.

Und diese Klagen können niemals aufhören, wenn die Accis=Ordnungen, die Tariffs, die Orte und Methode der Einnahme nicht geändert werden.

Anno 1682. zu Johann Georg des III. Zeiten wurden die vorigen guten Einrichtungen wieder verdorben. Wir lesen ibid. p. 1297. daß damals alle innländische Nahrung und Waaren mit Accisen beleget wurden, und man sahe nachhero immer eine schädlichere Ordnung nach der andern erscheinen (b), bis Anno 1707. dem Lande der letzte Stoß gegeben ward. Denn da wurde der Land= und der elenden Handlungs=Accise, die alles verderbende General=Consumtions=Accise hinzu ge=setzet. Vid. ibid. p. 1909.

Von dieser Stunde an sahe man bis auf unsere Zeiten lauter ängstliche Anstalten, Erhöhungen und Vervielfältigungen der Accis=Abgaben erscheinen, alle dabey angewendete Sorgfalt war nur auf Vermehrung der Accis=Casse gerichtet, und zwar bloß auf die gegen=wärtige Zeit, jeder solchen Verordnung; der Zustand des Volks, die Verhinderung des Gewerbes, der Nahrung, und alle übrige Cassen und Einnahmen wurden vergessen.

Ich will einige dieser Dinge anmerken:

a) Das Getraide, so auf den Stadtfeldern wächset, konnte nicht mehr gekauft werden, ohne Acciszettel zu lösen; vid. ibid. p. 1929.

b) Das Getraide so in die Mühle gebracht wird, muß einen Acciszettel mitbringen; ibid. 1930.

c) Alle

(b) Wir finden auch im Codice Augustaeo Tom. III. p. 1289. daß in diesem Jahre das Verderben, welches eine solche Accise anrichtet, von denen Landes=ständen muß kräftig seyn bemerket worden. Denn, anstatt daß diese Abgabe vor=hero von sechs zu sechs Jahren bewilliget wurde; so extendirte sich damals die Bewilligung auf zwey Jahr. Unterdessen ist sie immer fortgesetzet worden.

c) Alle Waaren der Kaufleute sollen visitiret werden, welches nicht angehet ohne alle Kasten bis auf den Grund auszupacken, das heißt: ohne allen Handel zu stöhren und zu zernichten.

d) Da nun diese ängstliche Anstalten dennoch der Defraudation nicht hinlänglich widerstehen konnten, so mußten viele Leute beeidiget werden, als:

e) Die Müller, die Mühlknappen, nebst diesen mußten die Mühlen dreymal die Woche visitiret werden.

Auch wurden beeidiget:

f) Die Bank- und Hauß-Schlächter,

g) Fuhr- und Frachtleute sammt ihren Knechten,

h) Kaufleute sind gleichfalls nach der Zeit wegen der Handelsaccise Eydschwüren unterworfen worden, (bey zweydeutigen Fällen).

Ferner wird vorgeschrieben:

i) Die Keller der brauenden Bürger zu visitiren.

k) Diejenigen, deren Gärten an dem äußersten Umkreiß der Stadt liegen, müssen verpflichtet werden, damit daher nichts Accisbares in die Stadt komme.

l) Der Getraidevorrath der Becker wurde von Zeit zu Zeit visitiret, nicht, damit Vorrath zur Nahrung vorhanden sey, sondern damit kein Accis-Unterschleif vorfallen möchte: (Diese Anstalt war dem Vorrath nicht günstig).

m) Das Nutzvieh mußte gleichfalls aus dieser Absicht gezählet werden.

n) Also waren auch viel peinliche Vorsichten nebst Eidschwüren gegen die Brandteweinbrenner angeordnet (c).

Von

(c) Sollte man glauben, daß im 18ten Seculo irgendwo in Europa, ein Vorsteher der öffentlichen Geschäffte oder Abgaben seinem Landesherrn den Rath geben durfte,

Von den ältesten Zeiten bis dahin, war beständig wider die Dorfhändler geeifert, aller Dorfhandel verbothen, und die Städte insgesammt gesetzmäßig zu Monopolisten und Verkäufern gegen das Land erkläret worden; Anno 1753. aber werden

(o) Dorfacciseinnehmer gesetzet und verordnet: daß die Acciscommissarii, die Dorfhändler, Krämer, Handwerker und auch die Einnehmer der Dorfaccise nennen sollen; vid. Fortsetzung des Cod. August. Tom. II. p. 934. (d).

(p) In der Fortsetzung des Cod. Aug. T. II. p. 933. unten stehet: Wenn ein Kaufmann bereits veraccisirte Waaren in eine andere Stadt senden will, so muß ein Güterbeschauer dieselben einpacken sehen, und einen Paßirzettel ertheilen.

(q) Die auf dem Jahrmarkt mit unveraccisirten Waaren kommende Krämer sind zu verpflichten, ibid. p. 50. (Doch dieser Befehl wurde wieder aufgehoben).

(r) Anno 1754. wurde das Korn, exclusive der Eingangsaccise, in Städten mit 5 Gr. pr. Scheffel beleget, wenn es zur Mühle gebracht wird, ibid. p. 981. unten.

Also wurde das Korn in Städten theuer, ohne daß der Landmann Genuß davon hatte, also mußte der Landmann die Stadtarbeit

durfte, neben andern Accisen auch eine allgemeine Handels-Accise auf einheimische und ausländische Güter zu legen, und daß nach dieser neuen Auflage, ein solcher noch hoffen oder vorgeben konnte, daß ein guter Handel im Lande bestehen möchte. Bey einer Accise, sage ich, deren Befolgung nicht anders, als durch eine Menge Eidschwüre kann übersehen werden. Dieses ist doch an vielen Orten geschehen.

(d) Diesen Widerspruch hatten die Vorfahren bereits Anno 1705. erlebet, nämlich: Wir lesen in Cod. Aug. T. II. p. 2008 unten: Auf dem Lande soll niemand mit Accisen beleget werden, als die Handlung, Manufakturen und unzuläßige Handwerker; (ein seltener Ausdruck:) die Handwerker sind nicht zuzulassen, und sind doch mit Accisen belegt.

arbeit abermals theuver als vorhero bezahlen, und deren weniger brauchen.

Also sind die Accisgesetze dem Lande immer verderblicher geworden. Vom Jahr 1754. lesen wir noch in dem gedruckten Accistariff solche Dinge mit Accisen (wie vor dieser Zeit) beleget, welche den Anbau des Landes immer mehr und mehr Hinderung im Weg geleget, als:

Baumpfähle,	Eicheln,	Rohr zum Stuhlflechten,
Besen,	Spreu vor das Vieh,	Junge Baumstämme,
Bienenstöcke,	Eisen,	Stockholz,
Hopfenstangen,	Innländische-Faiance,	Strohband,
Mulden- und alle Holzwaaren,	Forststeine,	Dachsteine,
	Reh- Pferd- und Viehhaare,	Torf zum Brennen,
Holz zum bauen, sogar	Bedürfniß zur Tuchfabrique,	Ueberkehr vor das Vieh,
		Das Viehmästen,
Rüstholz,	Oel,	Innländische gedruckte Vorschriften,
Ackerpferde,	Weinpfähle,	
Schmeer- und Talg,	Potasche,	Gartengesäme,
Späne zum Handel,	Schiffbauholz zu innländischen Schiffen,	Hanfkörner,
Bohnen zum Futter und Mast,		Mohn- und Rübesaamen,
	Schoben zur Dachung,	Leseholz,
Karten,	Eichene Späne,	Zaunruthen,
Ciment,	Lohe,	Kühn, rc. rc.
Erdrinnen,		

Fast eben so viel Artikel von allerhand Kaufmannswaare finden wir in diesem Tariff, bey welchen die einheimische Arbeit eben so hoch als die fremde beleget ist. Wenn nun das Korn und die gemeinsten Lebensmittel, bey irgend einem Nachbar nicht so viel als bey uns an Abgaben zu zahlen haben, so können die Fremden ihre Arbeit wohlfeiler als unsere Landesleute verkaufen; und also wird die Arbeit und Nahrung bey uns vermindert, und gleichwohl darf man bey solchen Umständen von Nutzen des Handels sprechen?

Ein fruchtbares Land, welches durch Accisen das Leben der Arbeiter theuer, mühsam und elend gemacht, kann absolut kein nutzbares Commercium haben.

Der Sächsische Accis-Tariff d. a. 1754. in 8. hält 206 Seiten. Daselbst sind alle Dinge beleget, welchen man nur einen Namen zu geben gewußt. Ich will an diesen Ort nur noch wenige nothwendige innländische Dinge nennen, welche insgesammt in großer Menge gebraucht werden. Zum Exempel: „Korn, Waizen, Gerste, Hafer, „Erbsen, Bohnen, Heydekorn, Hierse, Erdäpfel, Rüben, und alle „Gartengewächse, Milch, Butter, Käse, Eyer, zahmes Vieh, Wild„pret, Federvieh, Fische, Krebse, Obst, Most, Bier, Brandwein, „Hefen, Essig, Hopfen, Leinsaamen, Oel, Heu, Stroh, Brenn„und Bauholz, Breter, Schindeln, Pfosten, Hopfstangen, Zaun„pfähle, Schilf, Steine, Ziegel, Schoben, Dachrinnen, hölzerne „Haaken, Kalk, Gips, Glaß, Eisen, Kupfer, Zinn, Messing, „Töpferwaare, Kohlen und Torf, Flachs, Gespinste, Felle, Häute, „Horn, Inschlitt, Talk, ꝛc." und abermals alle Präparata davon, sind beleget, und also mußte das innerliche Gewerbe verstopfet, die einheimische Arbeit vermindert werden, und ein fremdes schädliches Commercium hat sich erhoben, welches unser Geld wegziehet, indem uns die gemeinsten Dinge von Fremden oft wohlfeiler und besser geliefert werden, als es die Theurung, so bey uns herrschet hervorzubringen erlaubet.

Ich frage: wenn der Feind eines Landes die Macht hätte, und suchte in Friedenszeiten dessen Arbeit, Gewerbe und Nahrung, zu zernichten, den Anbau des Landes zu vermindern, und einem großen Theil von dessen Einwohnern, eine beständige Hungerkur vorzuschreiben, ob er andere, und seinen Absichten gemäßere Anordnungen ausdenken könnte? Also wurde unterschiedenen Landesherrn von Alters her gerathen,

rathen; jeder Rathgeber wollte sich nur dadurch hervor thun, plötzlich Geld zu schaffen, ohne die Kraft des Geistes zu besitzen, oder bedenken zu wollen, was für unglückliche Folgen nothwendig in der Zukunft daraus entstehen mußten; und also sahe man die Generalconsumtionsaccise entstehen, und von Tage zu Tage verderblicher werden.

Also hat man Gelegenheit gegeben, Armuth unter dem Volk auszubreiten, wodurch die Sammlung der Einnahmen immer beschwerlicher geworden; also ist das Mißtrauen zwischen den Regenten der Länder, (welche mehrentheils nicht genug Zeit haben, den Zustand des armen Hauffens zu betrachten und zu kennen), und deren Unterthanen entstanden, welches unendlich mehr Unglück anrichtet, als man noch heute verstehen will.

Die nachfolgende Rathgeber aber finden lauter Schwierigkeit, Verdruß, und die mühseligste Arbeit vor sich, wenn sie an eine hinlängliche Aenderung denken wollen.

Dieserhalben sagt der Autor des Buches: Ordre naturel des Sociétés politiques, 8. Londres 1767. p. 216. Tom. II.

„Wenn die vorigen Generationes durch dergleichen Unwissenheit „gesündiget, so finden sich überall gewaltige Schwierigkeiten, gegen „jede Abänderung, und es können die Unordnungen nur nach und „nach gehoben werden; aber derer Heilungsmittel kan man dennoch „nicht widerstehen, wenn man das gemeine Wesen achtet. Doch die „Erkänntniß des Uebels muß voraus gesetzet seyn, sonst ist aller Eifer „vergebens. Selbst die höchste Autorité würde zu schwach seyn, der „Blindheit alter Vorurtheile, der hartnäckigen Unwissenheit, so von „der Gewohnheit herrühret: der Tyranney, so aus einem gegenwärti„gen, obgleich kurzen Mangel entstehet, so wie der verrätherischen „Stärke des Eigennutzes, zu widerstehen. Gegen diese Feinde kann
„uns

"uns nichts schützen, als die allgemeine Evidenz und Einsicht von den
"Ursachen des Uebels.

Ich sage: daß die Accisen auf einheimische Güter überhaupt schädlich sind, wenn solche in fruchtbaren Ländern angeleget werden, welche keine große Schiffahrt treiben. Wenn man also in dergleichen Ländern Accisen anlegen will, so sollten dadurch blos solche fremde Waaren getroffen werden, welche zum Ueberfluß gehören, und leicht in dem gemeinen Gebrauch eindringen können.

Also waren die ersten Accisen in Sachsen beschaffen (e).

Durch die Accisabgaben von einheimischen Gütern, hat man an vielen Orten zuwege gebracht, daß in den Städten die Theurung herrschet, und der Feldbesitzer vor seinen Zuwachs nicht einen verhältnißmäßigen

---

(e) Nur dieses ist der wahre Gebrauch der Accisen in fruchtbaren Ländern welche keine große Schiffahrt treiben, und nicht das gezogene Geld, welches durch jede andere Abgabe besser zu sammlen ist.

Beleget man die einheimischen Waaren, so entstehet Theurung und Armuth; die Fremden aber, welche zu unserer allgemeinen Consumtion bestimmet sind, nehmen jetzt wenigstens 15mal mehr Kapital aus dem Lande, als sie an Accisen geben. Ein solches Wachsthum der Acciscasse bringet (wenn das Geld ausgeflogen) den Verfall aller andern Cassen zuwege.

Anno 1698. hatte bereits ein trefflicher Engelländer Davenant in Discoures of Trade 8. London Part. I. gesaget:

"In einem Lande, welches viel Einwohner und wenig Territorium hat, sind
"die Accisen eher zu ertragen (seine Gedanken waren auf Holland gerichtet) als
"in einem andern, welches viel Feld in sich begreifet, von welchem man viel
"Grundtaxen ziehet.

"Denn die Accisen treffen vornehmlich den Landmann. Das heißt: den
"Feldbesitzer.

Eben dieses finden wir in einem Buch trefflich ausgeführet, welches unter dem Titel: Retablissement de L'Impot dans son Ordre naturel 8. Yverdon 1769. erschienen ist, daselbst beweiset der Autor von pag. 1. bis 39. daß zuletzt alle Abgaben auf den Landmann fallen, als: "Die Personensteuer der Arbeiter, der
"Handwerker, der Kaufleute, so wie überhaupt alle Accisen von der Consumtion,
"samt denen, welche von Ausfuhre der Waaren gezahlet werden.

mäßigen Werth nach Hause bringet, und daß also die Landwirthschaft verdorben ist, und täglich mehr verdorben wird.

Denn, wenn der Feldbesitzer den Vorschuß nicht behält, welchen er nöthig hat, den Zuwachs und die Bearbeitung seiner Früchte zu erwarten, wenn er nicht allerhand Schaden durch Verlag verbessern kann, als zum Exempel: abgehendes Vieh anzuschaffen, sein Haus zu bessern, sein Schiff und Geschirr zu erneuern, bey Grabenarbeit, die Hülfe anderer zu bezahlen ꝛc. so wird er täglich mehr in Verfall kommen.

Eine besondere Betrachtung ist bey dieser Gelegenheit nicht außer Acht zu lassen. Der größte Fehler bey Anlegung der Abgaben ist dieser: Wenn besonders der arme Theil getroffen wird; denn dieses sind die wahren Arbeiter: und dieser Fehler wird allezeit daselbst angetroffen, wo die einheimische Arbeit und Lebensmittel, oder auch unentbehrliche Nothwendigkeiten, so man von Fremden holen muß, mit Accisen beschweret sind; Besonders aber muß in diesem Fall, das Landvolk daselbst am meisten zinsen, wo die Handwerksarbeit und der Handel in den Städten eingesperret sind. Denn diese Handwerker tragen von alle demjenigen keinen Heller an Accisen, was sie am Landmann privilegirter Weise verkaufen. Sie schlagen alles doppelt auf ihre Arbeit und Waaren, dadurch entstehet eine Theurung, welche vornehmlich den Landmann trift. Wenn dieses eine Zeit gedauert, so ist der Landmann aus Armuth verhindert, so viel als seine Vorfahren in Städten zu kaufen, die Stadtarbeit nimmt ab, und endlich kommen auch die Städte in Verfall, und die Einwohner vermindern sich: Wenn dieses geschiehet, so verlieren in gemeinen Jahren die zugewachsenen Früchte ihren Preiß, und das Land wird schlecht gebauet und verdirbet.

Dieses

Dieses bekräfftigt ein neuer Autor, welcher, ohne sich zu nennen, Anno 1771. zu Wien in Französischer Sprache in 4to ein Buch unter dem Titul, Richesses d'Angleterre geschrieben, wenn er saget: pag. 79.

„Die hochgetriebenen Abgaben von Häusern, und auf dasjenige, „so consumiret wird, und was zum Leben unvermeidlich nöthig ist, „bringet eine solche Theurung der Arbeit zuwege, daß der Untergang „daraus erfolgen muß.

Pag. 80. unten saget unser Autor, wenn er fortfähret von Engelland zu reden:

„Die übertriebenen Auflagen, sind eben sowohl eine Tyranney, „als eine jede andere! Wenn nun diese Auflagen zu der Erhöhung der „Grundtaxen gesetzet werden, so findet sich der Ackerbau gleichfalls „angegriffen. Der Landmann kann seinen Zuwachs nicht wie der „Handwerks- und Kaufmann, den Preiß seiner Arbeit und Waaren „(in gleicher Verhältniß) in die Höhe treiben, und also verlassen ihrer „viele den Feldbau, oder sind gezwungen, an den Auslagen zu er„sparen, welche oft zu guter Bestellung der Wirthschaft erfordert wer„den. Diesen Anstalten giebet unser Autor die Theurung schuld, wor„über man in letztern Zeiten in Engelland geklaget, und durchaus nicht „denen geizigen Kornhändlern, wie die gemeine Stimme oft zu thun „pfleget: nur der Mangel des Zuwachses, welcher durch übertriebene „Abgaben entstanden, hat die Theurung hervorgebracht, dadurch hat „sich auch der Abgang an Zuwachs und den Englischen Manufakturen „vermindert.

Siehe ebend. p. 38. unten:

„Doch mit dem Unterscheid, daß die innere Consumtion noch „einige Manufakturen erhält, dahingegen der Feldbau keine Hülfe „hat, weil die durch die allzusehr ausgebreitete Schiffarth und Besitz„nehmung

„nehmung entlegener Länder verursachte Entvölkerung, die Consum-
„tion des Zuwachses vermindert.

„Es ist vornehmlich die Classe der Feldarbeiter, welche am meisten
„leidet und verdirbet, da doch der Abgang bey allen andern Klassen
„durch die ersten muß ersetzet werden, weil von denen so den Feldbau
„einmal verlassen, keiner zur Landarbeit wieder zurück kehret; also
„wird (der Lohn der Knechte, der Tagelöhner), in Summa die Ar-
„beit, welche das Feld bestellen soll, so theuer, daß unendliches Uebel
„daraus entstehen muß; ebend. p. 84.

„Man hat dahero in einer Zeit von wenig Jahren die Häuser in
„Engelland merklich abnehmen, oder unbewohnt bleiben sehen.

Ebend. p. 130. unten heißt es:

„Die Erhöhung unserer Abgaben hat auch verursachet, daß die
„Fremden ihre Manufakta wohlfeiler verkaufen, als wir die unsrigen,
„welches unsern Handel ruiniret.

Und p. 131.

„Also verderben alle hohe Imposten den Grund und die Wurzel,
„wodurch sie entstehen und erwachsen sollen.

Diejenigen welche den Rath gaben, die Accisen auf einheimische
Arbeit und Lebensmittel zu legen, und nach und nach zu erhöhen, und
den Städten beständig allen Vortheil gegen den Landmann einzu-
räumen, konnten alles dieses voraus sehen, wenn sie nicht gegen das
gemeine Wesen alle Billigkeit aus den Augen gesetzet, und gegen die
Vernunft, alle Betrachtung der bösen Folgen verachtet, um eine
Schmeicheley anzubringen, oder ein abgeschmacktes gegenwärtiges
Interesse zu befördern.

Wir lesen in Cod. Augustaeo, Tom. II. p. 1909.

„Wie die Städte froh waren, und bey dem Churfürst und König
„Friedrich August angehalten, daß die Summa ihrer alten Steuern,

„als

„an 428837 Thlr. ihnen erlaſſen, und dagegen die General-Conſum-
„tionsaccise bey ihnen eingeführet würde, und daß ſie dieſe Verände-
„rung als eine ſehr nützliche und zu Aufnahme derer Städte gerei-
„chende Anſtalt angeſehen haben.

Ich glaube gar gerne, daß die Städte damals voraus geſehen, daß ſie die Accisabgaben nur auszulegen hätten, und ſolche von dem Landmann ſich doppelt erſetzen laſſen könnten, wenn derſelbe gezwungenerweiſe alle Waaren in Städten kaufen mußte; aber ſie vergaßen, daß ihre Kinder weniger Debit haben würden, wenn die Väter dem Landmann würden ausgebeutelt haben.

Alſo läſſet ſich hier der Spruch aus der heiligen Schrift anbringen, welcher ſaget:

„Die Väter haben Heerlinge gegeſſen, und denen Kindern ſind
„die Zähne davon ſtumpf worden."

Zweytes Kapitel.

Examen der Machtſprüche, zum Lobe der Acciſen erſonnen.

1) Diejenigen, welche von ihren Renten leben, welche durch Arbeit nichts verdienen, ſondern nur zehren, werden am beſten durch die Acciſen zum Abgaben gezogen (f). Aber ich frage: wie groß iſt dieſer Theil ſelbſt bey unſern verderbten Zuſtand, da man ſich ſo vieler Arbeit gleichſam ſchämen will? Ich frage: ſoll

---

(f) Wenn dieſe allein Acciſen zahlten, und die nützlichen und unentbehrlichen Arbeiter frey ſeyn könnten, ſo ließe ich mir ſolches gefallen.

soll man dieser Müßiggänger halber die Ungleichheit und die große Last, auf welche die Entvölkerung der Dörfer, und die Ohnmacht der Länder gegründet ist, vertheidigen?

2) Auch höret man widersinnigerweise sagen: die Accise sey eine freywillige Abgabe! Aber bey diesen Ausspruch kann nicht einmal ein Schein der Wahrheit gefunden werden, bis alle Nothwendigkeiten und die gemeinen Lebensmittel frey, und bloß die überflüßigen Waaren mit Accisen beleget seyn.

3) Heißt es: die Accise sey eine unvermerkte Abgabe, welches bey der eingerissenen Theurung der Arbeit abermals nicht wahr ist. Und wenn es wahr wäre, so beklage ich das Land, wo man die Abgaben unvermerkt suchen muß; dieses ist das sicherste Merkmal von der Ueberzeugung worinnen man ist, daß das Land mit Abgaben bereits überladen ist. Ja! wenn alles dieses anders wäre: wenn die Contribuenten auch die Abgabe nicht merken wollten, welche sie an die Accise entrichten, so frage ich: ob der Aufenthalt, das Hin= und Herlaufen (um Zettel zu lösen) und anderer Verdruß, oder Versäumniß nicht gemerket werden muß, welches dabey vorfället?

4) Endlich sagt man: zu dieser Abgabe müssen auch die Fremden beytragen! Wenn wir die fremden Kaufleute betrachten, welche eigentlich den größten Theil der zu uns reisenden Fremden darstellen, so hat die Erfahrung des täglich verderblicher gewordenen Handels sattsam gezeiget, und ich werde im folgenden noch besser darthun: daß diese Menschen zusammen genommen, mehr Geld wegtragen, als deren Accisen und Consumtion in unserm Lande jemals austragen kann.

Alle

Alle Fremde aber bleiben mehrentheils nur auf kurze Zeiten bey uns, darneben siehet man solche größtentheils nur an einigen wenigen Orten (g).

Doch muß ich an dieser Stelle erinnern, mit was für elenden Gründen sich die Menschen abzuspeisen pflegen.

Dasjenige was man bey dieser Gelegenheit den Fremden zur Accise beytragen lässet, geschiehet nur durch die Theurung seiner Zehrung, und der Waaren, welche er bey uns kaufet. Diese Theurung aber ist das größte Unglück, so bey uns einreißen kann, sie vertreibet endlich die Einwohner und die Fremden, und verkürzet deren Aufenthalt bey uns, denn Theurung und Hunger sind äuserst nahe verwandt (h).

Nachdem ich die Nichtigkeit der zum Lobe der Accise angeführten Gründe dargethan, und auch kurz zuvor zwo allgemeine Ursachen angeführet, warum die Accisen auf einheimische Güter in fruchtbaren Ländern Schaden anrichten; so berufe ich mich auf die Erfahrung, das ist: auf die Vorträge, welche theils vom Verfall des Handels (i)

N 2 (in

(g) Die Universitäten könnten hier eine Ausnahme machen, wenn daselbst wohlfeil zu leben wäre, wenn aber die Theurung einreißet, so bleiben endlich die Fremden außen.

(h) In dem 2ten Buch der Könige, so in der heiligen Schrift zu finden, im 6ten Kapitel, v. 25 heißt es: Es war eine große Theurung in der Stadt. Und im 28. und 29. Vers stehet: daß die Aeltern ihre Söhne gefressen haben. Also ward schon damals unter dem Wort Theurung die größte Hungersnoth verstanden. Jetzt ist es nicht anders! wo Theurung einreißet, leiden allezeit viel Arme mehr oder weniger Hunger; ob sie gleich nicht die Kinder fressen, so vergehen derer viele aus Elend, und ziehen über die Gränze, nur ist zu bedauren: daß man keine andere Theurung nennen will, als wenn Mißjahre in Feldfrüchten einfallen. Ueber die Theurung des Arbeitslohns machet kein Mensch Betrachtung, obgleich dadurch die Arbeit und Nahrung, in Summa das Volk sowohl als bey großen Mißwachs abnehmen muß, nur daß die erste Theurung mit einem schleichenden, die letzte aber mit einem malignen hitzigen Fieber zu vergleichen ist.

(i) Es war aber blos das innerliche Gewerbe, wovon eigentlich die Rede seyn konnte: Denn die fremde Zufuhre war zu eben diesen Zeiten beständig übertrieben, (in Verhältniß mit den beständigen erhöheten Taxen) zu allen Zeiten bis jetzt an die Regenten der Länder eingegeben worden.

Daselbst hören wir, daß unsere Fabriquen weniger Debit haben, wenn die Nachbarn Imposten darauf legen, das heißt: wenn sie solche theuer machen.

Nun frage ich:

1) Ob wir solches nicht selbst so gut als unsere Feinde zuwege bringen, wenn wir die Accisen auf unsere Waaren, oder auf die Lebensmittel und den Handel überhaupt legen, und dieselben erhöhen?

2) Ob nicht eben dadurch, nämlich durch die Theurung der einheimischen Arbeit, der Gebrauch fremder Waaren (welche wohlfeiler verkauft werden) bey uns sich vermehren, und unser Volk um Nahrung bringen müssen? Denn die Mäckler, so uns die fremden überflüßigen Waaren verkaufen, und dadurch Schätze erwerben, machen nicht den größten, sondern nur einen kleinen Theil der Einwohner aus.

In denen, an die Churfürsten zu Sachsen gemachten Vorträgen, ist mehr als einmal erinnert, daß die Arbeiter, wegen des theuern Lebens, über die Gränze ziehen, und dorten, wo es wohlfeiler ist, Manufakturen aufrichten oder befördern.

Alles dieses sind Früchte der Accise auf einheimische Güter. Und noch eines allgemeinen Verderbens muß ich gedenken, so den Accisen auf dem Fuße nachgefolget; das ist: die elendeste Austheilung der Nahrung und des Vermögens zwischen Stadt= und Landvolk. Die Accisen wurden größtentheils in den Städten gesammlet, und daher wurden die ungeschicktesten von Alters her entstandene Monopolia des Stadtvolks gegen den Landmann beständig geschützet, und alles Gewerbe,

werbe, aller Reichthum in die Städte gezogen, dem Landmann blieb nichts als Armuth übrig, und gleichwohl stieg die Theurung der Stadtarbeit beständig.

Zusatz zu den Machtsprüchen.

Als Anno 1767. in Sachsen neue Imposten auf einige fremde Waaren geleget wurden, so hörte man alsbald nach der nächstfolgenden Ostermesse, die Klage, die Acciseinnahme sey gefallen, und man durfte hinzu setzen, die Consumtion des Landes in solchen Waaren, sey doch nicht vermindert.

Man glaubte also berechtiget zu seyn: dem übel verstandenen fremden Handel und den Kaufleuten zu gefallen, den allgemeinen Ausspruch zu wiederholen: Je höher die Accissätze, je größer ist die Defraudation.

Doch man wollte nicht bedenken: daß die Städte (vermöge eines uralten Gebrauchs) große Hofnung haben konnten, diese erhöhete Imposten bald wieder aufheben zu sehen: Denn sie haben seit Seculis gewußt, höhern Orts Vorsprecher zu finden, und alles zu erhalten, was von je her gegen die allgemeine und wohl ausgedehnte Nahrung des ganzen Landes gereichete.

Man wollte nicht bedenken: daß

a) diese Städte gar leicht ihre Bestellungen bey Fremden abschreiben, oder vermindern,

b) oder nahe außerhalb den Gränzen ruhen und liegen lassen könnten: daß bey diesen Umständen ein jeder, welcher noch ein mittelmäßiges Waarenlager hatte,

c) neue Bestellungen zu verschreiben nicht geneigt war. Daneben wurden

d) diese Klagen viel zu zeitig angebracht, als daß man denselben Glauben beymessen sollte: Denn die Ostermesse war kaum geendiget, als diese allgemeine Klagen erschollen, da doch der Rapport von der Verminderung der Abgaben sowohl; als von der unveränderten Consumtion, von vielen Orten des Landes vorhero hätte gesammlet, und nur nach Verlauf der Zeit einem Urtheil unterworfen werden sollen.

e) Denn die Leipziger Nachrichten konnten theils wegen der dasigen Acciseinrichtungen, uns darüber nichts ganzes, sondern nur einzelne Dinge, und wegen der Consumtion im Lande zu dieser Zeit noch gar nichts sagen (k).

f) Gesetzt aber, die Verminderung der Accisen in Leipzig (denn von keinen andern konnte damals die Rede seyn) sey durch Defraudation allein zuwege gebracht worden; So war dieselbe insgesamt in Leipzig vorgefallen, und der Schluß, daß die Imposten wieder aufgehoben werden sollten, war sicher nicht der natürlichste!

g) Gleichwohl hörte man Niemanden über die Fehler der Acciseinrichtungen sprechen, welche aller Defraudation Thür und Angel aufmachen.

h) Niemand wollte sich besinnen, wie oft die Vorstellungen von Seiten der Accise an die Landesherrschaften Klage geführet, wann die Nachbarn die Imposten auf unsere Waaren erhöhet,

und

(k) Von der Consumtion (ich habe es schon gesagt) konnte kurz nach geendigter Ostermesse noch nichts bekannt seyn, und so lange der Stadt Leipzig frey stehet, die Transitwaaren mit demjenigen, was zur einheimischen Consumtion bestimmet ist, zu vermengen, die einen nach Gefallen für die andern auszugeben, so lange können uns keine Rapports von daher irgend einen Begriff vom dasigen Handel von der Consumtion im Lande, und von dem Ausfluß unsers baaren Geldes in die Fremde geben.

und dieses als eine Ursache von dem gefallenen Debit derselben angeführet.

i) Warum sollte denn die Consumtion fremder Waaren bey uns nicht abnehmen, wenn sie mehr Imposten zahlen müssen? l) Ich frage ferner: warum können denn unsere Handelsleute bey den Nachbarn die Defraudation nicht so gut anbringen, als jene bey uns?

Wenn unsere Handelsleute dieses vermögen, so sind ihre Klagen lächerlich. Können sie dieses nicht, so sind die Einrichtungen der Nachbarn besser, weil sie die Accisen meist an Gränzen berichtigen lassen m).

Es wird also der merkwürdige Ausspruch: **Je höher der Impost, je größer die Defraudation,** nur alsdenn wahr seyn, wenn die Acciseinrichtungen großer Veränderung und Verbesserung bedürfen.

(l) Doch dieser gewünschte Endzweck war erst von der Zeit zu erwarten.

(m) Es ist hiervon in Ansehung der Fremden nur ein lächerlicher Fall auszunehmen, wenn ein Volk verlangen dürfte die Nachbarn zu defraudiren, selbst aber nicht betrogen zu werden.

Doch diese Forderung kann nicht anders als mit Streit und Kampf erhalten werden, und dieserhalben haben die Engelländer alle ihre Handelskriege mit Frankreich und Spanien ꝛc. geführet. Dieses war der Nutzen der Herrschaft zu See, welche sie öffentlich behaupten.

Der Assiento-Tractat allein hat viele Zwistigkeit zwischen Engelland und Spanien hervor gebracht, weil die ersten beständig mit List und Gewalt, gegen denselben Defraudation anbrachten.

Drittes

Drittes Kapitel.
Von der Defraudation.

1) Wer alle und jede Waaren einzeln mit Accise beleget, der kann solche nicht finden, ohne alle Kasten, Fässer und Ballen bis auf den Grund auszupacken; das ist, allen Handel zu zerstöhren. Also sind solche Verordnungen widersprechend, und wohl auf das Pappier zu schreiben, aber nicht zur Ausübung zu bringen. Dieses war aber vom Anfange in Sachsen die Methode, wie die accisbaren Dinge den Einnehmern sollten bekannt werden, und sie hat sich nur darinne geändert, daß die Anzahl der Visitatoren und der Einnehmer gewaltig vermehret, die Defraudation aber nicht verhindert worden.

2) Wer die fremden Waaren ohne Untersuchung in seine Gränzen eindringen lässet, und alsdenn dieselben in 200. und etlichen 40. Städten, und noch viel mehrern Stadtthoren wiedersuchen will, der kann solche gleichfalls nicht finden, ohne in die obgenannte Vermehrung der Einnehmer zu verfallen, also muß nothwendigerweise ein großer Theil der Einnahmen verschwinden: denn man bezahle diese Leute wie man will, so bleiben allezeit die Einnahmen die schlechtesten zu welchen die meisten Einnehmer gebraucht werden, sind sie wohl bezahlt, so nehmen sie zu viel Geld weg; sind sie aber auf geringen Sold gesetzet, so wird die Defraudation befördert.

3) Auch war es wider alle Absicht der Einnahmen, die Accisen jemals nach den Werth des Thalers zu fordern, weil sie auf diese

diese Art (bey allen fremden Waaren) von der Schatzung desjenigen abhangen, der die Accisen zahlen soll.

4) Ein vierter Irrthum wird begangen: wenn man bey einerley Sorte von fremden Waaren die schlechten von den guten separiret, und die einen höher als die andern beleget. Denn hier ist abermals das elende, und im Ganzen ohnmögliche Auspacken nöthig, um die Abgaben einzunehmen. Eine Menge der Einnehmer kennen die Waaren nicht, oder wollen sie vielleicht nicht kennen. Ferner werden die schlechten Waaren ammeisten gebraucht; wenn sie weniger zahlen, so leidet die Einnahme, und durch die gebrauchte Menge, gehet viel Geld aus dem Lande.

Das Lächerliche dieser Anstalten war a priori zu übersehen, was wir aber a posteriori, wahrzunehmen Zeit genung gehabt haben, ist dieses: daß die Defraudation immer (in Verhältniß der eingebrachten fremden Waaren) bey denselben größer als bey einheimischen ist; also und weil die Accisen von fremden Waaren vermöge der elenden Anstalten nicht genung Geld einbrachten, so wurden alle gemeine Lebensmittel und Nothwendigkeiten, nicht nur in roher, sondern auch in verarbeiteter Gestalt, immer höher und höher, mit Accise beleget, und endlich auch der Vertrieb derselben durch die Handelsaccise nochmals gestrafet, und eine solche Theurung hervorgebracht, daß alles Gewerbe und alle Nahrung abnehmen mußte. Dieses Elend haben die meisten fruchtbaren Länder erfahren, wo Accisen von einheimischen Gütern gezogen werden. Unfruchtbare Länder, welche in Verhältniß ihrer Bevölkerung zu wenig Zuwachs und eine große Schiffarth haben, (als z. E. Holland) können fast keine bessern Abgaben sammlen, als durch Accisen und ein gewisses Nahrungsgeld von ihren Einwohnern; dieses ist ein Unglück so ihnen eigen ist, und welches deren Einnahmen ewig der Ungewißheit unterwirft, die von dem fremden Handel nicht abzusondern ist.

Mit fruchtbaren Ländern aber, verhält sich solches ganz anders; deren Hauptabgaben müssen von Grund und Boden gezogen werden, und also ist auch das Hauptwerk daselbst den Landmann in guten Stand zu setzen, und bestmöglichst zu erhalten (n).

Aus denjenigen was bisher gesagt worden, sehen wir:

a) Daß die Begriffe, welche man sich in unterschiedenen fruchtbaren Ländern, seit langer Zeit von den Acciseinnahmen gemeiniglich gemacht hat, ganz verworren sind. Man brauchet solche blos um gewisse Einnahmen in einer einzeln Casse zu machen, da sie doch vornehmlich nur dienen sollten, die großen Ausgaben des Landes in fremden Waaren zu vermindern, damit andere, als die Acciseinnahmen nicht abnehmen, und bey den Nothwendigkeiten keine Theurung entstehe.

b) Man

(n) In Teutophili entdeckter Goldgrube der Accise, 4to. Zerbst 1685. p. 26. Desgleichen in der 2ten Herausgabe dieses Buchs, 4to. Leipz. 1701. p. 26. lesen wir deutlich: „daß die Consumtionsaccise daselbst mit Nutzen nicht anzubringen, wo „die Haupteinnahmen von Grund und Boden gezogen werden".

Desgleichen sagt der Herr von Seckendorf in seinen Additionen zu seinem Deutschen Fürsten=Staat, 8. Jena 1720. p. 267. „Starke Grundschatzungen „und Anlagen auf Bürger, Handwerker und Unterthanen zu machen, und auch „hohe Accisen auf Getränke, Brod und Fleisch zu setzen, das kann in die Länge „nicht dauren, sondern eins wird das andere (nämlich, eine Abgabe die andere) „verderben, die Häuser leer, und die Güter öde machen".

Ferner p. 269. unten heißt es:

„In kleinen und mittelmäßigen Ländern, welche viele Nachbarn haben, schicken „sich die Accisen nicht. Daselbst würde bey Anlegung der Consumtionsaccisen „die Theurung einreißen, Mangel an Lebensmittel entstehen, und der Einwoh=„ner zu den Nachbarn laufen, wo keine Accise ist". Diese Gedanken hat die Erfahrung in Sachsen bestätiget.

b) Man hat vergessen: daß die elendesten Einnahmen allezeit diese sind, wozu man die meisten Einnehmer nöthig hat, und wenn man dabey täglich und stündlich ins Einzelne fället.

c) Der Accisgeiz hat allhier zuwege gebracht: daß man 428837 Thaler (welche in alten Zeiten, ehe man Consumtionsaccisen angeleget, auf die einfachste Art von Städten an Steuern und wenigen Quatembern eingesammlet wurden), gegenwärtig durch die Accise einnimmt, und dadurch kosten sie dem Lande mehr als das Doppelte.

(d) Anstatt, daß die ersten Acciseinnahmen blos von fremden Waaren gezogen wurden, und die einheimischen Güter frey waren, so müssen die gemeinsten Lebensmittel und Güter jetzt den größten Theil der Accise geben (o) und dadurch entsteht eine Theurung, welche alles Gewerbe niederschlägt.

Nach allen diesen ist es klar, daß zum Wohlstande des Landes keine nöthigere Arbeit kann unternommen werden, als die Einrichtung der Acciseinnahmen gänzlich zu verändern, und eine andere Methode zu erfinden, das Geld, so von daher gefallen, zusammen zu bringen, und dieses kann geschehen, wenn man alle einheimische Güter überhaupt gänzlich von Accisen befreyet, und nur die fremden, theils mit starken Accisen, theils mit leichtern beleget. Um aber die Defraudation abzustellen müssen neue Einrichtungen gemacht werden, davon will ich jetzt sprechen.

So viel von der Defraudation, welche durch Vorschriften gleichsam verordnet worden.

(o) Und dieses wird von denjenigen nicht geläugnet, welche am meisten mit diesen Einnahmen bekannt sind.

Viertes Kapitel.
Von Verminderung der Defraudation.

Wenn wir den Unterschleif bey der Accise vermindern wollen, so ist vornehmlich auf folgende Umstände zu sehen:

1) Sind die Objekte der Accise in Klassen einzutheilen, und nicht alle einzeln zu belegen. Man lasse ferner alle einheimische Güter frey; fremde aber, besonders diejenigen, welche bis zur Ungebühr in dem gemeinen Gebrauch eingedrungen, sind mit Accisen also zu belegen, daß davon ein großer Theil der gegenwärtigen Einnahmen zur Casse kommen.

Diese Anstalt ist so viel nöthiger, weil es absolut nicht möglich ist, daß alle Dinge, welchen man nur einen Namen hat geben können, von den Visitatoren gefunden werden. Ja! wenn dieses möglich wäre; so müßte das elende, verdrießliche, ängstliche Auspacken, aller Ballen, Schlagfässer, Kästen, großer und kleiner Paqueter, und Schachteln angewendet werden, welches denn keine andern Folgen haben konnte, als allen Handel zu stören, und die unglücklich groß gewordene Anzahl der Accisbedienten noch ferner stark zu vermehren.

2) Muß man die Accisen nicht nach den Thaler fordern, weil die Angabe des Preißes, mehrentheils nur von demjenigen abhanget, welcher die Accise zahlen soll.

3) Es ist also nöthig, daß diejenigen fremden Waaren ausgelesen werden, welche man von außen an dem Gepäcke oder Figur erkennet, und unausgepackt kann Accisen zahlen lassen; und zwar nach dem Gewicht, sobald das Volumen allein uns

keine

131

keine hinlängliche Nachricht geben kann. (Die Schwierigkeiten, so dabey vorfallen, können bald gehoben werden).

4) Sollten alle Abgaben von fremden Waaren bey dem Eingang am Gränzen gefordert werden, und nach diesen überall frey seyn; denn die von einer Waare an vielen Orten abgeforderten, und auch die Handelsaccisen können durchaus nichts anders als Verhinderung der Circulation und Beschwerung des Handels und Gewerbes hervor bringen.

I. Hier höre ich einen Einwurf. Man wird fragen: Wer soll sie daselbst erlegen? Antwort: Diejenige Art Menschen, welche die Abgaben auf diese Weise, in Engelland, Holland, Dännemark, Schweden, und Rußland bezahlen: Diejenigen, welche sie laut pag. 1291. Tom. II. des Sächsischen Codicis Augustaei zu Zeiten des Churfürst Johann Georg II. in der Stadt Reichenbach im Voigtlande also erlegen mußten. Der Befehl, welchen der Churfürst dieserhalben ausgehen ließe, erkläret die Nothwendigkeit solcher Verordnung so deutlich, daß man siehet, wie solche auf alle Gränzorte passet.

II. Auch sehe ich Kaufleute auftreten, welche sagen werden: Wenn wir hohe Accisen an Gränzen vor fremde Waaren erlegen: wie sollen wir diese Waaren wieder an Fremde spediren? Antwort: Man kann das in Engelland gebrauchte Mittel anwenden, und diese Accisen wieder geben lassen, wenn sie wieder aus dem Lande geführet werden. Aber wenn dieses Mittel nicht anzuwenden wäre, was würde es denn austragen, wenn die Spedition von 5 Sorten fremder mit hohen Accisen belegten Waaren unterbleibet (p).

S 3

Bey

(p) Ich will nur die Accisen von 5 Sorten Waaren, als: Caffee, Zucker, Taback, Gewürz und fremden Weinen erhöhen, und wir haben kein besseres Mittel die Consumtion dieser Waaren im Lande zu vermindern.

Bey allen übrigen schlage ich jetzt keine Erhöhung vor.

Und der berühmte Contrebandhandel in kleinen und einzelnen Partien, von welchen die Mäckler großes Aufhebens machen, ist, in einem Lande mit festen Boden umringet, (welches nicht einen großen Schiff- und Seehandel treibet) nicht der Mühe werth sich dabey aufzuhalten: Doch weil oft lauter Kleinigkeiten die Menschen von größern Betrachtungen abwenden; so will ich noch folgendes beybringen.

Gesetzt: es wären 10 Gränzstädte im Lande, deren jede 400 Thlr. jährlich in die Acciscassen geliefert, und es wäre ausgemachet: daß sie dieses Geld blos von ihren Contrebandhandel mit Fremden gezahlet (q), jeder Thaler aber hätte ohngefähr 18 A in die Einnahme gebracht, so würde die in die Fremde spedirte Waare jeder Stadt 6400 Thlr. werth seyn.

Man setze ferner: der Kaufmann habe 10 pro Cent daran gewonnen, so machet der Handelsverdienst jeder Stadt 640 Thlr. und beyde durch diesem Handel gesammlete Summen geben einen Verdienst von 1040 Thlr. von jeder Stadt, und von allen 10 Städten 10400 Thlr. Daselbst aber wo auch starke Accisen von der einheimischen Consumtion gezahlet werden, sollte die Summa der Acciseinnahme dieser Städte, im Ganzen wenigstens 7mal so viel ausgemacht haben, (sollten auch diese Gränz- oder Bergstädte nur die halbe Accise zahlen). Ich sage: wenn jede Stadt 400 für Contrebandwaare in die Accise gebracht, so müßte die ganze Accise von fremden Waaren bey jeder Stadt über 3000 Thlr. betragen, und bey 10 Städten 30000. Denn währender Zeit, (ich sage es noch einmal) werden die Einwohner im Lande, so einige Meilen um diese 10 Städte gelegen sind,

(q) Welches schwerlich zu glauben ist.

sind, ohnfehlbar für einige Tonnen Goldes dergleichen Waaren consumiret haben, so lange man solche den Kaufleuten zu Gefallen nicht durch erhöhete Abgaben theuer gemacht (r). Dieses angeführte Exempel stellet blos einen von 10 Gränzstädten durch Spedition auch wohl mit Unterschleif gegen Fremde geführten fremden Handel dar.

Wenn wir uns aber ein Land vorstellen, wie dasjenige wovon ich rede, so ist dessen Speditions- oder Contrebandhandel, in Ansehung solcher fremden Waaren, welche zugleich von jedermann im Lande gebrauchet werden, jetzt universaliter nicht ein Haar anders, als die vorige Rechnung zeiget. Ich sage: der Schaden ist nur darinnen verändert, daß er ganz ohne Vergleich größer ist, wenn man denselben im Ganzen betrachtet.

Daraus folget: daß der innländische Debit dieser Waaren durch erhöhete Abgaben zu vermindern ist: Wenn dieses nicht geschiehet, so wird einer kleinen Acciseinnahme und einem kleinen Kaufmannsverdienst zu gefallen, durch die jetzige Consumtion, sehr viel mehr Geld aus dem Lande geschickt, als durch die nur gemeldeten Artikel zu gewinnen ist. Also ist den Kaufmannsvorstellungen hierinnen nicht Glauben beyzumessen, wenn sie (in Ansehung solcher fremden und meist überflüßiger Waaren) von ihrer Industrie und dem Vortheil ihres Speditions- oder Contrebanthandels

(r) Sollte auch einer oder der andere Kaufmann jährlich 1000 Thlr. auf diese Art an die Accisen gebracht haben, so ändert sich die Sache keinesweges, denn auch dieser wird ohne Vergleich mehr solcher Waaren im Lande debitiren, und wenn ein solcher Kaufmann sich also hervor thut, so ist derselbe durch äuserste Anstrengung, Geiz und Reichthum zum Monopolisten geworden, neben welchen die übrigen nichts ausrichten können. Der Schaden bleibet unverändert: denn ewiglich wird die einheimische Consumtion größer seyn, als die in die Fremde geschickte Contrebandwaare, wenn von solchen Dingen gesprochen wird, so in den allgemeinen Gebrauch eingedrungen sind.

handels reden (s). Er giebt nur den einzeln Gliedern Nutzen, welche solchen treiben, die aber nichts neues hervorbringen (t).

III. Noch ein Argument habe ich von der Ueppigkeit zu hören, welche sagen konnte: Warum soll ich die neuerlich so stark erhöheten Accisen von den Artikeln geben, welche mir die Gewohnheit nothwendig gemacht? Antwort:

a) Weil meine Herren und Frauen inskünftige (im Ganzen) besser und wohlfeiler leben werden, wenn sie von diesen wenigen fremden Waaren zum Theil abstrahiren, und zum Theil ein mehreres zahlen, und weil

b) der arme Landmann, wenn die Arbeit wohlfeiler wird, Erleichterung genüßet, und dieses dem ganzen Lande, ihren Kindern und Angehörigen nützlich ist.

Wenn auch dieses nicht hinlänglich seyn sollte, dann ist nur noch dieses zu sagen: Den Kindern muß man das spitzige Holz aus den Händen nehmen, sie mögen lachen oder weinen.

IV. Wollte man sagen: Aber der Zufluß fremder Kaufleute in unser Land wird abnehmen; so sage ich: entweder mit nichten! weil nur diejenigen wegbleiben würden, welche uns die wenigen Artikel von fünf Sorten Waaren in Person gebracht, die Anzahl aller übrigen aber ohnfehlbar wachsen müßte, da deren in ohngleich mehrern Artikeln bestehende Waaren, nicht mehr als jetzt geben

---

(s) Dieser Speditionshandel war doch beständig der Vorwand, wodurch die Verwirrung des Handels und der Schaden, so uns der fremde Handel zuziehet, unterstützet worden.

(t) Nur alsdenn ist die Industrie am nützlichsten, wenn sie etwas neues hervorbringet. Viele Arten der Industrie aber gereichen zum Verderben. Zum Exempel: Ein fremder Modezeug, welcher den Debit einer einheimischen Manufaktur verdirbet, ist schädlich; der Mäkler mag dadurch gewinnen oder nicht, sein Handel ist in diesen ganz gemeinen Fall, dem Lande verderblich.

geben sollen, und weniger Aufenthalt unterworfen seyn als jetzt; oder: wenn sonst keine Kaufleute von uns bleiben, als die Verkäufer obgenannter fünf Sorten von Waaren, so haben wir uns nicht zu betrüben. Denn es kann solches nur ein sehr gutes Zeichen, nämlich, von der verminderten Consumtion dieser Waaren innerhalb unserer Grenzen seyn.

Ja! wenn man auch

V. von dem berühmten Barattohandel reden wollte, so sage ich: daß derselbe, wenn diese besonders genannten fünf Sorten Waaren (u) eingetauschet werden, dem Lande keinen Nutzen bringen kann; überhaupt ist er nur darzu gut: wenn er die uns abgehenden Nothwendigkeiten, gegen unserm Ueberfluß eintauschet, zu den wahren Nothwendigkeiten aber, gehören obgenannte Sorten von Waaren keinesweges, und unser baares Geld, gehöret in gegenwärtigen Zeiten auch nicht zum Ueberfluß.

Noch mehrere einzelne Einwürfe, so diesen Vorschlägen könnten entgegengesetzet werden, übergehe ich jetzt, und sage frey, daß ich in allgemeinen Angelegenheiten, wo Unordnung und Schaden abzuwenden, alles einzelne welches hinderlich seyn, und der Verwirrung den Fortgang zulassen kann, innigst verachte, und nur auf was ganzes denke, nach welchen sich die einzeln Dinge richten, schmiegen, biegen müssen, oder aus dem Wege stoßen lassen, sonst wird man in Ewigkeit nicht fertig.

Ein treflich französisches Buch: Les interets de la France mal entendues, von welchem Herr Philippi in Berlin, einen wohlgerathenen Auszug Anno 1766. in deutschen heraus gegeben, bekräfftiget diese meine letzte Gedanken, wenn wir daselbst lesen:

a) Pag.

(u) Nämlich: Coffee, Zucker, Tabak, Gewürz und fremder Wein.

a) Pag. 69. „Alle öconomische Verordnungen, welche das „Staatsinteresse betreffen, haben einen Probierstein: der „Vortheil ist stets mit einigen Schwierigkeiten, oder Ungemach „verbunden. Laßt auch eine kleine Anzahl etwas einbüßen, „wie groß ist nicht dagegen der Vortheil für den Staat!

b) Ibid. p. 105. „Es giebet keine ökonomische Generaleinrich= „tung in der Welt, welche nicht mit einigen Widerwärtig= „keiten verbunden wäre. Der Gesetzgeber muß nur die Ver= „drüßlichkeiten unmerkbar machen.

c) Ibid. p. 232. „Denket nicht, daß das Erhabene der Staats= „verwaltung, auf der Entfernung von gewissen Schwierig= „keiten beruhe! mit nichten! Das Erhabene der Staatsver= „waltung beruhet lediglich auf Vermeidung der größten „Schwierigkeit.

Eine andere deutsche Uebersetzung eines vortreflichen italienischen Autoris unter den Titul: Des Graf Veri Betrachtungen über die Staatswirthschaft, Dreßden 1774. 8. machet im 38sten Kapitel noch gute Anmerkungen über die Veränderungen in der ökonomischen Staatswirthschaft und denen Umständen, so dabey vorfallen. Sie sind würdig gelesen zu werden.

Jetzt will ich eine Anwendung auf eine Veränderung der Accis= einnahmen machen, vorher aber die Einwohner betrachten, welche jetzt durch die Accisen getroffen werden, inskünftige aber auf eine bessere Art die bisher gefallenen Accisgelder zusammen bringen können.

Fünftes

Fünftes Kapitel.
Von Veränderung der Accisabgaben, in der Ausübung.

Eine vorläufige Anmerkung hierbey ist folgende: Wer bey arm gewordenen und dennoch mit Abgaben überladenen Ländern, plötzlich eine Vermehrung der Einnahmen zuwege bringen will, der betrüget sich selbst; bey diesen Umständen kann man nirgend eine Abgabe vermehren, ohne an einer andern eben so viel zu erlassen; also bleibet nichts übrig, als an eine Veränderung oder Verwechselung der Abgaben zu gedenken; dabey könnte sich vielleicht ereignen, daß die Abgaben nicht alsbald sich vermehrten (x); aber wenn die Sachen klüglich angestellet werden, so kann solches in kurzen nicht außen bleiben. Wenn fruchtbare Länder in Friedenszeiten in Abfall gekommen, und vor dem letzten Kriege gewaltig in Schulden gerathen; so ist es mehrentheils ein Zeichen, daß die bisherigen Abgaben ungeschickt angeleget, und der Handel mit Fremden verderblich geführet worden; also hilft es auch nicht einmal, die alten Einnahmen mit mehr Strenge zu fordern, und die einzeln Schlupfwinkel zu versperren, wodurch die Einwohner sich derselben entzogen; denn jede übel angelegte Abgabe verdirbet und verjaget das Volk. Je genauer und strenger sie also eingetrieben wird, je größer ist das Elend; grundverderblich aber sind alle Acciseinnahmen von einheimischen Gütern, wie ich bald zeigen werde.

Von der Anzahl der Einwohner in Sachsen.

Anno 1722 hat man in dem Churfürstenthum Sachsen, in den Stiftern und beyden Lausitzen gezählet 1,632,606 Einwohner.

a) Unter

(x) Doch kann man erlangen, daß sie sich nicht vermindern.

a) Unter diesen waren befindlich, 534,742 Personen männlichen Geschlechts, welche das 14de Jahr zurück gelegt hatten.

(b) Da wir nun im folgenden betrachten wollen, was die Menschen durch ihre Consumtion an Accisen contribuiren; so müssen wir abziehen ohngefähr 80,000 Seelen, welche ganz oder meistentheils von der Accise befreyet sind. Als nämlich: die Querfurter und Mannsfelder.

c) Es werden also an accisbaaren Einwohnern nur übrig bleiben 1,552,606 (y).

Die Vertheilung dieser Einwohner

Soll stehen, wie folget: ⅕ derselben wollen wir in die Städte setzen, und die übrigen als Landvolk betrachten.

Wenn wir 9 Personen vor 2 Familien gelten lassen, so finden wir 345,023 Familien in allen.

Davon wohnen in Städten 69,004 Familien (z). Und auf den Dörfern 276,019 Familien.

Von

(y) Da aber unter 1,632,606 Personen 534,742 männlichen Geschlechts gefunden worden, so das 14de Jahr zurück geleget, so werden unter 1,552,606 nur 508,338. von diesem Alter seyn. Diese Anmerkung wird uns in der Folge brauchbar seyn. Siehe p. 146.

(z) Als der Mahlgroschen vor einigen Jahren angeleget ward, rechnete man den 4ten Theil der Einwohner in Städten, da nun jetzt nur der 5te Theil als Einwohner der Städte angegeben wird; so wird dadurch die convulsivische Bewegung sichtbar, welche die Nahrung des Volks erlitten hat.

Wenn diese in Städten fehlende Menschen innerhalb des Landes auf Dörfern gezogen seyn sollten, so wäre dieses kein Unglück; aber dieses ist nicht der Lauf der Dinge; Diejenigen, so eine Zeitlang in Städten zugebracht haben, sind zur Landarbeit meist ungeschickt, hintern Ofen verdorben, und haben mit ihren Fingern eine Stubenarbeit gelernet, welche sie in fremde Städte tragen, wo sie wohlfeiler und besser zu leben glauben.

Von der nothwendigen und gemeinen Consumtion der Stadteinwohner und denen daher fallenden Accisen.

I. Bloß von einheimischen Dingen.
- a) Jede Stadtfamilie zahlet inclusive der Eingangsaccise von jeden Scheffel Korn in Mehl verwandelt 6 Gr. Sie brauchet dessen jährlich 14 Scheffel, und zahlet also an Accisen = 3 Thlr. 12 Gr.
- b) Eben so viel wird sie ohngefähr an Accisen zu erlegen haben, vor andere Nothwendigkeiten, als: Milch, Butter, Käse, Speck, Schmeer, Oel, Essig, Wald- und Gartenfrüchte, vor Graupen, Grütze, Hirse, Erbsen, Bier, Brandtewein, Salz, Holz und viele andere Dinge dieser Art (a) 3 — 12 —
- c) Nebst diesen Victualien und Nothwendigkeiten brauchen sie allerhand einheimische Kleidungsstücken, Instrumente und Materialien zur Arbeit und Hausrath, und dafür wird jede Familie noch in die Accise geben jährlich ohngefähr = 1 — — —

Summa jede Familie 8 Thlr. —

Also werden 69,604. ganz arme oder reiche Stadtfamilien für einheimische Dinge an Accisen wenigstens erlegen jährlich 552,032 Thlr.

(d) Wenn wir ferner nur den 8ten Theil der Stadtfamilien (welche ein besseres Leben als die ganz armen Leute führen) an Victualien und andern einheimischen Dingen, jährlich für Familie 2 Thlr. mehr als die ersten an Accisen erlegen lassen, so fallen daher noch 17,251 Thlr.

Diese

(a) Wollte man diese Ausgabe vermindern, so müßte das Volk wie die elendesten Gefangenen, bloß von trocknen Brod und Wasser leben.

Diese vier Summen von einheimischen Waaren und Victualien, laut a. b. c. d. liefern ohngefähr 569,283 Thlr. zur Acciscasse.

II. Für alle fremde Waaren, welche die Stadteinwohner gemeiniglich brauchen, wollen wir den armen Stadtfamilien wie den Reichen nur an Accisen zahlen lassen, jährlich p. Familie 1 Thlr. 6 Gr. (b) so wird diese Ausgabe betragen = 86,255 Thlr.

Also werden die Städte an vorhergehenden Abgaben zur Accise erlegen ohngefähr = 655,538 Thlr.

Von Accisen des Landvolks.

Dieses stellet 276,019 Familien dar.

a) Wenn eine jede, für dasjenige, was sie aus den Städten an einheimischen Dingen, als Bier und Fleisch, an Instrumenten zur Wirthschaft, an Seiler= Riemer= Sattler= Holz= Eisen= Töpferwaare ꝛc. holet, samt demjenigen, was sie in der Stadt verzehret, oder an Kleidungsstücken kaufet den Städten jährlich 1¼ Thlr. wegen der Accisabgaben (so die Städte dafür nur ausgeleget) wieder in die Hände giebet (c), so werden diese Accisabgaben von 276,019 Landfamilien betragen, blos für einheimische Dinge = = = 345,024 Thlr.

b) Da=

(b) Manche und viele reiche Familien bezahlen direkte und indirekte durch die Theurung mehr als 100 Thlr.

(c) Wenn man den geringen Ansatz dieser Consumtion und Accisabgaben betrachtet, so wird man solche zusammen sehr viel höher schätzen können.

b) Daneben werden ohnfehlbar noch von denenselben vor fremde Waaren p. Familie jährlich in die Accisen gezahlet ½ Thaler (d).

in Summa 138,010 Thlr.

Also erleget das Landvolk 483,034 Thlr.

Setzen wir die vorhergefundene Summe hinzu, welche das Stadtvolk an Accise gab, an 656,538 Thlr.

So sollte wenigstens die Einnahme seyn 1,139,572 Thlr. (e)

Sechstes Kapitel.
Anwendung.

Es ist nöthig an eine Veränderung dieser Dinge Hand anzulegen. Das Hauptwerk bestehet darinnen: Daß alle einheimische Waaren und Arbeit von Accisen befreyet werden, damit die Theurung des Lebens abnehme. Ohne dieses ist keine Hülfe; und dieses kann geschehen, ohne die gewöhnlichen Einnahmen vermindert zu sehen, welche jetzt durch die Accise nicht anders, als mit Verfall der Nahrung gezogen werden.

Wir wollen also alle einheimische Dinge von Accisen befreyen, und Anfangs die Consumtion einiger wenigen Sorten von fremden Waaren

(d) Man gebe nur auf unsere Jahrmärkte und Messen Achtung, so wird man merken, daß dieser Ansatz sehr niedrig ist.

(e) Ich habe alle diese Auswürfe der Consumtion und Accisabgaben auf das geringste angeschlagen, und bin versichert, daß diese Abgabe den Einwohnern überhaupt, und durch alle dabey vorfallende Umstände mehr als 2. Millionen kostet, obgleich gemeiniglich ein Jahr ins andere nicht mehr, als 1. Million netto zur Cassa gekommen, das übrige gehet durch die aufzuwendenden Unkosten, die Defraudation, und durch noch andere Gelegenheiten verloren.

Waaren betrachten, indem wir dieselbe auf das geringste setzen, und starke Accisen darauf legen.

Ich erinnere in voraus, daß bey einen solchen Ueberschlag gewisse data angenommen werden müssen, und daß zwar mehrentheils darüber Streit entstehet. Doch wenn die angenommenen Sätze nicht übertrieben sind; so pfleget aus dergleichen Einwürfen niemals etwas kluges zu entstehen, wohl aber oft das Gute verhindert zu werden.

Bey dergleichen Dingen ist niemals eine mathematische Gewißheit zu suchen; diesem ohngeachtet ist dahin zu trachten, ein sichtliches Verderben auf alle mögliche Art abzustellen, und die Mittel zu untersuchen, welche uns zu solcher Absicht führen können.

Besser würde es freylich seyn: wenn die Accisrechnungen von der Consumtion fremder Waaren, uns genaue Nachrichten geben könnten, aber dieses ist in keinen Lande zu hoffen, besonders wo die Accisen nicht an den Grenzen, sondern mit großer Zerstreuung in allen Städten vertheilet, eingenommen werden (f).

Bey diesen Vorhaben können wir aber nicht vermeiden, noch allerhand andere Schwierigkeiten zu finden. Denn keine Abänderung gemein schädlicher Einrichtungen kann gedacht werden, ohne an sehr viele verderbliche Gewohnheiten anzustoßen.

Diesen aber ohngeachtet unternehme ich, zu folgender Abänderung Vorschläge zu thun. Nämlich:

Fünf

(f) Als in Engelland zu Anfang dieses Seculi in Parlament der Vorschlag gemacht wurde, die Balance des Handels zu untersuchen, so sagte Josias Child, wie „in der 4ten Edition seiner zu London in 8vo gedruckten Discours of Trade zu „lesen ist: Die Untersuchung der Balance des Handels ist allezeit sehr ungewiß „und langsam. Das Beste ist, nicht mehr zu fragen, wie die Balance stehe? „sondern solche Gesetze und Einrichtungen zu machen, daß dieselbe zum Vortheil „von Engelland stehen müsse."

Fünf Sorten fremder meist überflüßiger Waaren mit hohen, die übrigen aber mit geringern Accisen, ohngefähr und mehrentheils wie jetzt zu belegen.

Die ersten heißen: Caffee, Zucker, Toback, Gewürz und Wein. Vorhero aber müssen wir die Consumtion betrachten, welche wahrscheinlicherweise von

    69,004 Stadtfamilien, und
    276,019 Landfamilien,

in diesen fünf Sorten von Waaren können gemacht werden.

Ich schreite also zu diesem Auswurf selbst.

Von der Consumtion in Caffee.

Wenn 36 Personen alt und jung, von Stadt und Land zusammen genommen, täglich nur 1 Loth gebrannten Caffee verzehren, so werden unsere pag. 138. gefundene 1,552,606. der Accise unterworfene Einwohner täglich brauchen   =   =   1,347$\frac{7\frac{1}{2}}{}$ Pfund.
und jährlich   =   =   491,928 Pfund.

Drey Pfund gebrannter Caffee aber erfordert vier Pfund rohe Bohnen, also werden an rohen Bohnen consumiret, 655,904 Pfund.

Wenn jedes Pfund 3 Gr. Accise zahlen müßte, so könnten daher fallen,   =   =   81,988 Thlr. (g)

Von der Consumtion in Zucker.

Die Quantite' des Zuckers zum Caffee wollen wir um ⅓ an Gewichte des gebrannten Caffee vermehren, so wird jährlich verzehret,   =   =   655,904 Pfund.

Zum

(g) Man wolle nicht sagen 3 Gr. vor das Pfund Caffee sey eine zu starke Accis-Tare, denn die Verminderung dieser Consumtion sowohl, als die von folgenden Artikeln muß erzwungen werden, wenn wir weniger Geld aus dem Lande gehen, und die Bierstener wachsen sehen wollten.

Zum übrigen Gebrauch in der Wirthschaft wollen
wir setzen auf = = = 300,000 Pfund.

Summa 955,904 Pfund.

Man lasse jedes Pfund 18 Pf. an Accisen zahlen,
so kann daher fallen, = = = 59,744 Thlr.

Von der Consumtion des Tabacks.

Hier müssen wir von den pag. 138. in der Nota angesetzten 508,338 accisbaren Personen männlichen Geschlechts abrechnen, sowohl diejenigen, welche noch zu jung sind, als auch diese, welche niemals Taback rauchen mögen.

Ich setze diese auf 74,691 Personen, und also bleiben nur 433,847 determinirte Tabacksraucher übrig. (Die Rechnung welche diesen und keinen andern Abzug hervor bringet, würde diesen Text allzu sehr unterbrechen, aber in der Beylage pag. 146. ist solche zu finden (h).

Man setze die Consumtion in Rauchtaback für jede Person täglich auf ein halbes Loth (i), oder jährlich auf $5\frac{3}{4}$ Pfund, so werden unsere 433,847 Tabacksraucher jährlich verzehren 2,474,283 Pfund.

An Schnupftaback aber wollen wir überhaupt ein drittes Theil der vorigen Quantité ansetzen, oder 824,761 Pfund.

Also ist die ganze Summa des consumirten Tabacks 3,299,044 Pf.

Wenn man jedes Pfund 2 Gr. Accisen zahlen lässet, ohne Unterschied der Sorten, so könnte daher in die Accise fallen 274,920 Thlr.

(h) Wer in dergleichen Rechnungen nicht geübt ist der schlage solche vorbey, und nehme die Zahl der 74,691 Personen auf Treu und Glauben an.

(i) Zwey und eine halbe holländische Pfeifen, erfordern gemeiniglich $\frac{1}{2}$ Loth Taback.

Von der Consumtion im Gewürz.

Wenn jede accisbare Familie im Lande jährlich ¾ Pfund Gewürz verzehret, so werden alle Familien oder 345,023 Familien consumiren 258,767 Pfund.

Man lasse jedes Pfund 6 Gr. Accise geben (ohne Unterscheid der Sorten) so könnten, wenn die Consumtion unverändert bliebe, daher fallen 64,692 Thlr.

Wenn wir aber für das Pfund Pfeffer wie jetzt nur 2 A. zahlen lassen, das ist $\frac{1}{12}$ des Werths, (denn es wird für 6 Gr. verkauft) so gehen wenigstens 30 Groschen aus dem Lande ehe ein Groschen in die Accise fället, und der Mißbrauch dieser Waare dauert ewig, und ist zu groß (k).

Von der Consumtion in fremden Wein.

Wenn 400 Personen zusammen genommen täglich nur 1 Kanne fremden Wein verzehren, so werden unter 1,552,606 Personen (siehe pag. 138.) 3,881$\frac{1506}{2400}$ Kannen täglich gebrauchet, dies beträgt jährlich 1,416,753 Kannen.

Man lasse jede Kanne ohne Unterschied 18 A. Accise geben, so kann daher fallen   -   -   -   88,547 Thlr. (l).

Beylage

(k) Man wolle nicht eine der Hauptabsicht widersprechende Iustitiam distributivam anführen. Ich sage: die fremden Waaren mögen so wenig kosten als sie **wollen**, wenn deren Gebrauch unter dem ganzen Volk allzu gemein worden, so sind sie stark zu belegen, damit deren in Zukunft weniger **gebraucht werden**, und damit (wenn deren Consumtion abnimmt) die gegenwärtigen Einnahmen eines Theils nicht leiden, andern Theils aber eine dem gemeinen Wesen viel nachtheiligere Abgabe (welche vornehmlich die Armen trift) könne erlassen werden. Ueberhaupt scheinet **es**; man sollte kein Bedenken haben, daselbst die meist überflüssigen fremden Waaren sehr hoch mit Accisen zu beschweren, wo man nicht angestanden, das Korn und Brod in Städten gewaltig zu belästigen, denn so oft die Abgaben die Armen in eben der Verhältniß, wie die Reichen treffen, sind sie unglücklich und unbedachtsam angeleget.

(l) Wenn man wenige große Städte und die Orte gegen Frankenland betrachtet, so wird man diese Consumtion ganz moderat angesetzt finden.

Beylage

Zu der Consumtion in Rauchtaback.

Hier müssen wir das Alter der Personen männlichen Geschlechts unterscheiden.

Pag. 138. ist angemerket, daß unter den Sächsischen Einwohnern, so Accisen zahlen befindlich waren 508,338 Personen männlichen Geschlechts, so das 14de Jahr zurück geleget hatten.

Da wir aber von dem Gebrauch des Tabacks handeln, und diese jungen Leute noch keinen Taback rauchen; so wollen wir um allen Widerspruch aus dem Wege zu gehen, annehmen, daß niemand vor Anfang des 20sten Jahres die Tabackspfeife in das Maul nehme.

Es wird also die Anzahl der Menschen zu bestimmen seyn, welche vom 14den bis zum 20sten Jahr gemeiniglich zu sterben pflegen, alsdann werden diese von der Summa der 508,338 vierzehenjährigen Personen abgezogen, damit nur solche übrig bleiben, so das 19de Jahr zurück geleget, und welche man als Tabacksconsumenten ansehen kann. Diese Untersuchung wird am besten nach Anleitung des Herrn Probsts Süssemilchs und dessen göttlicher Ordnung in Veränderung des menschlichen Geschlechts 1761. zu Berlin in 8vo gedruckt, anzustellen seyn, denn dieser ist in dieser Materie ein Autor Classikus. In II. Tom. dieses Buchs findet sich pag. 305. ein tabellarischer Auszug der (von 1,000 Gebornen) bis Anfang des 20sten Jahres gestorbenen Personen, an 528 Köpfen, und ebend. pag. 310. zeiget eine andere Tabelle, daß von eben diesen 1,000 Gebornen, bis mit dem zurück gelegten 14den Jahre, deren 503. nach der Ordnung der Natur gemeiniglich zu sterben pflegen. Der Unterscheid dieser zwischen 14 und

19 Jah=

19 Jahren Gestorbenen, bestehet also bey 1,000 Gebornen, in 25 Personen männlichen Geschlechts.

Wir können also folgende Berechnung anstellen: Wie 1,000 Geborne sich verhalten zu den vorhergehenden Unterscheid der zwischen 14 und 20 Jahren gestorbenen 25 Personen, also unsere 508,538 Personen, welche das 14de Jahr zurück geleget hatten, zu dem Abgang, welcher sich bey denselben bis zum Anfang des 20sten Jahres (nach der natürlichen Ordnung) noch ereignen soll, und da findet man, daß dieser Abgang auf 12,713 Köpfe zu setzen ist.

Wenn wir nun diese von 508,538 abziehen, so bleiben übrig 495,825 Köpfe, welche als solche anzusehen sind, so das 19de Jahr zurück geleget haben, und gemeiniglich Taback rauchen.

Ob wir nun schon in Absicht auf die Jahre des Alters zu viel Menschen, von den Tabackconsumenten abgezogen haben, so wollen wir doch von diesen letztern 19jährigen Personen männlichen Geschlechts noch ⅛ oder 61,978 Köpfe abziehen, als wenn sie keinen Taback rauchen möchten, so bleiben dennoch 433,847 Rauchtabackconsumenten übrig.

Siebendes Kapitel.

Recapitulatio der Acciseinnahmen von fremden Waaren, (bloß an fünf Sorten.)

1) Vor Caffee laut pag. 143.				81,988 Thlr.
2) = Zucker,	=	=	=	59,744
3) = Taback,	=	144.	=	274,920
4) = Gewürz,	=	145.	=	64,692
5) = Wein,	=		=	88,547

Summa 569,891 Thlr.

Von dieser Einnahme wird die Defraudation etwas wegnehmen. Jetzt pflegt man solche auf $\frac{1}{10}$ anzuschlagen, und obschon Mittel angewiesen dieselbe zu vermindern, so will ich doch noch mehr, nämlich $\frac{1}{8}$ davor abziehen, also wird sich die letzte Summe der 569,891 Thlr. reduciren auf 498,655 Thlr.

Ein zweyter Abzug ist noch von dieser letzten Summe deswegen zu machen, weil wegen der erhöheten Accise, die Consumtion in den fünf genannten Sorten Waaren, ohnfehlbar abnehmen wird, und diese Verminderung will ich sehr hoch, das ist, auf $\frac{1}{3}$ setzen (m).

Also wird nunmehro die ganze Accise von diesen fünf Artikuln nicht mehr übrig lassen, als 332,437 Thlr. (n).

Diese Summe wird von Stadt und Land gezogen, und da das Landvolk an der Zahl viermal so stark gesetzet worden, als die Stadteinwohner, diese aber mehr fremde Waaren verbrauchen, so könnte man glauben, daß das Stadtvolk ohngefähr die Hälfte zu dieser Acciseabgabe von obgenannten fünf Sorten Waaren beytrüge, aber wir werden bald etwas anders gewahr werden. Jetzt haben wir gesehen, was bloß von fünf Sorten fremder Waaren zu ziehen ist. Im folgenden will ich eine Rechnung darlegen, welche zeigen wird, wie theils von den Accisen der übrigen fremden Waaren, theils auf andere Art diejenige Summe beyzubringen ist, welche bisher von denen Accisen in die Cassen gefallen, und wie dieses mit Befreyung aller einheimischen Waaren geschehen kann.

Jetzt

(m) Ich habe diese Verminderung der Consumtion mit Vorsatz größer angesetzet, als solche in vielen Jahren nicht seyn wird.

(n) Wenn diese Verminderung billiger, d. i. auf $\frac{1}{4}$ gesetzet würde, so bringet diese Accise 398,924 Thlr.

Jetzt will man behaupten, daß jährlich nach abgezogenen Unkosten (o) so dabey vorfallen, die Accisen insgesammt ohngefähr eine Million netto zur Casse gebracht.

Diese will ich jetzt annehmen, ob ich gleich zweifele, daß es gemeiniglich also erfolget sey; und innigst überzeuget bin, daß es bey gegenwärtigen Umständen nicht also ist, auch nicht ohne gänzlichen Umsturz dauern könnte, wenn es sich also verhalten hätte; weil der Einwohner durch diese Abgabe ohngleich mehr ausgiebet, als in die Casse fället.

Wenn wir nun bey Veränderung dieser Abgaben nichts verliehren wollen, so mache ich folgende Eintheilung:

Als die General=Consumtionsaccise eingeführet wurde, zahlten die Städte jährlich an Steuern 428,837 Thlr. Diese wurden ihnen damals erlassen, und dagegen diese Accise verordnet (p).

Man lasse dieses Geld die Städte wie vormals als alte Steuern erlegen, und befreye sie dagegen von den Accisen von einheimischen Güthern, so genießen sie die größte Erleichterung (q), ob ihnen gleich

von

(o) Diese Unkosten, theils alle Bedienten zu bezahlen, die Gebäude zu unterhalten, nebst andern Aufwand, schätzet man gegenwärtig ohngefähr auf 1. Tonne Goldes, also müßten alle Einnahmen der Accise ohngefähr 11. Tonnen Goldes jährlich eingebracht haben.

(p) Doch dem Landvolk, welches viel stärker als das Stadtvolk durch die Accise getroffen ward, geschahe kein Erlaß.

(q) Auch die übrigen öffentlichen gemeinen Einnahmten können dabey nichts verliehren. Herr Ulloa, in Retablissement des Manufactures et du Commerce d'Espagne, Amsterd. 1753. 12mo. Tom. I. p. 68. bestätiget dieses, wenn er saget:

„Die auf fremde überflüßige Waaren aufgelegte hohe Imposten ersetzen das„jenige, was wir zur Beförderung des einheimischen Commercii unsern Einwoh„nern erlassen". Und ebend. pag. 44. heißt es:

„Erlassene Abgaben von einheimischen Gütern und Arbeit, können die öffent„lichen Cassen nicht arm machen; sollte auch dieses einem und dem andern nicht „in die Augen fallen, so wird doch wenigstens dadurch so viel zuwege gebracht, „daß das Geld im Lande bleibet, welches sonst zu Fremden gehet."

von fremden Waaren noch Accisen abgefordert werden, welche der Landmann wieder geben muß (r).

1) Also haben wir an Einnahmen gefunden, p. 149. 428,837 Thlr.
   Pag. 147. haben wir fünf Sorten von Waaren mit höhern Accisen als jetzt beleget und gesehen, daß nach abgezogener Defraudation und verminderter Consumtion dieselben jährlich

2) An Accisen bringen können, (vid. p. 148.). 332,437 =
   Von der gewaltigen Menge aller übrigen fremden Waaren, welche ich nicht einmal insgesammt mit Accisen belegen möchte, theils weil sie nicht zu finden, und zu entdecken sind, ohne allen Handel zu zerstöhren, theils weil niemals eine Nothwendigkeit, (fremd oder einheimisch) beleget werden soll. Dennoch aber getraue ich mir

3) Davon an Accisen zu ziehen, (s) 250,000 =
   Doch diese drey Summen werden noch nicht hinlänglich scheinen, und das ausgemergelte Landvolk kann zu den Abgang nichts beytragen (t).

Wenn man nun von der gegenwärtigen Acciseinnahme nichts fahren lassen will, und solche würklich 1. Million in der Casse übrig gelassen hätte, so ist man gezwungen, den Abgang von den Städten ersetzen zu lassen.

Ich

(r) Sonst könnten solche von Stadteinwohnern nicht erleget werden.
(s) Von der Anlage dieser Accise werde ich besonders handeln.
(t) Dieses setze ich als eine den klugen und instruirten Personen bekannte Wahrheit voraus. Den Beyfall der übrigen kann ich ohnedem nicht verlangen.

Ich schlage dazu eine neue direkte Abgabe vor, welche in den Städten p. Familie jährlich zusammen zubringen ist, wie die Tabelle A. weiset. Diese wird

4) ohne Mühe und Lamentiren bringen   141,480 Thlr.

Summa der neuen Einnahme 1,152,754 Thlr.

Tabella A.

Theile und Classen aller Familien.		Summa der Familien.	Jede Familie zahlet jährlich.	Summa der Accisen an Thalern.
1.	$\frac{1}{120}$	575½	6 Rthlr.	3,450
2.	$\frac{3}{120}$	3,450	5	17,250
3.	$\frac{6}{120}$	6,900	4	27,600
4.	$\frac{12}{120}$	13,800	3	41,400
5.	$\frac{15}{120}$	17,260	2	34,520
6.	$\frac{15}{120}$	17,260	1	17,260
7.	$\frac{17}{120}$	9,775	Vacat (u).	—
60 Theile.		69,020		141,480

(u) Wenn einige der letzten Classe n. 6. kein Geld geben können, so sollen sie jährlich drey oder vier Tage Handarbeit für das Publikum, nicht aber für Rathsherrn insbesondere verrichten, auch nicht auf Rathsdörfern, sondern bey gemeiner Stadtarbeit, so aus der Communcasse zu bezahlen sind, also daß die Bürger diese Arbeiter sehen können, alsdenn wird dasjenige was die Communcassa an baaren Gelde hätte ausgeben müssen, dazu angewendet, den sich ereignenden Defect zu vergüten.

Nun wollen wir sehen, was die Städte und das Landvolk jede besonders genommen, zu der vorigen Summe beyzutragen scheinen.

1) Ich habe von denen Städten gefordert an alten Steuern,   428,837 Thlr.
2) Ferner an direkten neuen Abgaben nach der Tabella A.   141,480 Thlr. (x)
3) Alles was ich an Accisen von Stadt und Land, laut No. 2. und 3. p. 150. zu ziehen verlanget, machet   582,437 Thlr.

 Wenn nun die eine Hälfte dieser Summa von den Städten, die andere von den Dörfern erleget würde, so ist die Ausgabe der ersten   291,218½ =

 Also scheinet es, die Städte hätten durch diese drey Summen jährlich zu zahlen   861,535 =

4) Die Dörfer aber nur   291,218 =

Alle diese Einnahmen würden geben in Summa 1,152,753 Thlr.

 Ich sage: Also scheinet diese Sache auf den Pappier, aber niemals wird man die Städte, in welchen die Handwerksarbeit und der Handel gezwungen und eingesperret ist, verhindern können, alles dasjenige was sie überhaupt an Accisen zahlen, sich von dem Landvolk mit Ueberschuß wieder ersetzen zu lassen.

 Also wird das Landvolk auch die   291,218½ Thlr. so ich sub Num. 3. den Städten angesetzet in Summa, alles was ich an Accisen von Stadt

und

(x) Am Ende will ich sagen: wie auch diese 141,480 Thlr. unter gewissen Umständen den Städten zu erlassen seyn könnten.

und Land für fremde Waaren zu ziehen gedenke,
allein bezahlen (y), nämlich: 582,437 Thlr.
und die Städte höchstens 570,317 Thlr.

Summa vt supra pag. 152. 1,152,853 Thlr.

Dieses war ewig das Schicksal des Landvolks.

Ich sage mehr: nicht nur alle Accisen, sondern die meisten der übrigen Abgaben überhaupt, welche man von den Städten zu ziehen glaubet, muß der Landmann den Stadteinwohnern in die Hände legen, wenn er die theure Stadtarbeit bezahlet. Denn in regula haben die Städte kein Geld, als was sie vom Landmann ziehen.

Wie mag es denn geschehen seyn, daß man sich über diesen Artikel seit Seculis betrogen, und dem Landmann so sehr belästiget hat? und daß man selbst bey dessen sichtlichen und allgemeinen Verfall nicht in sich gegangen ist? Antwort: Die meisten Länder haben jederzeit nur auf den heutigen Tag, und vornehmlich auf die Städte gesehen (z) und (a)

ohne

(y) Es ist ausgemacht, daß die Städte vom Landmann leben, und daß ein jeder, so Verdienst vom Landmann zieht, weder Accisen noch andere Abgaben ohne diesen Verdienst erlegen könnte. Selbst ein bloßer Hauswirth, der vom Landmann keinen Verdienst zu haben scheint, sobald als dessen Miethmann vom Landvolk Verdienst ziehet, wird indirekte von den letztern bezahlet; weil der Miethmann sonst den Zinß nicht abstatten könnte.

Davon sind nur die Bettler der Städte gänzlich ausgenommen, wenn sie nicht wie oft geschieht, auf dem Lande herum betteln. Diejenigen, welche von ihren Renten leben, könten gleichfalls davon ausgenommen zu seyn scheinen, wenn sie nicht ihr Geld auf liegende Landpossessiones geliehen.

(z) Die meisten Rathgeber, so wie alle ihre nächsten Unterarbeiter, sind in den Städten erzogen, und mit deren Lastern, mit der Verachtung gegen dem Landmann eingenommen, und kennen das Elend und dessen Zustand nicht.

(a) Der Negotiant Anglois in der Abhandlung, de l'usage de l'arithmetique politique pag. 188. saget auch:

„In allen Ländern sind die Consilia beschäftiget: die Wahrheit zu erforschen, „aber es giebt allzu viel Leute, welchen daran gelegen ist: daß sie verborgen „bleibe, ohne auf die Zukunft und auf den fatalen Zeitpunkt des verarmten Landvolks zu gedenken.

Auch noch jetzt hat man überall den heutigen Tag und die Städte vor Augen, und wenn dem Landvolk ein höchstnöthiger Erlaß an Abgaben zu machen war; so heißt es: **Wo soll das Surrogatum herkommen (b)?**

Wenn aber absolut kein Erlaß zu gestatten ist; so bleibet nichts übrig, als durch Veränderung der Abgaben Hülfe zu suchen (c).

Diesen Umständen habe ich nachgegeben, und meinen Vorschlag also eingerichtet, wie er jetzt auf die Umstände passen kann, wie ich nämlich solchen gegenwärtig vor thunlich halte, um die landverderbliche Accise von einheimischen Gütern loß zu werden, welche die tödtliche Theurung hervorgebracht, und die Nahrung verdorben hat, und ich habe gewiesen: daß man mit Vortheil alles Volks, so viel Geld ziehen kann, als gegenwärtig alle Acciseinnahmen einbringen.

„bleibe, und daß alle die Sachen weitläuftig werden, welche die Commercia „(und ich setze hinzu, welche die Administration der Länder angehen), weil bey „den Deliberationen, die weisen Leute beständig andere an der Seite haben, „welche ihre Absichten lieber befördern, als das gemeine Beste.

(b) So oft ich dieses Wort bey solcher Gelegenheit habe nennen hören; so dachte ich folgenden Ausspruch zu vernehmen: Es mag morgen dem Volk ergehen, wie es wolle; heute muß es nicht nur alles dasjenige Geld herbey schaffen, und alle die Dienste verrichten, was jemals an ordinairen Gaben, auch vormals nur auf eine gewisse Zeit aufgeleget worden; sondern auch so viel als diejenigen Verbesserungen erfordern, deren Aufwand jetzt nur dadurch sehr groß geworden, weil in vergangener Zeit das darzu bestimmte und von dem Volk gegebene Geld nicht dahin verwendet worden.

(c) Geschiehet dieses nicht; so könnten die Worte eines Französischen Autors Anwendung finden, welcher saget: Si vous voulez que tout perille il n'y a qu'à laisser les choses comme elles sont.

Niemals aber kann an diese Sache Hand angeleget werden, ohne die Accisen an den Gränzen einzunehmen (d).

Bey diesen meinen Vorschlägen kann ich nicht glauben, daß die Städte zu hoch beleget seyn, wenn sie auch zusammen 570,317 Thlr. jährlich zahlen, und die große Wohlthat geniessen: alle einheimische Waaren Accisfrey zu gebrauchen, weil dadurch wohlfeile Zeit entstehet, und ihre Nahrung merklich verbessert wird (e).

Wenn bishero nur die fremden überflüßigen Waaren Accisen gezahlet hätten, so würde die Nahrung der Städte noch besser seyn als sie ist. Da aber alle einheimische Waaren zugleich Accisen erlegen müssen, so hat die Theurung der Städte sowohl das Landvolk, als auch diejenigen Stadteinwohner in Elend gestürzet, welche allein mit ihren Händen ihr Brod erwerben. Denn jeder Mensch der Speise, Wohnung, Kleidung und Instrumente zu seiner Arbeit haben will, muß so viel von andern kaufen, daß der Aufschlag seiner eigenen und einzelnen Arbeit ihm dasjenige nicht einbringen kann, was er so vielen andern bezahlen muß, welche insgesamt ihre Arbeit zu theuer anschlagen, ein je-

---

(d) Der ungenannte Autor des Recherches sur les finances de France 4to Tom. I. pag. 263. lin. 12. etc. will gleichfalls alle Accisen an Gränzen einnehmen und saget:

„Die Engelländer, die Holländer, die Dänen, die Schweden, sind viel zu „patriotisch gesinnt, daß sie in den innern der Provinzen den wahren End„zweck der Regierung einen Riegel vorschieben sollten. Selbst das Russische „Reich, hat die Accisen an die Gränzen geleget, und innerhalb des Reichs „aufgehoben".

(e) Durch die Wohlfeilheit wird besonders der arme Käufer erleichtert, welcher blos seinen Schweiß zu verkaufen hat, welche jetzt außer aller Verhältniß beschweret ist. Denn die übrigen als Verkäufer und Aufseher, lassen sich von den ersten alles wieder geben, was ihnen die Theurung wegnimmt: dieses machet das Elend der Städte selbst, durch die ungleiche Austheilung des Vermögens; so wie die Städte zusammen, auf eben diese Weise die Armuth des Landes zuwege bringen, wo die einheimischen Güter Accisen zahlen: Denn dadurch entsteht Theurung.

der übersetzet den andern im Preiß (f). Daher ist der Verfall der Stadtnahrung entstanden. Und dieser Ausdruck heißet nichts anders: als das Landvolk hat immer weniger Geld in die Städte zu tragen, es kann nicht einmal seine Nothwendigkeiten erkaufen.

Wenn aber alle einheimische Waaren Accisfrey genossen werden, und die Theurung größtentheils nachlässet; so wird die Summe an 570,317 Thlr. welche l. pag. 153. die Städte nach den neuen Vorschlag am Ende höchstens auszulegen haben gar wenig gegen den angetragenen Vortheil ausmachen (g). Es kann also weder diese, noch eine etwas vergrößerte Summe den Städten zur Last fallen.

Ich weiß wohl: ehe noch die Generalconsumtionsaccise Anno 1707. eingeführet wurde, daß die Städte sich über die 428,837 Thlr. welche sie als alte Steuern erlegen mußten, als eine allzu große Last beschwerten; aber das Landvolk hatte damals viel geringere Abgaben, und also die Städte mehr Verdienst von demselben zu geniessen. Seitdem aber die Landbesitzer nicht nur direkte immer mehr und mehr belästiget worden, sondern auch die Consumtionsaccise, wie ich nach Zeugniß der besten Schriftsteller dargethan habe, vornehmlich auf dieselben fället, so können sie nicht so viel als vorhero in Städten kaufen, also ist Stadt und Land in Mangel.

Bey

(f) Diese Stadtwirthschaft beschreibet der König David im 55. Psalm, wenn er im 10. Vers von Jerusalem sagt: „Ich sehe Händel in der Stadt, solcher gehet „Tag und Nacht in ihren Mauern: Schaden thun regieret darinnen, Lügen und „Trügen lässet nicht von ihren Mauern".

Auch lesen wir im Propheten Jesaias, Kap. 9. v. 16.
„Das Volk ist wie die Speise des Feuers, keiner schonet des andern. Und „ebend. Vers 20. Rauben sie zur Rechten so leiden sie Hunger zur Linken. Sie „essen und werden nicht satt, ein jeder frisset das Fleisch seines Arms". Diese Ausdrücke können auf die meisten großen Städte angewendet werden.

(g) Ich sage höchstens: denn die Städte lassen sich, (wie ich bereits erinnert) durch den Aufschlag ihrer Arbeit nicht nur alle ausgelegte Accisen, sondern noch vielmehr durch das Landvolk wieder geben.

Bey diesen Umständen ist nur so viel anzurathen: entweder einen Erlaß überhaupt an Abgaben zuzugestehen, oder eine Veränderung dabey vorzunehmen, damit die Nahrung der Einwohner verbessert, und die Theurung der gemeinen Arbeit vermindert werde.

Der erste und sicherste Schritt dazu ist, die einheimischen Güter von der Accise zu befreyen, wie ich im vorhergehenden gesagt habe, dadurch wird die Theurung des Lebens abnehmen. Alsdann wird man in wenig Jahren im Stande seyn, wenn man will, einen Nachlaß zuzugestehen. Denn die Regenten werden an ihren Ausgaben so viel ersparen, daß sie den Nachlaß nicht empfinden; und mit der Zeit wird das ganze Land besser stehen, die Nahrung sich verbessern, die Anzahl der Contribuenten sich vermehren, und alle übrige Abgaben reichlicher und sicherer fallen.

Achtes Kapitel.
Anhang zu den directen Abgaben nach der Tabella p. 151.

Was die Personen betrifft, welche in diese oder jene Klasse zu setzen sind; dieses kann zwar einiger Schwierigkeit unterworfen zu seyn scheinen, da aber diese Sache (wenn man durchaus an Abgaben nichts nachlassen will), sicherlich dem gemeinen Wesen zum besten gereichen muß, so ist immer zu unternehmen, und zu bedenken; daß (wie bey vielen Dingen) also auch hier die Frage nicht sey: ob hier gleich anfangs die Vollkommenheit zu erlangen? Die Folge wird bald zeigen, wo etwas zu verbessern ist (h).

Jetzt

(h) Nur muß nichts als Verbesserung angesehen werden, als was dem armen Theil des Volks, das ist, dem großen Haufen zum besten gereichet.

Jetzt ist noch keine Abgabe gefunden, welche practisch ganz gleich nach den Kräften der Contribuenten eingetheilet wäre. Es scheinet also eine solche Unvollkommenheit ein nothwendiges Uebel zu seyn, welches mit der Zeit zu verbessern, und welches (wie es ausschlagen könnte) immer viel besser seyn kann, als der gegenwärtige Zustand. Denn wir haben nur de vitando maximo malo zu handeln, das ist: Die Accise von einheimischen Gütern loß zu werden (i).

Die Magistratspersonen müssen allerdings bey der Klassification der Stadteinwohner gehöret werden, aber man darf diese Einrichtung ihnen nicht gänzlich überlassen, sonst ist alsbald alles verdorben.

Nachrichten von der Anzahl und Beschäfftigung, das ist, von der Nahrung der Einwohner nach Klassen und deren Familien können sie geben, und Vorschläge zu Einrichtung derer Klassen machen, aber, die unterschiedene Taxen der Klassen ꝛc. selbst sind, (wenn diese Nachrichten vorhanden), nach allgemeinen Regeln vorzuschreiben. Zum Exempel:

1) Ein Handwerksmann welcher ohne Gesellen vor eigene Rechnung allein arbeitet, ist viel geringer anzusetzen als derjenige, welcher einen Gesellen hat; denn der erste giebet dem Lande mehrentheils Kinder, der Geselle aber bleibet ledig. Wer mehr als einen Gesellen hält, wird höher als der vorige angesetzet, und also nach der Menge der Gesellen immer höher. Die Veränderung so mit diesen Gesellen vorfället, ist dem Magistrat bekannt zu machen.

2) Ein

(i) Denn dadurch ist die Theurung entstanden, und immer gewachsen, welche endlich überall alles einheimische Gewerbe und Handel, alle gute Circulation zu schanden machet: alsdenn kann der fremde Handel nicht helfen. Doch dieses wird nur von ihrer wenigen verstanden; bloß dieser Unverstand hat die Verwirrung, und viel Elend in denen reichsten Ländern zuwege gebracht. Spanien, Frankreich, Engelland geben davon Zeugniß.

2) Ein gesunder Mann unter 60. Jahren, welcher ohne Arbeit und Verdienst von seinen Renten lebet, ist höher zu taxiren, als ein Arbeiter von irgend einer Art.

3) Ein Kaufmann so mit fremden Waaren handelt, allezeit höher als derjenige so bloß einheimische Waaren verkauft, solche und vielleicht noch mehrere Vorschriften sind durch den Druck bekannt zu machen, wenn es Zeit seyn wird.

Vielleicht (und dieses würde das beste seyn) könnten sich die Bürger der Städte selbst taxiren, nach vorgeschriebenen Classen; aber sie würden gute Rathgeber brauchen, welche die Umstände der bürgerlichen Nahrung, und die wahrscheinliche Veränderung in dieser Sache zu überlegen im Stande wären; und weil ein solcher Wechsel in der bürgerlichen Nahrung unvermeidlich ist, so könnte es gut seyn, wenn die Bürgerschaft eine solche Classification auf gewisse Jahre, z. E. auf zehn oder zwanzig Jahre festsetzte.

4) Alle Familien aber, welche in der Stadt wohnen, müssen zu dieser directen Abgabe beytragen; und wenn sie gleich vorhero von allen Abgaben befreyet gewesen, so ist es hier doch ganz anders, denn sie müssen jetzt die Accisen von einheimischen Güthern, wenigstens durch die entstandene Theurung, dennoch bezahlen. Alle Anstalt und Bemühung so hierbey vorfället, kann in keinen Vergleich mit dem daher zu hoffenden Wohlstand gesetzet werden. Und was könnte wohl mehr, Arbeit anzuwenden würdig seyn, als ewiglich zu untersuchen, was für Fehler bey Vertheilung und Einsammlung der öffentlichen Abgaben vorfallen? und ohne Ende dieselben also einzurichten, daß sie ohne Jammer des Volks sich erhalten, und durch vermehrte Bevölkerung sich verbessern können: (Denn darauf kommt

kommt endlich alle Verbesserung an, so lange die fruchtbaren mit festen Boden umgebenen Länder nicht mehr Volk in sich fassen, als sie in gemeinen Jahren mit eigenem Zuwachs ernähren können) (k) und (l).

Noch habe ich die stärksten Einwürfe abzuwenden, welche gegen solche directe Abgaben überhaupt gemacht zu werden pflegen.

1) Man könnte sagen: dieses siehet einer firen Accise gleich. Etwas solches hat man schon versuchet und ist nicht gut abgelaufen.

Antwort: Also gehet es allen nicht wohlangestellten Versuchen.

2) Wenn man die ganze viel zu hoch gespannte und bisher genossene Summe der Accisen, welche sowohl vor fremde, als vornehmlich von allen unentbehrlichen einheimischen Gütern gezogen worden, beysammen lässet, und als eine fixe Accise einnehmen will, so ist die Summe zu groß.

b) Wenn

(k) Helvetius in seinen Traité sur l'homme à Londres, 1773. Tom. II. p. 150. saget: „Die aufgerichteten Akademien beschäfftigen sich mit Problematibus von „der Optic, vom Ackerbau, von Mechanie ꝛc. Aber durch eine besondere Fata„lität überlässet man die zwey wichtigsten Objecta die Moral und Politik den öf„fentlichen Schulen. Dieses ist ein deutliches Zeugniß, setzet der Autor hinzu, „von der Gleichgültigkeit der Menschen über die gemeine Glückseligkeit. Gleicher„gestalt lesen wir daselbst: Bloß von denen Gesetzen hangen ab: die gemeine „Glückseligkeit, die Laster, die Tugenden und die Macht der Völker."

(l) Ein anderes treffliches Buch, Les Interets des Nations, 4to. à Leipf. 1766. Tom. I. p. 190. thut folgende Frage: „Werden wir denn niemals erleben, daß „die Europäischen Nationen besondere Leute bestellen und anwenden, welche vor„nehmlich suchen, den besten Plan, oder die beste Art ausfündig zu machen, wie „die Länder zu administriren sind, und vor allen Dingen ihr Hauptwerk dahin „richten, was bey den Abgaben und Commercio zu thun ist? welche zwey Theile „das ganze Volk und die Regierungen am meisten betrifft.

b) Wenn man die Eintheilung der Abgaben blos den Magistratspersonen überlässet, so werden solche nach der gewöhnlichen Einrichtung der Abgaben vertheilet, und die Armen außer aller Verhältniß ihrer Kräfte getroffen.

Denn von den ältesten Zeiten her, haben die Reichsten und Vornehmsten, in dergleichen Gelegenheiten sich beständig zu schonen gesucht. Da nun die alten bürgerlichen Abgaben insgesamt in diesem Geschmack eingerichtet worden; so hätte dergleichen Repartition, niemals in Städten zu neuen, oder zu Erhöhung der ersten, sollen angewendet werden. Dadurch hat eben die Nahrung des arbeitenden Volks abgenommen, dadurch ist die Theurung und die große Armuth entstanden. Die direkten Abgaben, welche ich vorschlage, müssen also nicht nach Schock und Quatember, oder andern gewöhnlichen Stadtabgaben eingerichtet, sondern diejenigen, so mehr Verdienst und bekannte Einnahmen haben, stärker als die Armen getroffen werden.

Wenn zum Exempel: die Eintheilung nach Schock und Quatember, oder andern bereits gewöhnlichen Abgaben gemacht ward, so mußte mancher Arme und elende Hausbesitzer mehr darzu beytragen, als vorher die Accise von seiner sparsamen oder elenden Zehrung ausgetragen hätte, wenn es bey dem alten geblieben wäre; folglich konnte ihm seine Sparsamkeit nicht wie vormals helfen, und die alles umstürzende Theurung der Arbeit mußte aufs neue zunehmen. Es sind also die Abgaben, welche sonst von den Accisen insgesamt gefallen, zu theilen, einen Theil als direkte Abgaben können die Städte zahlen; einen zweyten Theil die Accisen der fremden Waaren beybringen, und alle Einwohner werden Nutzen finden,

den, wenn ich diejenigen ausnehme, welche die Accisen beständig betrogen haben.

Auf diese Art würden die Städte, so innerhalb den Gränzen liegen, von Acciseinnehmern befreyet; die einheimische Arbeit, deren Umlauf, die Zehrung des armen Volks verbessert; und man würde durch die Erfahrung einsehen lernen, daß in einem fruchtbaren mit festen Boden umgebenen Lande, der Handel mit Fremden nicht eher Vortheil bringen kann, bis das innerliche Gewerbe wohl eingerichtet, und wohlfeil zu leben ist (m).

2) Wollte man sagen: wie sollen die direkten Abgaben von dem armen Volk eingefordert werden, ohne verdrießliche Executiones zu verhängen? Antwort:

a) Das Volk wird weniger arm seyn, also wird weniger Gelegenheit zu Executionen vorfallen, und ich habe in der Tabelle pag. 151. 17,251 Familien nur mit 3 Thlr. angesetzet, und 17,251 Familien jährlichen nur mit 1 Thlr. (n); Da ihnen jetzt die Accise blos vor das trockene Brod jährlich wenigstens 3½ Thlr. wegnimmt.

b) Und warum könnten die Städte nicht vielen der Armen, nothwendige öffentliche Arbeit verrichten lassen? welche aus dem Stadtaerario zu bezahlen ist, und das Tagelohn zu den direkten Abgaben bestimmen und einliefern. Es ist keine Stadt, welche nicht dergleichen Arbeit zu besorgen hat; wenn solche unter=

(m) Ich sage: a posteriori: denn a priori will die heutige Welt wenig Dinge sehen, welche zum allgemeinen Besten gehören. Herr M. J. Jakob Meyer in einer Berlinischen Preißschrift von Anno 1740. sagt: pag. 18.

„In keinem Stück sind die Menschen so einig, als darinnen; daß sie ihren „gemeinschaftlichen Vortheil nicht leiden können".

(n) 9775. aber habe ich hier ganz frey gelassen.

unterlassen wird, so sind die Vorsteher strafbar, und die allgemeine Policey hat sich Vorwürfe zu machen.

c) Doch der ganze Einwurf von dem Abscheu vor den Executionen scheinet nicht im Ernst angebracht zu seyn, denn man siehet deren zu viel ausüben, fast täglich sind Executiones auf dem Lande angeleget, und also sehe ich nicht (wenn sie ausgeübet werden müssen) warum die Städte auch hier Privilegia geniessen sollen.

d) Die Handwerker können nicht besser taxiret werden, als auf folgende Weise: So lange nämlich die Meister in der Stadt auf eine gewisse Anzahl gesetzet sind, ohne auf die Vermehrung der Einwohner, irgend eine verhältnißmäßige Absicht zu haben, so lange diese an sich fehlerhafte Anstalt statt findet, sage ich: ist

1) eine billige Taxe vor die Meister zu bestimmen, welche keine Gesellen anstellen.
2) Eine andere für einen Gesellen.
3) Eine andere für zwey Gesellen, also daß für dem zweeten die Schatzung höher steiget, als für dem ersten, und für dem dritten mehr als die dreyfache Taxe des ersten. Nur auf diese Art wird demjenigen mehr abgefordert, welcher mehr verdienet, und also mehr zahlen kann; Und was das Hauptwerk in Ansehung des gemeinen Bestens, und der öffentlichen Einnahmen ist, der Verdienst wird mehr verbreitet. Die Folge davon wird seyn: daß die Meister ihrer eigenen Vermehrung weniger widerstehen; daß mehr Heyrathen geschlossen, und die Einwohner vermehret werden.

Bis hieher habe ich nur 5 Sorten fremder Waaren nahmentlich mit Accisen beleget, und pag. 150. in der Nota versprochen:

sprochen: von den Accisen der übrigen besonders zu sprechen. Daselbst sagte ich auch: daß ich davor halte, daß man von allen diesen fremden Dingen leicht 250,000 Thlr. ziehen könnte.

Jetzt soll davon gehandelt werden.

Unter folgenden Nummern habe ich die Generaltitel angeführet, nach welchen dieselben in Klassen zu vertheilen sind.

Ich sage voraus: daß

a) alles Auspacken der Kasten, Ballen, Schlagfässer ꝛc. abgeschaffet, und alle Accisen an denen Grenzen nach dem Gewicht oder volumine genommen werden (o).

b) Daß man die Accise nicht mehr nach dem Werth des Thalers setzt.

c) Daß man sie nirgend als an denen Grenzen einnimmt, und begreiffen lernet: wie man nur die große Defraudation verhindern kann, und an Kleinigkeiten sich nicht kehren soll.

d) Daß man diejenigen fremden Waaren in ihren Verhältniß höher taxiret, welche am meisten von dem gemeinen Haufen gebraucht, und doch am besten können entbehret werden.

Bey solchen Anstalten sage ich, wird alles gut von statten gehen und die Einnahmen werden nichts verliehren.

Jetzt will ich diese Waaren in wenige Klassen theilen, wie man solche beynahe von außen, bloß nach dem Gepäcke und Gewicht unterscheiden kann.

Klasse

(o) Nur im Fall einer großen und sehr wahrscheinlichen Defraudation, ist das Auspacken anzubringen. Außer diesen, ich sage es noch einmal, kann es ohne Zerstöhrung des Handels nicht statt finden. Und wenn nur eine oder ein paar Städte in einem Lande, in dieser Gelegenheit des Auspackens vor andere ein Privilegium hätten, so ist dieses eben so viel, als wenn man verordnet hätte, nur diese Stadt soll einen Handel treiben, die andern insgesammt können ohne Handel leben.

Klasse 1) Alle Arbeit von Metall, von Stein, Glaß, Fayance nach einerley Taxe,

2) Alle Arbeit von Wolle und Haaren, von Baumwolle, von Leinen von Seide ꝛc. von einerley Taxe, weil sie unter einander verpacket werden können (p). Darunter sind begriffen, Hüthe, Strümpfe, Handschuh, Kattun, Ziz, und noch mancherley Dinge.

3) Alles fremde Pelzwerk und die Arbeit davon.

4) Talch, Seiffe und Lichte,

5) Essig, Brandtewein, Wein,

6) Bier,

7) Alle Arbeit von Leder.

Diese Dinge können insgesammt von außen meistens erkannt werden.

8) Nun kommt noch ein großer Artikul: die Galanterien; Diese sind mehrentheils auf indeterminirte Weise zusammen gepacket, und also auch die sogenannte kurze Waare; aber sie sind gleichfalls nach den Volumine oder Gewicht, so gut es seyn kann, zu taxiren, und weniger als bey allen übrigen eine Justitia distributiva zu suchen (q). Wenn man sie nur hoch genug belegt. Spitzen und Juwelen habe ich nicht genennet, weil sie ewig versteckt und verpackt werden können, wenn sie kostbar, und also in kleiner Quantität eingeführet werden.

9) Ein Land welches unterschiedene Jahre her, weder Krieg noch Viehsterben gehabt, kann auch das fremde Vieh sehr hoch taxiren.

(p) Wenn man gewisse kostbare seidene Waaren von außen erkennen kann, welche allein gepacket sind, so bin ich zufrieden, daß man solche besonders taxiret.

(q) Wenn aber gewisse Sorten der fremden Galanteriewaare zusammen gepackt, und von außen erkannt werden, so könnte man solche besonders taxiren.

tariren. Und wenn in folgender Zeit ein Abgang verspüret wird, diese Auflage wieder wegnehmen. Nur auf diese Art wird die Viehzucht am geschwindesten erhoben; denn dadurch erhält das Landvieh vermöge der einheimischen Consumtion einen guten Preiß ꝛc. (r).

Ich sage: eine jede dieser Klassen (und vielleicht noch einige andere, so mir jetzt nicht einfallen) ist mit einer allgemeinen Taxe nach dem Gewicht oder Volumine zu belegen, nachdem solche der einheimischen Arbeit mehr, oder weniger Verhinderung in Weg legen, ohne sich in Benennung der einzelen Waaren sonderlich einzulassen (s).

Ich denke nicht (wie ich bereits gesagt habe), diese Klassen von Waaren verhältnißmäßig so hoch, wie die ersten fünf Sorten, mit Accisen zu belegen; aber ich kann mich jetzt in diese Taxe nicht einlassen. Nur sage ich: wenn mir etwas solches überlassen seyn könnte, (und wenn ich hinlängliche Kenntniß von deren Verbrauch im Lande hätte), so würden die wohlfeilsten fremden, im allgemeinen Gebrauch eingeschlichenen Waaren, in ihren Verhältniß am meisten zahlen müssen; weil dadurch das meiste Geld aus dem Lande gehet, und ich niemals in den Widerspruch verfallen möchte, auf einer Seite zu wünschen: daß die Landwaare guten Abgang habe; und

auf

(r) In Codice Augustaeo p. 1299. und 1302. Tom. II. finden wir, daß der Nutzen eines solchen Aufschlags Anno 1632. und 34. eingesehen, und derselbe angeordnet worden; aber der Geldbeutel der Fleischer hat überall zuwege gebracht, daß dergleichen Anordnungen bald wieder aufgehoben worden.

(s) Denen Einnehmern zu gefallen, kann man Register von diesen Waaren geben, welche zu jeder Klasse gehören, und ihnen lernen, wie selbige eingepackt zu werden pflegen.

Sollte dieser Taxe halber ein Abkommen mit Nachbarn seyn getroffen worden, so ist dieses eine Ausnahme.

auf der andern, daß die fremde von ähnlicher Art, denen Einwohnern wohlfeil in die Hände fallen könne, um daher eine geringe und höchst ungewisse Acciseinnahme zu machen.

10) Diejenigen fremden Waaren, so zur Speise gehören (wenn ich die vier ersten Sorten ausnehme, welche ich mit hohen Accisen beleget) hätte ich nicht in Sinne große Accisen zahlen zu lassen. (Doch ich überlasse dieses andern, hierinnen einige Ausnahmen zu machen).

Ausländisches Getraide aber, sollte niemals Accisen zahlen. Zuweilen habe ich zwar erlebet, wenn unsere Landwirthe über allzu geringen Preiß ihrer Früchte geklaget, daß man das ausländische Getraide mit Accisen beleget hat; aber niemals habe ich gesehen, daß das innländische Getraide dieserhalb an denen Orten in Preiß gestiegen wäre, wo diese Klagen entstanden waren. Es war auch nicht zu fürchten, daß die Fremden an dergleichen Gegenden, ihr Getraide zuzuführen, irgend einen Reiz haben würden. Eine mäßige Zufuhr aber an gewisse Gränzen unsers Landes, welche in gemeinen Jahren, beständig Zufuhr nöthig haben, soll man auch alsdenn nicht mit Abgaben beschweren, wenn an den davon entfernten Orten, bey uns ein Ueberfluß zu herrschen scheinet (t).

Der

(t) Wenn in fruchtbaren Jahren aus den wohlfeilen einheimischen Gegenden, das Getraide ohne Zwang, Aufenthalt und Abgaben, denen unfruchtbaren zugeführet werden könnte. So würden auch viele Personen kleine Magazins anlegen, und nur dieses ist das beste Mittel, gegen die Theurung, daß dergleichen Magazine viel gefunden werden. Denn allzu große Magazine sind großer Gefahr und Mißbrauch unterworfen. Daneben aber würde freylich das Publikum sehr wohl thun, an unfruchtbaren Gebürgsorten einige mittelmäßige Magazine zu denen Zeiten anzulegen, wenn in andern Gegenden über den geringen Preiß billige Klagen gehöret werden.

Der wahre Sinn dieser Lamenten, über den allzu geringen Preiß des Getraides ist nur relative anzusehen.

Der Preiß der Stadtarbeit, ist durch die Auflagen und Accisen zu unsern Zeiten so hoch gestiegen, und die zugewachsenen Früchte können in gemeinen Jahren, in gleicher Verhältniß aus folgenden Ursachen nicht steigen.

a) Weil die meisten derselben weder lange, noch ohne Unkosten aufzubehalten sind.

b) Weil daneben die Armuth des Landmannes demselben auch verhindert, die Früchte so lange zu verwahren, als sie solches ohne Gefahr leiden könnten. Sobald dieselben zum Verkauf geschickt seyn, fahren von allen Gegenden so viele Wirthe in die Stadt, daß auch dieses den Preiß niederschläget.

c) Auch kommt den weit entlegenen Landwirthen der Preiß nicht zu statten, welchen sie in der Stadt in ordinairen und fruchtbaren Zeiten lösen, sondern die weite Zufuhre, die bösen Wege, die Versäumniß und Unkosten bey dem Transport, nehmen dem Landmann allzu viel von dem in der Stadt gelößten Gelde hinweg. Und

d) wenn wir nochmals an die vorhin erwähnten Abgaben gedenken; so leben die Stadteinwohner sehr theuer, und dem Landmann bleibet von seiner Zufuhre zu wenig übrig, um den nöthigen Einkauf in der Stadt zu machen, und auf diese Art fället diese Theurung durch Mangel des Verkaufs seiner Arbeit auf den Stadteinwohner zurück.

Bis hieher habe ich die ungemächlichsten Bedingungen zu der vorhabenden Veränderung angenommen.

1) Habe ich voraus gesetzet: daß gegenwärtig an Accisen jährlich 1 Million netto zur Casse gekommen.

2) Als

2) Als wenn bey meiner Veränderung die Ausgaben der Regie eben so viel als jetzt austragen müßten.

3) Als wenn die Consumtion in den fremden Waaren, wovon die Accisen erhöhet worden, um ¼ fallen sollten. Und also habe ich eben so hohe Einnahmen suchen müssen. Ja! ich mußte solche noch etwas erhöhen, um der Zagheit entgegen zu gehen, welche bey jeder solchen Veränderung allzu viele unvorgesehene Defekte vermuthet und befürchtet.

Wenn wir aber annehmen;

1) Daß bisher nach abgezogenen Unkosten durch die Accise jährlich nicht 1 Million, sondern ein Jahr ins andere nur 900,000 Thlr. netto übrig geblieben.

2) Daß wenn die Accisen an Gränzen, nach meinen Vorschlag eingefordert werden, die darauf zu wendenden Unkosten sich vermindern.

3) Daß die Defraudation sich gleichfalls vermindern wird, wenn die Sachen recht angestellt werden; so zeiget sich hier ein großer, obgleich noch unbestimmter Vortheil in der Einnahme.

Denn pag. 151. haben wir gesehen: daß nach meinen Vorschlag 1,152,754 Thlr. gezogen werden können.

Wenn man nun auch die Unkosten der Verwaltung abziehet, an 100,000 Thlr.

Und den Städten die laut Tabelle A. pag. 151. geforderte direkten Abgaben erlassen wollte an 141,450 Thlr.

So würde der Abgang betragen 241,480 Thlr.

Diese

Diese Summe von 1,152,754 Thlr. abgezogen; so bleiben immer mehr übrig, als: 900,000 Thlr. (u).

Wir sehen also: daß bey dieser Anstalt die Einnahmen sicherlich, eher zunehmen als abnehmen können, und daß man entweder sogleich, oder in einigen Jahren bey verbesserter Nahrung, wenn man es vor gut findet, den Städten die direkten Abgaben an 141,480 Thlr. wird erlassen können, ohne die jetzigen Einnahmen vermindert zu sehen. In mehrere Erklärung lasse ich mich nicht ein, weil gegen allen weitläuftigen Detail dasjenige oft anstoßen muß, was zu einer Verbesserung des Großen gerichtet ist. Ich sage mehr: wenn ich in dieses einzelne mich einzulassen geschickt wäre, und Lust hätte, so würde ich vermuthlich, wie viele rechtschaffene Leute, meine Lebenszeit auf dergleichen Dinge haben wenden müssen, alsdann hätte mir nothwendig die Zeit und die Einsicht gemangelt, einer Verbesserung des Ganzen nachzudenken, vermuthlich hätte es mir auch an Muth gefehlet, die Widersprüche der täglichen Vorschriften und Transumte alter Gesetze, mit unsrer geduldeten und neu angenommenen Lebensart, Gewohnheiten, und Gebräuchen öffentlich anzumerken. Ich hätte, sage ich: nothwendig um den Ruhm eines brauchbaren Subjekts zu erlangen, beständig nach den alten Schlendrian und so lange arbeiten müssen, daß mir alle Gedanken zur Besserung vergangen wären (x).

Aus diesen Ursachen würde ich vielleicht den ersten Stein des Anstoßens nicht gesehen, oder selbigen aus dem Wege zu stoßen nicht Herz genug

(u) In diesem Fall hätten die Städte zu dieser letzten Summe nicht mehr zu bezahlen, als was sie vor Einführung der Generalconsumtionsaccise an alten Steuern erlegten.

Vermöge der Nota pag. 148. von der verminderten Consumtion, würden dieser Summe noch über 66,000 Thlr. zuwachsen.

(x) Ueber diese letzten Gedanken lese man das 38ste Kapitel der Staatsbetrachtungen des Graf Veri, welche Anno 1774. in 8vo ins Deutsche übersetzt worden, bey Walthern in Dresden. Daselbst sind sie herrlich ausgeführt worden.

genug gehabt haben: ich meyne die Accise von einheimischen Gütern überhaupt, und die gegen reichliche Acciseinnahmen von fremden Gütern streitende Zerstreuung der Accisstellen in allen Städten des Landes; da doch dieselben blos an den Gränzen einzunehmen sind, wenn man jemals der gröbsten Defraudation entgegen arbeiten will (y). Doch in den vorhergehenden ist bey weiten nicht aller Nutzen beschrieben, welcher diesen Anstalten folgen muß.

Man betrachte die Ausgaben, welche ein Landesherr jährlich zu bestreiten hat, und überlege, was er daran ersparen könnte, wenn er einmal die Sachen dahin gebracht, daß die Arbeit wohlfeiler würde; (welches doch bey den vorgeschlagenen Einrichtungen nicht außen bleiben wird) so muß der Gewinnst allezeit viel größer seyn, als alle widrige kleine Umstände oder Defekte ausmachen können.

Neben dieser Ersparniß aber, werden sich auch noch andere Vermehrungen der Einnahmen finden. Denn wenn einmal die einheimischen Waaren von Accisen befreyet sind, so werden durch verbesserte Nahrung viel andere Cassen mehr als jetzt einbringen.

Bey gegenseitigen Umständen aber, und wenn die Accisen von einheimischen Waaren und der Arbeit wie jetzt stehen bleiben, so werden die übrigen Einnahmen sich beständig vermindern.

Z 3 Ferner

(y) Wollten auch die Besitzer der Landgüter sagen: daß dieselben verlieren würden, wenn sie für fremde Waaren die an der Gränze verlegte Accise zahlen müßten, welche sie jetzt auf das Land accisfrey könnten schicken lassen.

So frage ich erstlich: wie viel sind wohl deren, welche dergleichen Waaren nicht in den Städten des Landes kaufen, wo die Accise bereits bezahlet ist? Endlich aber gebe ich einem jeden zu überlegen: ob die Quantität einheimischer Waaren, welche von den Landbesitzern täglich in den Städten des Landes geholet und bestellet werden, nicht vielmal beträchtlicher ist als die erste? Von diesen aber insgesamt sind (zu unsern Zeiten) bereits so vielerley Accisen verleget worden, daß sie übermäßig theuer sind; also, daß hier lauter Verlust zu sehen; dahingegen, wenn die Einheimischen accisfrey, und blos die Fremden beleget werden, ein klarer Gewinnst für die Landbesitzer erscheinet.

Ferner werden sich, bey meinen Vorschlägen noch zu mehrern vortheilhaften Anstalten, Gelegenheiten finden, welche jetzt insgesamt nicht geachtet, nicht bedacht werden.

Ich sage: die Befreyung der einheimischen Waaren und Arbeit von Accisen muß vorher gehen, wo eine Besserung erfolgen soll. Ohne dieses wird man die höchstnöthige und verlorne Erkenntniß niemals erlangen, wie das Interesse der Herrschaft und der Unterthanen zu verbinden ist.

Es wird uns auch niemals bekannt werden, was der ewige Streit zwischen denen Städten und dem Lande für Unglück anrichtet, was das, durch Bosheit der Schmeichler hervorgebrachte Mißtrauen zwischen Herrn und Land zu bedeuten hat, wie das letzte abzuwenden, und das erste zu vertilgen sey. Jetzt sind diese Gegenstände unter die unbekannten, nicht geachteten Dinge zu zählen. Man weiß sogar aus der Historie: wann vom Elend des Landvolks gesprochen worden, daß sich Schmeichler gefunden, welche (indem sie nur ein gegenwärtiges Geld zu erpressen vorhatten), denen Landesherren solche Länder angezogen, und deren Drangsalen zum Exempel vorgehalten, welche noch jämmerlicher administriret werden, als dasjenige, welchem sie rathen sollten, gleichsam, als wenn Gott alle Menschen nur zum Jammer und Hunger geschaffen hätte! Gott hat wohl gesaget: im Schweiß des Angesichts sollst du dein Brod essen; aber nicht dieses: wenn du gearbeitet und geschwitzet, sollst du dich nur halb satt essen, und außer Stande seyn, die unentbehrlichsten Nothwendigkeiten zu deiner Erhaltung zu erlangen, und das Land gehörig zu bauen, wenn er dieses in Sinne gehabt, so konnte er nicht hinzusetzen: seyd fruchtbar und mehret euch.

Ich glaube, wenn man ohne vorgefaßte Meynung diese Vorschläge und Rechnungen mit Geduld und Nachdenken betrachten wollte, man würde keine Schwierigkeit finden, selbige vor gut und richtig anzusehen,

zusehen, so viel als bey dergleichen Dingen zu hoffen stehet. Und dieses dünket mich sey genung bey Hohen und Niedrigen den Trieb zu erwecken, ein Uebel abzuwenden, welches praktisch, obgleich mit Verwirrung einen jedem in die Augen fället. Meine Absicht ist allein dahin gerichtet, den ersten Schritt zur Verbesserung zu zeigen, ohne welchen niemals eine Hülfe zu hoffen ist.

Ich darf nicht erinnern, daß die Abstellung der Accisen von einheimischen Gütern allen Menschen angenehm und nützlich seyn muß, und daß dahero diese neue Art von Abgaben mit weniger Schwierigkeit durchzusetzen ist, als man glauben dürfte.

Ein jeder, und selbst die blinden Stadteinwohner (z), werden die allgemeine Verbesserung ihrer Nahrung voraus sehen, wenn sie Nachdenken anwenden wollen. Sie werden sich also von denen directen Abgaben nicht fürchten. Und wenn auch einige Gewürz- und Tabackskrämer besürchten sollten, daß der Debit ihrer Waaren abnehmen möchte; wenn sage ich, gleich diese wenige ihres Eigennutzes halber das gemeine Wohl verachten wollten, so werden sie doch durch die übrigen überstimmet werden.

(z) Man kann diejenigen Stadteinwohner blind heißen, welche durch ihre Privilegia und Statuta das Landvolk arm gemachet, und alles Geld vom Lande an sich gezogen, denn nachdem dieses geschehen ist, kann ja das Landvolk den Städten ferner so viel Geld nicht zuwenden. Das vom Lande durch uralte Privilegia erpreßte Geld aber, hat die Ueppigkeit der Städte, theils für fremde Waaren weggeschickt, theils ist solches unter dem Stadtvolk so ungleich ausgetheilet worden, und auf wenige Haufen zusammen gefallen, daß es keine gute Circulation zuwege bringet. Dieserhalben findet man in denen Städten die meisten Bettler. Vielleicht werde ich noch ein Kapitel von der Pariser Circulation abfassen, welches die Circulation aller großen Städte erkläret, und mehr oder weniger Application auf alle Hauptstädte großer und mittelmäßiger Länder leidet. Denn von kleinen Ländern und Insuln, von Reichs- und Handelsstädten, welche wenig Territorium haben, war meine Absicht hier nicht zu sprechen. Auch sind die Principia samt den Handelsschriften, so in dergleichen Städten abgefasset werden, (ohne das größte Verderben) nicht anzuwenden, bey Ländern so guten Feldbau haben.

Neuntes Kapitel.
Von der Circulation des Geldes.

Von dieser Sache wird man eben so lange verwirrte Begriffe haben, als man die Circulation der allgemeinen Arbeit von den Umlauf des Geldes separiret (wie solches gemeiniglich geschiehet).

Ich will das Königreich Frankreich zum Exempel nehmen, und nach einigen Schriftstellern demselben 20 Millionen Einwohner geben.

Wenn wir 9 Personen für 2 Familien ansetzen, so werden wir daselbst 2,222,222 Familien finden. Man gebe jeder Familie wöchentlich 3 Thlr. zum Verdienst und Circulation, so werden sie insgesamt brauchen 6,666,666 Thlr.

Wenn nun nur so viel Geld gleich ausgetheilet wöchentlich im Lande circulirte, so würden die Einwohner bey frugaler Lebensart weder zu betteln noch zu stehlen nöthig haben.

Man siehet von selbst ein, daß dieses Geld blos zu gemeinen Nothwendigkeiten gebrauchet, und daß weder viel fremde Waaren gekauft, noch viel Luxus getrieben werden müßte, sonst würde diese Circulation alsobald zerrüttet seyn. Desgleichen: wenn ¼theil der obgenannten Familien die Hälfte dieses Kapitals zu sich nehmen wollten (a), so bliebe vor jede der übrigen Familien nur 2 Thlr. wöchentlich übrig, und wenn ein kleinerer Theil diese Hälfte wegnehmen sollte, so wird die Portion der übrigen Familien immer geringer.

Die gestopfte Circulation folget ewiglich der allzu ungleichen Austheilung der Arbeit des Vermögens und der Menschen nach ihrer Wohnung.

Es

(a) Diese Proportion der Vertheilung wäre viel erträglicher als was die Erfahrung uns zeiget.

Es kann nur wenig helfen, wenn man sagt: daß diejenigen, welche in guten Glücksumständen sich befinden, ihr Geld wieder in die allgemeine Circulation unter die Armen bringen!

a) Denn der Umlauf, welchen die ersten verursachen, wird allezeit sehr ungleich angebracht, oft geschiehet solcher nur an großen Orten ꝛc.

b) Vieles Geld ruhet in Kasten, und dessen Circulation gehet also zu langsam.

c) Wenn endlich die Abgaben von der Consumtion einheimischer Waaren und Arbeit, viel Geld wegnehmen, so gehet ein großer Theil desselben abermals der Circulation ab, denn das Geld, so in die öffentlichen Einnahmen fället, erlanget sehr selten, und allezeit nur langsam diejenigen Membra, von welchen es gezogen worden, und obgleich solches mit der Zeit geschehen könnte, wenn die Abgaben nur 1 Jahr gefordert würden, so kann solches doch niemals erfolgen, wenn sie alle Jahre wiederholet werden, zumal da diese Abgaben die bereits arm gewordenen Leute in Verhältniß des Vermögens allezeit am stärksten treffen.

Ich will noch ein paar fingirte Rechnungen von gleicher und ungleicher Vertheilung des Geldes darstellen:

Wir wollen die Einnahme und Ausgabe jeder der vorhergehenden Familien in Frankreich wöchentlich auf 4 Thlr. setzen, oder 15 Livres (b).

Nach dieser würden bey gleicher Austheilung die wöchentliche Circulation aller Familien 8,888,888 Thlr. betragen.

Wenn

(b) 100 Thlr. gelten jetzt 375 Livres.

Wenn wir aber annehmen, daß ein tausend Theil der 2,222,222 Familien ⅔ dieses Kapitals wegnehmen, so würden die übrigen (an der Zahl 2,219,999 Familien) nur 2,962,963 Thlr. unter sich zu theilen haben; und da würde auf jede dieser letztern wöchentlich ohngefähr 1 Thlr. 6 $\frac{22}{111}$ Gr. kommen (c).

Wir wollen die Sache noch auf eine andere Art betrachten.

Man gebe den vorgenannten französischen Familien zur Circulation 100 Millionen Livres oder 26,666,664 Thlr. so würden alle Franzosen dieses als verächtlich ansehen, und gleichwohl wenn es gleich ausgetheilet wäre, so könnte jede der 2,222,222 Familien bey jeder Circulation 45 Livres oder 12 Thlr. durch die Hände gehen, man mag die Circulation auf kurze oder lange Zeit setzen.

Wenn man einigen französischen Autoren trauen darf, so sollen in Frankreich 1,000 Millionen Livres das zum Umlauf bestimmte Kapital, oder 266⅔ Millionen Thaler ausmachen.

Dieses würde bey gleicher Austheilung einer jeden französischen Familie 450 Livres, oder 120 Thlr. gewähren, und dieses bey jeder einfachen Circulation.

Wenn man aber die große Armuth vieler französischen Familien in Gelde betrachtet, so siehet man wie die Circulation gestopfet ist, und wie sie viele Provinzen fast gar nicht, oder sehr schlecht erlanget, weil die Menschen und das Geld auf wenig Haufen zusammen gezogen, und die Abgaben so übertrieben seyn, daß laut des königl. Edikts von
Anno

(c) Es ist nicht zu leugnen, daß die Wohlhabenden einen Theil ihres Ueberflusses wieder in die Circulation der Armen vertheilen würden; aber dieses kann nur die wenigsten der letztern erlangen, und die anfängliche Ungleichheit nimmermehr wieder vergüten.

Anno 1771. blos der König 300 Millionen Livres von seinen Unterthanen fordert (d).

Hier wird man sagen: aber wozu hilft dieses Geschwätz, wir sehen dabey keine Wege zur Besserung, oder wenigstens keine solche, welche praktisch seyn. Man lachet jetzt über die platonische Republik, und die Ungleichheit der Menschen und des Reichthums ist zu jederzeit unvermeidlich gewesen, und wird es ewig bleiben.

Alles dieses gebe ich zu, und verlange auch keine gänzliche Gleichheit des Reichthums, noch weniger aber der Menschen vorzuschlagen; aber ich wünsche dennoch einige sich klug dünkende, oder sich also stellende Rathgeber der Länder dahin zu bringen

a) daß sie fühlen: wie der Grund des Elends des großen Haufens in einer allzu ungleichen Austheilung und der daher entspringenden Theurung zu suchen ist.

b) Daß sie erkennen mögen, wie übel angelegte Abgaben (besonders von der Consumtion innländischer Arbeit und Zuwachses) selbst gegen ihr geitziges Principium, alle Tage mehr Geld, (von einen täglich ärmer werdenden großen Haufen) zu ziehen, gerichtet ist, daß sie einmal nachdenken, wie in der folgenden Zeit alle Cassen, um der einzigen Willen abnehmen müssen, welche jetzt von der Consumtion entrichtet wird, weil bey diesen elenden Umständen der Umlauf der gemeinsten Arbeit abnehmen muß.

c) Ich wünschte, daß sie sich erinnern möchten, wie man von Anfang dieses Seculi immer nur auf den gegenwärtigen Tag mehr

(d) Siehe Achenwall französischen Finanzstaat 1774. gr. 8. in Göttingen und Gotha, pag. 61.

mehr Geld anzuschaffen gesucht hat, ohne auf den Mangel des folgenden zu denken, und wie man dennoch immer in Geldnoth gewesen, und in Schulden gerathen ist.

d) Ueberall sind die Abgaben mit dem Mangel des Geldes gestiegen, und gleichwohl haben sich die edlen Metalle in Europa vermehret.

e) Kein Reichthum in irgend einem Lande ist mehr hinlänglich den armen Haufen ein erträgliches Leben zu verschaffen, und demselben hinlänglichen Verdienst anzuweisen, oder die nöthigste Arbeit zu öffentlichen Nutzen zu verrichten.

f) Wir hören und lesen täglich in den öffentlichen Blättern, was überall vor Unordnung von dem gemeinen Volk angerichtet wird, und gleichwohl handelt man in vielen Gegenden als wenn das Elend des armen Haufens nichts zu bedeuten hätte.

g) Man will sich nicht besinnen, daß derjenige, welcher nichts zu gewinnen und nichts zu verlieren hat, nur so lange kann regieret werden, als dessen Geduld dauret, und daß, wenn der Haufe der Ungeduldigen groß wird, unter demselben keine Sicherheit, keine Gesetze, kein Regiment mehr ist.

Ich sage nochmals, ich denke nicht an eine Gleichheit der Menschen und des Vermögens, sondern nur daß man denen durch Mißbrauch öffentlich gebahnten Wegen zu der unvernünftigsten Ungleichheit vorbauen möchte.

Ehe aber dazu eine Begierde entstehen kann, muß man die Ursache des Uebels besser erkennen, und mehr an die Gegenmittel denken, als unter uns geschiehet.

Es ist nicht nöthig daß jemanden etwas genommen werde, aber

1) könnte es sehr nützlich seyn, wenn kein Kaufmann überflüßige fremde Waare an das arme Volk verkaufte und deren Geld an sich zöge, und dieses ist durch hohe Auflagen großentheils zu erzwingen.

2) Wenn man die einheimische Arbeit und Consumtibilia von allen Abgaben befreyete (e), damit deren Circulation weniger verhindert würde, wie es jetzt nothwendigerweise geschehen muß, wenn der gemeine Haufen bey der steigenden Theurung seine Nothwendigkeiten sich nicht anschaffen kann.

(Wenn das Geld aus dem Lande gehet, so kann es innerhalb der Grenzen nicht circuliren, und wenn die gemeine Arbeit stocket, so ist die Circulation des Geldes ein Kinderspiel).

3) Wenn man ferner die Circulation von allerhand Thorheit stopfte, um den armen Volk die Gelegenheit zu benehmen, ihr Geld in unnöthigen Ausgaben zu verschlendern, und dadurch solches der nützlichern Circulation der Arbeit zu entziehen.

Die Verwirrung welche wir in diesen Dingen gewahr werden, sind Folgen von der Faulheit und Leichtsinnigkeit.

Man betrachtet nur die Circulation welche in denen Residenzen und Handelsstädten, Universitäten, oder solchen Orten vorfället, wo jährliche periodische große Versammlungen angestellet werden, den Umlauf an kleinen Orten achtet man nicht.

(e) Und dieses könnte ohne merkliche Verminderung der öffentlichen Einnahmen gegeschehen.

An den erstern vermehren sich anfangs (so lange die Abgaben erträglich seyn) die Arbeiter, und haben wegen eines großen Zusammenlaufs, mehr Gelegenheit zum Verdienst als die entferntern Einwohner; diesen letztern hingegen fehlet die Gelegenheit zur Arbeit, also fället auch die Circulation des Geldes daselbst und als eine natürliche Folge: die öffentlichen Einnahmen so man von der Arbeit und der Consumtion zu ziehen pfleget.

Das einweißende Elend dieser kleinen Orte, treibet immer mehr Volk nach den großen.

Die Verminderung der öffentlichen Einnahmen an kleinen Orten, soll durch Erhöhung der Abgaben wieder gefunden, und von den vermehrten Haufen an größern gezogen werden; also finden sich doppelte Ursachen der einreißenden Theurung: erst der allzu große Zusammenlauf der Menschen an wenig Orten: zweytens, die erhöheten Abgaben von der Consumtion, und hiermit ist die gute Circulation des gemeinen Haufens auch an großen Orten zerrüttet, und das Geld theilet sich täglich ungleicher aus, daneben verhindert der Luxus der Wohlhabenden, daß sich die gemeine Arbeit nicht mehr ausbreiten kann, denn sie verlangen, daß der gemeine Mann bey eingerissener Theurung vor eben das Lohn arbeiten soll, welches er zu wohlfeilen Zeiten erhalten; der Luxus nimmt ihnen so viel Geld weg, daß sie an der allgemeinen Ausgabe immer Ersparniß suchen.

Noch ein besonderer Fall ist bey dieser Materie zu betrachten, das ist die Circulation des Pappier Geldes. Dergleichen eingebildeter Reichthum vermehret Anfangs würklich die Circulation; aber drey Umstände sind äußerst schwer davon abzusondern.

1) Die Theurung der Arbeit und Lebensmittel,

2) das

2) das Zunehmen des Luxus,

3) eine übertriebene Vermehrung des Pappier Geldes.

Was den ersten Umstand betrifft; so ist einen jeden bekannt, daß selbst die Vermehrung des baaren Geldes Theurung hervor bringet; auch ist es natürlich, daß bey vermehrten Gelde mehr überflüßige Dinge gebraucht und der Luxus erhoben wird.

Die Vermehrung des baaren und des eingebildeten Geldes, geben zwar beyde Gelegenheit zur vermehrten Arbeit, nur mit dem Unterscheid, daß der Umlauf des baaren Geldes den Schaden zum Theil wieder gut machet, welcher durch die Theurung entstehet, das Pappier Geld scheinet nur anfänglich (bey dessen Einrichtung) diesen Schaden zu vergüten, in der That aber ist es ganz anders.

Die Theurung der Arbeit machet, daß sich dieselbe über die Maaße verbreitet, und daß mehr Waaren gemacht, als innerhalb Landes gebraucht werden. Der Handel in fremde und entlegene Gegenden war zu allen Zeiten, und wird ewig mehr oder weniger Ungewißheit und Abgang ausgesetzet seyn; sobald aber ein solcher Abgang stocket, (welches bey zunehmender Theurung ohnfehlbar geschiehet), so fehlet es diesen Arbeitern an Nahrung, weil unterdessen alle Lebensmittel gleichfalls theuer geworden.

Wir sehen also, daß der Reichthum in Pappier alle den Schaden verursachet, welcher durch die zu große Vermehrung des baaren Geldes hervor gebracht wird, und keinen von dessen Vortheilen zeiget.

Daneben ist es unvermeidlich, daß die Einrichtung des Pappierhandels gewissen Directoribus oder Compagnien muß untergeben werden, welche nebst einigen Agioteurs (deutsch Mäcklern) allein den

Vortheil

Vortheil davon ziehen, und das Geld des großen Haufens indirecte an sich bringen. Sie geben Pappier vor baares Geld, von welchem sie keine Interessen zahlen; dieses Geld lassen sie zu ihren Nutzen umlaufen, also vermehren sie diese Pappiere, so lange deren Credit dauren kann (f); alles dieses verursachet eine närrische Vertheilung der Reichthümer, und setzet den gemeinen Mann in Armuth; denn so oft die Circulation zerrüttet wird, leidet vornehmlich der arme große Haufen.

Der Nutzen welcher aus vorhergehenden zu ziehen, bestehet darinnen, daß wir sehen:

1) Es ist nicht die Menge des Geldes welche den großen Haufen in Wohlstand setzet, sondern dessen gute Vertheilung, diese aber kann nicht statt haben ohne gute Vertheilung der Arbeit. Diesen ohngeachtet aber ziehen alle **unsere Anstalten die Arbeit** und die Menschen immer mehr und mehr zusammen, und wenn deren zuviel versammlet sind, so laufen die Bettler wieder auseinander (g) in fremde Gegenden.

2) Die dargelegten Rechnungen haben uns auch gewiesen, daß ein geringes Capital besser ausgetheilet, den großen Haufen in bessere Umstände setzet, als das größte Vermögen welches schlecht vertheilet ist.

3) Aus allen diesen folget ferner, **daß je mehr der angegebenen Ursachen zu schlechter Austheilung vorhanden sind, je größer müssen die Summen Geldes seyn**, welche zu der Circulation gebraucht

(f) Man sehe Engelland 2c.

(g) Zu dieser politischen Verwirrung giebet die unruhige und übertriebene Begierde nach fremden Handel, der daher entstehende Luxus, und die ewig dauernde Erhöhung der Abgaben, die meiste Gelegenheit.

gebraucht werden, je mehr aber dieser Ursachen abgewendet werden, je weniger fället man in die Nothwendigkeit, täglich nach mehrern Gelde zu trachten, und die Sachen werden dennoch besser stehen.

4) Wenn die Erkänntniß dieser Wahrheiten sich ausbreitet, alsdenn wird man nicht mehr den Reichthum der Kaufleute verehren, welche überflüßige fremde Waaren an unsern großen Haufen directe oder indirecte verkaufen, das Geld einzeln an sich ziehen, oder in großen Partien aus dem Lande schicken, oder den Handelsgewinn in ihren Kasten anhäufen, und allezeit von der guten Circulation auf mehr oder weniger Jahre, oder auf ewig abwenden. Auch würden manche Rathgeber, (wenn diese Dinge von je her erkännt worden) nicht dadurch einen Verdienst zu erlangen gesucht haben, wenn sie landverderbliche Vorschläge an Tag brachten, heute von dem Publiko Geld zu fordern, welche in der Folge lauter Armuth, Mißcredit, Zerrüttung und Schande nach sich ziehen, und welche zu dem größten Uebel, ich meyne dem Mißtrauen zwischen den Herren und den Unterthanen Gelegenheit geben.

Anhang.

Ich rede noch einmal von den größten Schwierigkeiten, welche sich dergleichen Anstalten entgegen setzen. Sie bestehen in folgenden:

1) In Geldhändeln ist man nicht gewohnet, auf die künftige Zeit, sondern nur auf den heutigen Tag zu sehen. Man will erndten und nicht säen. Daher ist kein Vorschlag angenehm, als welcher von einer plötzlichen Vermehrung redet.

2) Es sind von je her meistens solche Vorschläge zu Tage gebracht worden, wovon die Tyranney oder das Ungeschicke am Tage gelegen; oder wenn sie den Schein nach besser ausgesehen, und angenommen worden, so haben sie doch nicht den gehofften Vortheil dauerhaft zuwege gebracht, sondern nur offenbare oder unvermerkte Verwirrung verursachet: Denn da sie insgesammt auf die gegenwärtige Zeit, die Einnahmen vermehren sollten, und ins Einzelne gefallen, so findet sich, wenn eine Casse vermehret wird, daß allezeit eine oder mehr andere abnehmen.

3) Ferner denket jeder nur seine Person dadurch dem Regenten angenehm zu machen, wenn er die Einkommen einer Casse vermehret, und ist nicht besorgt, wie es den übrigen Cassen oder dem großen Hauffen ergehet, und von dem Augenblick als dieses geschiehet, kann der Erfolg nicht anders als elende seyn.

Aus diesen Ursachen und weil fast Niemand ein gemein gutes Project vorzubringen sich getrauet, sind die besten Leute

mehren=

mehrentheils gegen alle neue Vorschläge die öffentlichen Einnahmen betreffend, eingenommen.

Dieses haben uns unsere Vorfahren gewiesen, und uns lauter Armuth und Verwirrung, sogar eine Acciseinnahme (oder vielmehr Abgabe) von einheimischen Gütern hinterlassen.

4) Wenn aber ein Vorschlag erscheinet, welcher nicht in sehr wenig Blättern abgefasset werden kann, so hat auch niemand Zeit denselben recht zu bedenken, denn ein jeder ist mit der Arbeit des Schlendrians so beschäfftiget, daß 100. an eins zu wetten, eine solche Schrift wird lieber weggeworfen, als mit Bedacht ein oder etlichemal durchgelesen und überdacht.

Sollte aber ein Regent selbst diese Vorschläge lesen, selbige zu bedenken Zeit haben, und dieselben reiflich zu examiniren anbefehlen. Wem würde man wohl dazu anwenden? Ich sage, solche Personen, welche mit der Perception der alten fehlerhaften Abgaben bekannt, und froh sind, dieselbe auswendig in Kopf mit sich herum zu tragen, welche zittern, wenn sie die neuen Vorschläge, an denen bisherigen fehlerhaften Einrichtungen unzählichemal anstoßen sehen, (welches doch bey allen neuen Anstallten unvermeidlich ist), welche die kleinste Ausgabe bey neuen Anstallten niemals finden können, wenn die Vorschläge nicht von ihnen selbst entsprossen. Wollte Gott! daß seit Seculis die vielerley Abgaben, welche so unglücklich auf den armen Landmann allein gefallen, den Widerstand gefunden hätten, welchen jede allgemeine Verbesserung überall zu unsern Zeiten antrifft.

Wollte Gott! die landverderbliche Consumtionsaccise hätte bey ihren Ursprung dergleichen Widerstand gefunden.

Die erste Einrichtung der Accisen, belegte keine einheimische Waare, sondern nur die fremden. Einige folgende Schmeichler aber, durften anrathen, daß auch die unentbehrlichsten Lebensmittel mit Accisen beleget wurden. Zweifelsohne sahen sie voraus, daß dieses das Leben und die Arbeit theuer machen mußte; aber sie verstunden nicht, oder verachteten den großen Haufen, und das gemeine Beste so sehr, daß sie sich nicht scheueten, durch diese Anstalt allen guten Handel, alle Nahrung nieder zu schlagen, und die innerliche Circulation zu hemmen.

5) Wenn aber die verderblichste Anstalt lange im Schwange gegangen, so darf ein jeder in Namen der Autorität, und des Herkommens aller guten Veränderung widersprechen, oder doch in der Ausübung hindern.

6) Die Unwissenheit der Handelsgeschäfte, in Ansehung des gemeinen Besten, ist eine gewaltige Hinderniß, und streitet gegen das Gute. Dieserhalben habe ich sehr viele Stellen angezogen, welche die allgemeinen Fehler anzeigen, so bey den fremden Handel vorfallen können.

Wenn ich diese Gedanken allein ausgehecket hätte, so würde ich in meinem Seculo davon nicht gesprochen haben: denn dieses will nicht anders als durch den Schlendrian belehret seyn.

Folglich

Folglich habe ich vornehmlich gute Autoritäten den schwächern, welche durch verderbliche Gewohnheiten hertreten, entgegen gesetzet.

Ich glaube nicht, daß sie vielem Widerspruch ausgesetzet seyn können; doch was kann nicht die Sophisterey derer, welche auch den schlechtesten Handel mit Fremden das Wort sprechen, oder 10 Thlr. heute eingenommen, mehr schätzen, als 100. in ein paar Jahren.

Selbst finden wir viele Autores, welche ihre Principia nur in solchen Handelsstädten geschöpfet, die außer ihren Mauern wenig Grund und Boden besitzen. Diese pflegen mehrentheils keinen andern Begrif von Handel zu haben, als was unsere Vorfahren mit dem Wort Mäckeley, wir aber oft mit den aus fremden Sprachen entlehnten Wort Commission oder Spedition ausdrucken.

Die meisten dieser Schriftsteller verstehen keinesweges, wie der Handel eines fruchtbaren, mit vielen Feldern begabten Landes einzurichten ist, und bringen nur einzelne Vorschläge zuwege, welche sie mit hochtrabenden Worten (von contradiktorischen Sinn) vor Generalia ausgeben.

Dieserhalben sprechen sie ewig nur von fremden Handel, und wissen nicht: daß in fruchtbaren Ländern, vor allen Dingen das einheimische Gewerbe, und die davon abhangende Nahrung gut eingerichtet, und der Unterhalt des großen Haufens wohlfeil seyn muß, ehe der fremde Handel dem gemeinen Wesen nützlich seyn kann.

Der Autor eines neuen Buchs, genannt: Retablissement de l'impot dans son ordre naturel, 8. Yverdon 1769. pag. 75. bestätiget dieses, wenn er in genere sagt:

„Wenn man die Bücher betrachtet, welche von Commercio ge„schrieben, so scheinet es: daß sie alle blos an den fremden Handel ge„dacht haben, und daß sie nur diesen immerfort vermehren wollen. „Wie kommt es denn fähret er fort: daß sie nicht auf dasjenige gese„hen, was ihnen vor Augen;lieget? Warum begriffen sie nicht: daß „die Ausdehnung des fremden Commercii, den Reichthum derjeni„gen Länder wenig oder nichts zusetzen kann, welche nicht vorhero ih„ren einheimischen Handel (das ist: das innerliche Gewerbe, die Cir„culation der Arbeit, und des bereits vorhandenen Geldes) wohl ein„gerichtet haben".

Kurz vorher hatte ich von den Schriftstellern einzelner Handelsstädte gesprochen; diese letzt angezogene Stelle aber, kann auch in gewisser Maße auf die großen Seepuissancen ausgedehnet und angewendet werden, welche ihre Einwohner mit eigenem Zuwachs ernähren können.

Verzeichniß der Kapitel.

Erster Theil.

Kap.		Pag.
I.	Von Landesschulden	1
II.	Allgemeine Betrachtungen vom Handel	7
III.	Von Importation und Exportation der Waaren	19
IV.	Vom Handel fruchtbarer Länder so mit festen Boden umgeben und keine große Schiffahrt treiben können	25
V.	Vom Durchgangshandel und Fuhrwesen	38
	Digression	54
VI.	Von Kaufleuten	55
VII.	Von der Nutzbarkeit der Banquiers	67
	Digression vom Luxus	71
VIII.	Von guten und schlechten Messen	74
IX.	Generalia von Extension der Fabriquen	79
X.	Von der Theurung	86
	Anhang	102

Zweeter Theil.

I.	Von den Accisen	107
II.	Examen der Machtsprüche zum Lobe der Accise	119
	Zusatz	123
III.	Von der Defraudation	126
IV.	Von Verminderung der Defraudation	130

Kap.

Kap.		Pag.
V.	Von Veränderung der Accisabgaben -	137
	a) Von der Anzahl der Einwohner in Sachsen	Ebend.
	b) Von Vertheilung der Einwohner -	138
	c) Von der nothwendigen Consumtion der Stadteinwohner - - -	139
	b) Von den Accisen des Landvolks -	140
VI.	Anwendung des vorhergehenden - -	141
	Caffee - -	143
	Zucker - -	Ebend.
	Von der Consumtion in Taback - -	144
	Gewürz - -	145
	fremden Wein -	Ebend.
	Beylage vom Rauchtaback - -	146
VII.	Recapitulatio der Einnahmen von vorherge= nannten 5 Sorten Waaren - -	147
	samt allerhand Abzügen und Zusätzen, und einer besondern Tabelle A. von direkten Ab= gaben - - -	151
	samt Vertheilung der Abgaben zwischen Städten und den Landvolk - -	152
VIII.	Anhang zu den direkten Abgaben und andern Anstalten, so zur Veränderung der Accis= einrichtungen gehören, samt Gegeneinan= derhaltung der gegenwärtigen und künfti= gen Acciseinnahmen - -	157
IX.	Von der Circulation des Geldes -	174
	Anhang. : -	184

Etwas
über die
allgemeinen und besonderen Anmerkungen
vom
einheimischen und fremden
Handel
desgleichen
von Abgaben u. s. f.

Vorbericht.

Der Verfasser, welcher uns ein Werk unter dem Titel: Allgemeine und besondere Anmerkungen vom einheimischen und fremden Handel ꝛc. ohne Jahrzahl, unter dem erdichteten Ort: Kosmopolis, geliefert, und in solchem sonderlich die Sächsischen Finanz- und Handlungseinrichtungen getadelt; hat allerdings in seiner Schrift viel Gutes beygebracht, und an verschiedenen Orten gewiesen, daß es ihm weder an Kenntniß von Sachsen, noch an Einsicht in die Staatskunst fehlet, denn ob er wohl auf den Titel nur des Handels und der Abgaben erwähnet; so hat er doch so vieles von den übrigen zur Staatskunst gehörenden Branchen beygebracht, daß es eigentlich politische Anmerkungen sind.

Aber er handelt fast an allen Orten nur von den Excessen oder Ausschweifungen, und seine übertriebenen Säze zu beweisen, bringt er oft Schlüsse her, die sich einander widersprechen, außer, daß er sie bisweilen auf ganz irrige Principia gründet, wodurch er nicht nur die übrigen nützlichen Wahrheiten, so er beybringet, sehr verdunkelt, sondern sogar sich den Verdacht einer Tadelsucht und eines Mißvergnügens über die Regierung zuziehet.

Allein, ich bin überzeugt, daß er es nicht so böse meynt, als es anfänglich, wenn man seine Schrift liefet, das Ansehn gewinnet.

Gleichwohl kann diese seine Schrift den Cameralisten und Lehrbegierigen vielen Nuzen schaffen, sobald nur dessen sich widersprechende Säze berichtiget, und dessen Wahrheiten aus richtigen Grundsäzen hergeleitet werden.

Da ich mir nun vorgenommen, diejenigen Stellen erwähnter Schrift, welche der Verfasser, es sey nun aus übertriebenen Eifer, oder ohne zureichenden Grund, bisweilen wider die Regeln der Staatslehre beybringet, zu bemerken, und deren Ungrund aufs deutlichste anzuzeigen; So seze ich zum voraus, daß meine Leser wenigstens nicht gänzlich in dergleichen Wissenschaften unerfahren sind. Denn ein ganzes System der Staatsklugheit hier zu schreiben, ist auf keine Weise meine Absicht, ich will bloßerdings nur etwas von den Fehlern, welche diese Schrift bey sich führet, erwähnen; ist es nicht viel, so ist es doch

Etwas.

Etwas. Hingegen gestehe ich auch zugleich, daß die Sätze, bey denen ich nichts erinnere, alle aus guten und soliden Gründen hergeleitet und unverwerflich sind; ja ich muß sogar sagen, daß der Verfasser mit mir in den Hauptstücken einerley Meynung heget, nur seine Begierde zu tadeln, und seine Liebe an allen Orten von Excessen zu reden; hat ihn verleitet, daß er gemeiniglich dasjenige, was er mit der einen Hand bauet, mit der andern wieder einreißt.

Dieß zu beweisen, muß ich nothwendig einige Hauptgrundsätze der Staatslehre und ihrer Theile zuvor, wiewohl in aller Kürze, erörtern; dieß ist desto nöthiger, je weniger solche Grundsätze bisher von denen, welche von dem Aufnehmen der Länder geschrieben, oder welche diese Hauptabsicht in Ausübung bringen sollen, theils nicht verstanden, theils übel angewandt worden. Außer, daß dieses dem Verfasser ebenfalls begegnet ist; so macht er noch überdem gleich anfangs einen logikalischen Schnitzer, indem er à specie ad genus vniuersaliter schließt, er sagt nämlich: "ein übel geführter fremder Handel richtet Schaden „an." Dieß hat seinen guten Grund; Allein daraus folget nicht, daß aller fremde Handel Schaden anrichte, daß die Kaufleute gänzlich zu verwerfen, daß durch die Handlung mit fremden Waaren die Theurung der einheimischen Arbeit entstehe, oder daß der allzugroße Zusammenlauf des Volkes an einem Orte, den überflüssigen Gebrauch fremder unnöthiger Waaren hervorbringen würde, u. s. f.

Er fügt zwar bisweilen zu seinen Sätzen die Modification über: trieben, unnöthig, abgeschmackt, unglücklich und dergleichen hinzu, um zu zeigen, daß er von Excessen rede; Allein oft läßt er solche Modificationen weg, und alsdenn kann man seine Sätze nicht anders als im allgemeinen Verstande nehmen.

Ueberhaupt muß derjenige, welcher andere unterrichten will, und ich glaube dieß ist die Absicht des Verfassers, in seinen Sätzen gewiß seyn, und nicht an einem Orte Axiomata als widersprechend anführen, welche er doch hernach selbst zum Beweißthum seiner Sätze braucht; Wie dieß dem Verfasser bisweilen begegnet.

Ueberdem braucht er oft Ausdrücke, welche in einem Werke, das zum Unterricht geschrieben ist, nur Ungewißheit, wo nicht gar Verwirrung anrichten, dergleichen sind: alle Länder, das Publikum, die Kaufleute, das Gewerbe einzelner Städte, edle und unedle Bergwerke oder Metalle u. s. f. Er kann nichts anders durch das Wort: alle Länder, und durch das Wort Publicum, in seiner Schrift als die Einwohner der Länder verstehen. Da nun diese Einwohner verschiedener Arten sind; so muß man nicht, was der einen Art zukömmt, dem Ganzen zuschreiben. Ich kann richtig sagen: einige Einwohner des Landes wollen mehr verkaufen als kaufen, aber nicht alle. Eben so ist es mit dem Publiko beschaffen. Nicht weniger kann man nicht allen Kaufleuten dasjenige zuschreiben, was nur einigen Arten derselben zukömmt. Das Gewerbe einzelner

Städte

Städte ist auch so verschieden, daß man solches nicht generaliter, sondern nach seiner Lage und nach seinen Umständen betrachten muß. Die edlen und unedlen Metalle oder Bergwerke scheinen vornehmlich des Verfassers Hauptobject zu seyn. Ich glaube er verstehe unter den edlen Metallen, Gold und Silber, unter den unedlen aber Bley, Eisen ꝛc.

Hauptsächlich will der Verfasser in dieser Schrift seine Gedanken auf die Umstände eines Landes gerichtet haben, welches mit festen Boden umschlossen ist, keine gute Schiffahrt mit Fremden treiben kann, und zugleich edle und unedle Bergwerke besitzet, wobey er seine Absicht bloß dahin zu richten verspricht, **den großen Haufen wohlhabender zu machen;** wie wenig er jedoch hierdurch die Aufnahme eines Landes befördern würde; solches soll in der Folge gezeiget werden.

Er führet zum Beweiß seiner Säze verschiedene Schriftsteller an, welche jedoch, da er keine Grundsäze voraus schicket, kaum zur Erläuterung etwas beytragen können; Denn die Wahrheit ist und bleibet Wahrheit, wenn sie auch kein anderer Schriftsteller vorher gesagt hätte, und da er bloß von einem Lande, welches mit festen Boden umschlossen, zu schreiben sich vorgenommen hat; So dienen diejenigen Schriftsteller am wenigsten zu seinem Vorhaben, die von der Seeschiffahrt handeln; Denn zwischen dem Fuhrwerke zu Lande und dem Transport zu Wasser ist ein Himmelweiter Unterschied.

Indessen

Indessen kann man nicht läugnen, daß unendlich viel Gutes in diesen Anmerkungen befindlich, und daß solche allemal mit vielen Nutzen von denen können gelesen werden, welche in der Staatskunst und in der Finanzwissenschaft gewisse und sichere Principia zum Grunde geleget haben, indem selbige sich nicht leicht durch falsche Schlüsse irrig machen lassen.

Einleitung.

Ehe ich etwas über die Kapitel des Verfassers sage, will ich einige Lehrsätze, ohne welche man von der Richtigkeit oder Unrichtigkeit seiner Sätze nicht vollkommen urtheilen kann, in möglichster Kürze prämittiren.

I.
Von den Einwohnern eines Landes.

Eine vollkommene Kenntniß des Landes, ist das erste Requisitum, welches derjenige, so ein Land in die Höhe bringen will, besitzen muß.

Unser Verfasser will in seinem Werke bloß von einem Lande reden, welches mit festen Boden umschlossen, keine gute Schiffahrt mit Fremden treiben kann, und zugleich edle und unedle Bergwerke besitzet, und er stellet sich zum Exempel ein Land wie Sachsen vor, welches mit Bergwerken versehen, daneben ein fruchtbares Land ist, und viele Fabricata und Manufacta an Fremde verkauft. Er ziehet also hier zwey Objecta zusammen in eins, nämlich den Boden, welcher Bergwerke hat und fruchtbar ist, und die Einwohner des Landes, welche Fabricata und Manufacta an Fremde verkaufen. Das erste Object braucht keiner weitern Erläuterung; hingegen ist es desto nöthiger, die

X

Einwohner eines Landes in ihre gehörigen Klassen zu vertheilen, und deren Verhältniß gegen einander feste zu setzen, dabey auf die besonderen Umstände und auf die Denkungsart einer Nation seine Rücksicht zu nehmen. Je weniger ein Staatsmann von allen diesen Sachen weiß; jemehr wird er Fehler machen, und je größere Kenntniß er besitzet; desto besser werden seine Operationes von statten gehen.

Ein ordentlich System vom Finanzwesen muß von dem Lande anfangen, und wenn einige zuerst von dem Landesherrn und dessen Interesse handeln; so ist ihre Schmeicheley übel angebracht. Denn es bleibt eine unumstößliche Wahrheit, daß der Landesherr alles, was er zu seiner, seines Hauses, und zu seiner Diener Unterhaltung braucht, aus dem Lande ziehen muß.

Je glücklicher also das Land ist, jemehr solches empor gebracht wird; destomehr kann ein solches Land seinem Herren geben.

Hievon sind die Domainen nicht ausgenommen, wenn das ganze Land reich ist; so bringen die Domainen ebenfalls mehr ein, und aus dem Wohl des Landes folget, ohne weitere Bemühung, das Wohl des Landesherrn von selbst.

Ein wahrer Finanzminister sorget also vor allen Dingen für die Aufnahme der Einwohner des Landes, indem er überzeugt ist, daß dadurch sein Landesherr in gute Umstände gerathen muß, und alsdenn auch ihm Gutes thun kann.

Ich will, damit alles, was ich künftig sage, in ein helleres Licht gesetzt werde, die Einwohner eines Landes in vier Klassen eintheilen. Die erste Klasse nenne ich die, welche sich mit dem Ackerbau und der Viehzucht beschäftiget. Die zweyte Klasse nenne ich die Fleißigen, und sie bestehen in Kaufleuten, Handwerkern und Künstlern, zu welchen ich die Gelehrten als einen Anhang rechne, indem selbige eben sowohl als jene durch Fleiß sich ihre Nahrung erwerben. Die dritte Klasse bestehet in den Reichen, welche von ihrem Gelde leben, und die vierte in den Bedienten des Staats, sie mögen vom Militair= oder Civilstande seyn. Die drey ersten Klassen sind diejenigen, von denen die Einnahmen herkommen, und die letzte Klasse bestehet in denen, welche sie bekommen (*).

Es

(*) Ich mache keine Klasse von den Armen; sie gehören zu den Fleißigen. Eben die Armen müssen fleißig seyn. Noch weniger rede ich von Bettlern. Ein wohleingerichteter Staat muß keine Bettler haben.

Es ist zwar möglich, daß eine Person zu allen vier Klassen gehören kann. z. E. ein Bauer kann zugleich ein Bauer, ein Handwerker, ein wohlhabender Mann und ein Landesherrl. Einnehmer seines Dorfes seyn. Allein dieß schadet der Eintheilung nicht, und es ist höchstnöthig, solche fest ins Gedächtniß zu prägen, weil jede Klasse zu Erhaltung des Ganzen, eine besondere Aufmerksamkeit erfordert.

II.
Von den Auflagen.

Alle Einkünste des Staats gründen sich auf die Auflagen, welche die Einwohner, es sey durch Einwilligung, oder durch Landesherrlichen Befehl, zur Erhaltung der Regierung zahlen müssen, oder auf die Nutzungen, so aus den Regalien und Domainen des Landesherrn genommen werden, oder auf freywillige Beyträge sowohl von Einheimischen als Ausländern.

Ein jedes Land ist schuldig unmittelbar jährlich ein Gewisses zur Erhaltung des Staats, seinem Oberherrn zu geben, und dessen Recht, von dem Eigenthum derer Privatpersonen im Lande, so viel zu fordern und zu erheben, als er einem jeden, bey seinem Vermögen und für seine Person Schutz zuertheilen, auch das Ganze zu erhalten nöthig hat, wird Dominium eminens genannt, und gehöret zu den Gerechtsamen, so mit der Landeshoheit verbunden sind, welche Regalien betittelt werden.

Diese Abgaben selbst sind unter den Namen von Steuern bekannt, und waren ursprünglich zum Militairetat und zu Beförderung der Wohlfahrt des Landes bestimmt, wozu denn auch die Verbindung mit auswärtigen Fürsten gehöret. Außer diesen hat ein Landesherr noch verschiedene Einkünste welche theils aus den Zöllen, theils aus den Accisen, theils aus verschiedenen Regalien, sonderlich aber aus den Domainen entstehen. Wozu man noch einige Beyträge rechnen kann, so durch kluge Finanzministers successive erfunden worden.

Auflagen sind Forderungen an die Landeseinwohner, von ihrem Vermögen, oder Kräften, so viel herzugeben, als zur Erhaltung der Regierung nöthig ist.

Alle Auflagen können füglich in drey Arten eingetheilet werden.

Die erste Art bestehet in Abgaben, so die Contribuenten von ihrem Vermögen zahlen, ohne ein Mittel zu haben, sich deshalb sichtbarlich wieder bezahlt

zahlt zu machen; Und diese Art will ich mit dem allgemeinen Namen von Steuern belegen, wiewohl solche in Sachsen auch bisweilen denen Auflagen von der zweyten Art gegeben wird.

Diese zweyte Art bestehet in Auflagen, die der Contribuente zwar von seinem Vermögen zahlet, aber nur vorschießt, und bey Gelegenheit der Veräuserung sich wieder bezahlen läßt. Solche will ich Consumtionsauflagen betitteln.

Die dritte Art ist eine Auflage auf die Personen selbst, und hat persönliche Dienstleistung zur Absicht.

Die erste Art ist die beschwerlichste, die zweyte die leichteste, und die dritte wird nur durch die Umstände beschwerlich, sonst würde sie die allerleichteste seyn.

Von denen in Sachsen und dessen incorporirten Landen eingeführten Auflagen gehören zur ersten Klasse, die Landpfennig und Quatembersteuern, die Rauch- und Mundsteuern in der Oberlausitz, die Schatzungen in der Niederlausitz, die Militzgelder, die Magazinmetze, die Personensteuer, die Zinsen an Geld und Getraide bey den Aemtern, und endlich die fiskalischen Einkünfte. Zur zweyten Klasse nämlich zu den Consumtionsauflagen können gerechnet werden, die Tranksteuer, die Fleischsteuer, der Mahlgroschen, der Stempelimpost, Zoll und Geleite, Landaccise, Salzlicent, Eisenlicent, Generalconsumtionsaccise.

Die dritte Klasse bestehet in den Ritterpferden, und in den Landfuhren, ingleichen in den Frohndiensten.

Hieben ist zu merken, daß einige dieser Auflagen doppelter Art sind, und eines Theils zu den Steuern, eines Theils aber zu den Consumtionsauflagen gerechnet werden können. Dergleichen sind: die Tranksteuer, die Fleischsteuer und der Mahlgroschen, ingleichen die Land- und Generalaccise: Wenn solche von demjenigen, was der Consument zu seinem eigenen Unterhalt braucht, gegeben worden; so gehören sie unter die Steuern. Zahlet aber der Contribuent sie von dem, was er wieder veräusert; so ist es eine Consumtionsauflage.

Eben so müssen alle Dienstleistungen, sobald sie in Geld verwandelt sind, als Steuern angesehen werden.

Steuern werden entweder von den liegenden Gründen, oder von dem Vermögen, oder von dem Gewerbe der Unterthanen und Einwohner erhoben.

Eigentlich sollten Steuern bloß auf das Einkommen, oder vielmehr auf den Ueberschuß und niemals auf die Substanz selbst gelegt werden. Weil
aber

aber dieſer Ueberſchuß ſich faſt alle Jahre ändert; ſo iſt es unmöglich, eine mathematiſche Gleichheit bey deren Anlegung zu beobachten, oder zu verhüten, daß nicht jemand, entweder für ſich ſelbſt, oder in Vergleichung mit andern, bald zu viel, bald zu wenig geſchätzet werde.

Allgemeine Sätze müſſen hier gelten, und wiewohl durch redliche, von Zeit zu Zeit angeſtellte Reviſionen, vielem Uebel vorgebeugt werden kann; ſo bleiben doch alle Arten von Steuern, wie ſie Namen haben, immer die beſchwerlichſten von allen Auflagen.

Wäre es möglich die Landſteuern von den Gütern auf das wirkliche jährliche Einkommen, und auf den reinen Ertrag, welcher dem Beſitzer übrig bleibt, proportionirlich zu legen; ſo würde dergleichen Auflage nicht nur erträglich, ſondern auch die beſte von allen ſeyn (*). Allein, in dieſer Welt iſt es nicht möglich bey einem jeden zu erwarten, was er wirklich übrig hat, und die Menſchen, im Ganzen genommen, ſind nicht ſo ehrlich, daß ſie gerade zu ſagen ſollten, was ſie wirklich alle Jahre erübriget haben. Es wird genug ſeyn, wenn man bey Anlegung der Steuern nur vermeiden kann, daß ſolche nicht einen Armen treffen, deſſen ganze Einkünfte kaum zu ſeinem Lebensunterhalt zureichen.

Eben ſo iſt es mit den Steuern beſchaffen, welche auf die Häuſer und Wohnungen gelegt werden. Selten haben deren Beſitzer ein gewiſſes Einkommen, und oft nehmen ſie von ſelbigen gar nichts ein. In Frankreich und in andern Ländern, wo die Miethcontracte alle gerichtlich beſtätiget werden müſſen, kann dergleichen Einnahme dem Finanzminiſter nicht verborgen bleiben.

Indeſſen iſt doch möglich, das Einkommen liegender Güter auf irgend eine Art, wenn gleich nicht vollkommen zu beſtimmen, folglich können ſolche der Schatzung nicht entgehen. Bewegliche Güter oder baares Vermögen hingegen zu beſteuern, iſt theils unmöglich, theils ſchädlich, allemal aber ſehr beſchwerlich.

Es iſt eben ſo unmöglich von allen außenſtehenden Kapitalien eines vermögenden Mannes, als von ſeinem im Kaſten liegenden Gelde gewiſſe Nachricht

---

(*) Dieſes iſt der Vorſchlag, welchen Schlettwein in ſeinen wichtigen Angelegenheiten für das ganze Publikum auf die Bahn bringet, und welcher vielleicht in irgend einem kleinen Ort, niemals aber in einem ganzen großen Lande ausgeführet werden kann. Die Franzoſen haben etwas dergleichen mit Einführung des zehenden und zwanzigſten erfunden, aber doch keine völlige Gleichheit herausbringen können. Die Taxe beruhet allemal auf das Guttdünken deſſen, der ſchätzet.

richt zu erlangen. Noch weniger aber kann man den Fond, welchen ein Kaufmann in seiner Handlung hat und der ihm eigenthümlich gehöret, entdecken; folglich auch niemals ihren Ueberschuß gehörig mit Abgaben belegen. Ueberdem ist dergleichen Unternehmung gefährlich, indem die reichen Kapitalisten daher Gelegenheit nehmen können, ihr Geld außer Landes zu senden und unterzubringen. Kaufleute würden es noch weniger ertragen; also kann eine Vermögensteuer niemals ohne große Beschwerlichkeit angelegt werden.

Noch mehr Unheil aber entstehet, wenn die Industrie der Unterthanen besteuert wird. Man sucht zwar solche so erträglich als möglich zu machen, indem man sich bemühet, solche auf den wirklichen Profit der Nahrung oder des Gewerbes proportionirlich anzulegen, und nicht eher, als bis der Fleißige solchen Profit in Händen hat, abzufordern. Wenn sie aber von denen, die kein gewisses Einkommen haben und die von einem zum anderen Tage kaum ihren Lebensunterhalt erwerben, genommen wird; so ist die Steuer nicht nur eine unerträgliche Last, sondern zwinget endlich dergleichen Einwohner sich dahin zu wenden, wo sie solche nicht tragen dürfen.

Weit anders ist es mit den Consumtionsabgaben beschaffen, diese werden von Hand zu Hand, von einem jeden, der das Consumo an sich bringt, wieder ersetzt. Wenn der erste Producent gleich die Landesherrliche Auflage schon bezahlt hat; so bekommt er doch solche allemal von dem Abnehmer wieder, folglich kann solche Auflage niemanden treffen, als wer consumiret, weil sie an der Waare hängt, und ein wesentlicher Theil derselben geworden ist.

Durch diese Wirkung sind viele Finanziers bewogen worden, dafür zu halten, daß es dem Staate weit zuträglicher seyn würde, wenn man die ganze Masse der Auflagen des Landes auf eine Consumtionsabgabe setzen könnte.

Man kann nicht läugnen, daß die Beschwerungen von dieser letztern Auflage lange nicht so groß, als bey den Steuern sind, welche niemals mit solcher Gleichheit aufgebürdet werden können, als jene, und welche die Noth einzelner Personen, sonderlich der Armen nur vermehren.

Wenn man aber überlegt, daß die Consumtion ins Stocken geräth, sobald die Auflagen zu stark werden, welches doch geschehen würde, wenn alle Steuern in Consumtionsabgaben verwandelt werden sollten. Denn die Menschen lernen gar zu bald dasjenige entbehren, was ihnen gar zu kostbar wird. So findet man, daß es nicht rathsam, alle nöthige Ausgaben des Staats

lediglich

lediglich von dem Consumo erheben zu wollen, indem sie nicht zu erlangen seyn würden (*).

Wollte man auch die ganzen Abgaben auf solche Consumtibilien legen, die niemand entbehren kann; so würde solches doch zu weiter nichts helfen, als daß die mehresten Menschen in einem dergleichen Lande entweder Hungers sterben, oder weggehen müßten.

Die Erfahrung zeigt, daß die geringste Ungleichheit bey den Consumtionsauflagen, sonderlich auf unentbehrliche Sachen, die Lebensmittel erhöhe, und die auswärtige Handlung schwäche. Allein eine kluge Wahl, und eine den Gegenständen, worauf die Abgaben gelegt werden sollen, angemessene Proportion; sind auch im Stande, sowohl die Circulation des Geldes zu vermehren, als die Industrie der Einwohner zu befördern.

Eben die Erfahrung zeigt, daß in den Ländern, wo wenig Auflagen sind, der gemeine Mann träg und dem Müßiggang ergeben ist. Man sieht dieß am deutlichsten in theuern Zeiten, da die Natur gleichsam Auflagen macht; die Menschen sind alsdenn weit arbeitsamer, und der Lohn ist weit geringer, als wenn die Lebensmittel gar zu wohlfeil sind.

Persönliche Dienstleistungen können eigentlich an sich selbst niemals so beschwerlich werden, als die Auflagen, welche mit Geld bezahlet werden müssen. Nur alsdenn werden sie eine Last, wenn derjenige, der sie zu prästiren hat, mehr damit gewinnen kann, als das Geld beträgt, so er dafür zu zahlen hätte.

III.
Vom Gelde, vom Credit, von der Circulation und von der Industrie.

So wie das Geld erfunden worden; so ist auch eine neue Bedürfniß unter den Menschen entstanden. Diejenigen, so es hatten, haben es nicht umsonst weggeben wollen, und diejenigen, so es verlangten, waren genöthiget, solches durch ihrer Hände Arbeit sich zu verschaffen.

Die Erfahrung, daß man für Geld alles bekommen kann, hat viele, die nicht weiter sehen, als ihr Gesicht reichet, auf die Gedanken gebracht: daß ein Land desto reicher sey, jemehr es Geld hat. Daraus ist die Lehre entstanden, daß man alles anwenden, wodurch Geld ins Land gezogen werde, und daß man alles vermeiden müsse, wodurch Geld aus dem Lande gehet.

Dieß

(*) Von den Beschwerlichkeiten der Regie, will ich nicht reden.

Dieß Principium ist so allgemein worden, daß fast alle Staaten von Europa auf nichts weiter sinnen, als wie man es anfangen könne, daß alles Geld im Lande bleibe.

Das Geld ist ein Zeichen, durch welches man den Werth derer Sachen, die man haben will, bezahlet.

Aus dieser Beschreibung allein erhellet, daß die Hauptabsicht, worauf ein Finanzminister zu denken hat, nicht das baare Geld sey; sondern daß es die Sachen sind, vor welche das Geld gegeben wird.

Folglich ist offenbar, daß ein Land, jemehr es Sachen hat, die andere brauchen; jemehr erlangt es Geld. Und wenn ein Land auch noch so viel Geld hätte; so muß es, wenn es ihm an nöthigen Sachen fehlet, nur das Geld weggeben.

Durch das Principium, alles Geld im Lande zu behalten, falls jeder Staat es annehmen sollte, kann nichts anders als Unheil für das menschliche Geschlecht entstehen; indem Handel und Wandel immer schlechter werden muß.

Dahingegen, wenn das Geld circuliret, und jedes Land seine vorzüglichen Produkte in Vollkommenheit zu setzen suchet, damit diejenigen, welche dergleichen entweder nicht, oder unvollkommener haben, selbige sich anzuschaffen genöthiget, oder gereizet werden; so können alle Länder glücklich seyn. Ob nun zwar das Geld nicht die Hauptabsicht eines Finanzministers ist; so bleibt es doch allemal dessen Nebenabsicht, um so vielmehr, da man seit geraumer Zeit ein Mittel erfunden, welches den Werth des baaren Geldes eben so gut vorstellet, als sonst das Geld den Werth der begehrten Sachen anzeiget. Ich meyne das durch den Credit gestempelte Papier.

In einem Lande, wo das Volk Lust zur Arbeit, und die so Geld besitzen Lust zu dem Ueberflüssigen haben; da entstehet der Umtrieb des Geldes.

Allein, es sind zur Circulation nicht schlechterdings wohlhabende Menschen nöthig, das Land darf nur bevölkert und fleißig, dabey aufgemuntert und durch nahrlose Zeiten, oder durch Plackereyen nicht niedergeschlagen seyn; so entstehen nach und nach wohlhabende Einwohner, wenigstens wird das im Lande vorhandene Geld in Umtrieb gebracht werden.

Ein Thaler, wenn er von einer Hand in die andere gehet; kann vielen Menschen ihre Nahrung verschaffen. Ich will hier, um die Rechnung nicht zu übertreiben, nur zehn Personen nehmen. Ich will setzen: Ein Saatsbedienter, welcher von seiner Besoldung lebt, kauft vor einen Thaler, einen halben Scheffel Korn von einem Bauer, der Bauer kauft einen Sattel vom

Sattler,

Sattler, dieser einen Hut von einem Hutmacher, dieser ein Paar Schuh von einem Schuster, dieser Leder von einem Lederhändler, dieser eine Peltzmütze von einem Kirschner, dieser Tuch von einem Kaufmann, dieser Wein von einem Weinschenken, dieser aber zahlet solchen Thaler der Landesherrlichen Casse vor Weinsteuer; so ist durch sothane Circulation ein einziger Thaler nicht allein zu zehn Thalern geworden, sondern er ist auch in die Landesherrliche Casse, die ihn zuerst ausgegeben hatte, wieder hineingekommen, und noch überdem, während der Circulation, immer ein Theil von denselben, durch die Accise, in die Landesherrliche Casse geflossen.

Nicht nur das baare Geld, sondern auch das durch den Credit zu Gelde gewordene Papier, ist der Circulation fähig. Die Wechsel der Privatpersonen werden es durchs Endossement, und mit einem einzigen Wechsel kann man viele Creditores nach einander bezahlen. Eben so geht es mit dem vom Staat authorisirten Papieren, sie mögen Namen haben wie sie wollen. Jedoch allemal vorausgesetzt, daß ein Land bevölkert sey, und das durch verkehrte Anstalten dem Fleiße und dem Gewerbe keine Fesseln angeleget sind.

Wie der Umtrieb des Geldes ein Land beleben, solches in Flor bringen, und anbey die Landesherrlichen Einkünfte vielfältig vermehren kann; solches hat man in Sachsen zu den Zeiten König Augusts des II. gesehen; seine sinnreiche Art, durch zu rechter Zeit angestellte Festivitäten, das Geld in Umtrieb zu bringen; seine Erfindung Fremde herein zu locken, damit sie ihr Geld in Sachsen verzehrten; seine Aufmunterung des Nahrungsstandes; seine Achtsamkeit für Gelehrte und Künstler; alles dieß machte, daß Geld in Ueberfluß im Lande vorhanden war, und daß es keiner Klasse der Einwohner, weder an Bedürfnissen, noch an Bequemlichkeit, noch an Vergnügen fehlte. Unter dieser Regierung war die Circulation auf einen soliden Fuß gegründet, und dem Lande angemessen.

Der Wohlstand giebt gar zu leicht Gelegenheit an die Hand in Excesse zu gerathen; und daß dergleichen dem guten Sachsenlande begegnet sey; solches ist nicht zu läugnen. Aber deswegen muß man nicht das Gute zugleich mit dem Bösen verwerfen. Indeß kann man noch weniger läugnen, daß die drey seit 1740 nach einander folgende Kriege, sonderlich der letzte, worinn wir leider auf eine unerhörte Art mißhandelt worden, das mehreste zu unserm Verfall beygetragen haben.

Ich weiß wohl, daß die mehresten die große Schuldenlast, worinn das Land gerathen, vor die Hauptursache dieses Verfalls angeben. Diese Schulden können auch nicht geläugnet werden, man fühlet sie gar zu sehr; folglich ist es kein Wunder, wenn diejenigen, welche nicht weiter sehen, am ersten auf diese Ursache verfallen.

Ich getraue mir aber zu beweisen, daß Staatsschulden, welche nach wahren Finanzregeln eingerichtet sind, niemals einem Lande zum Nachtheil, wohl aber zum Nutzen und Vortheil gereichen müssen; wie denn solches aus folgendem deutlicher erhellen wird.

Es kömmt alles auf die Einrichtung an; sobald solche in den Tag hinein gemacht worden; so können auch keine guten Folgen daraus entstehen.

Ordentlicherweise vermag nicht einmal der Krieg ein Land völlig zu Grunde zu richten. Die Erfahrung zeigt, daß die mit Krieg heimgesuchten Länder, nach wiederhergestellten Frieden, sich bald wieder erholet haben, wiewohl der letztere Krieg in Sachsen von einer so besonderen Art war, daß bey selbigem nothwendig eine Ausnahme statt finden muß; zumal da die Hungersnoth etliche Jahre darauf folgte.

Jedoch ich will von Sachsen abstrahiren und nur überhaupt zeigen, daß die Schulden, wenn sie nach soliden Finanzprincipiis eingerichtet sind, ein Land lange nicht so ins Verderben bringen können, als der Mangel an Credit.

Das Vertrauen, so ich bey einem anderen finde, mir von seinem Vermögen so viel zu geben, als ich zu meiner gegenwärtigen Bedürfniß brauche, in der Meynung, ich werde ihm zu seiner Zeit, das mir Anvertrauete wieder erstatten, heißt Credit.

Dieser Credit aber muß seinen zureichenden Grund haben. Es kommt zwar freylich auf Treu und Glauben an, allein diese machen die ganze Sicherheit nicht aus, es muß zugleich eine reelle Unterstützung vorhanden seyn.

Die Projekte vom Ueberfluß und von güldenen Zeiten können zwar verblenden, und anfänglich einigen Credit erwerben, dergestalt, daß in der Eil vieler Nutzen daraus entstehet; allein, wo das Projekt auf keinen soliden Fuß gebauet ist; so wird das Vertrauen bald verschwinden, und sodann der Staat in weit schlimmere Umstände gerathen, als er jemals gewesen. Das System des berüchtigten Finanziers Laws kann hievon ein deutliches Exempel geben.

Die erste und nothwendigste Stütze des Credits ist ein wohl eingerichtetes Justitzwesen.

Ich werde immer ohne Unterlaß behaupten, daß in einem Lande, wo Chicanen und ewige Processe herrschen, wo auf nichts als Formalitäten gedacht wird, wo alles nach Fristen eingerichtet seyn soll; keine Finanzoperationes
vor-

von statten gehen können. Am allerwenigsten aber kann dergleichen Land Credit erlangen. Wenn man nicht den Schuldner, so zu sagen, auf der Stelle anhalten kann, seine Schuld zu bezahlen; wenn man sein Darlehn erst durch gerichtliche Klagen wieder erlangen und dabey annoch, wenn die Summe nicht groß, erwarten muß, daß die Proceßkosten, mehr als die Forderung austragen, oder solche wenigstens absorbiren; wenn die Advocaten die Auster essen, und den Partheyen die Schaalen lassen; wer wollte so thörigt seyn, und sein Geld in einem solchen Lande ausleihen?

Der Schaden des Mißcredits wird desto größer; je bekannter es ist, daß gegen einen Gläubiger öfters 1000 Schuldner sind.

Der redlichste Handwerksmann, welcher vielleicht mit einer kleinen Summe Geldes seine Nahrung fortsetzen und sich wieder aufhelfen könnte, muß zu Grunde gehen, weil er Niemanden findet, der ihm auf sein Wort creditiret. Wer kann wissen, ob er wirklich willens ist, sein Wort zu halten? Denn, wenn er nicht will; so mag man in einem solchen Lande lange processiren; ehe man zur Wiederbezahlung gelanget.

Ja der Credit ist von so zarter Beschaffenheit, daß er schon einen Stoß leidet, wenn es in einem Lande dahin gekommen ist, daß man die Obrigkeit, wegen Wiederbezahlung des Darlehns, um Hülfe ansprechen muß.

Deshalb ist die zweyte Stütze des Credits die Gesinnung der Nation. (le genie.)

Wehe dem Volke! in welches ein Geist von processualischen Formalitäten gefahren ist; und welches glaubt, daß es seine Gläubiger zur gesetzten Zeit zu bezahlen eben nicht nöthig hat. Dieser Geist wird zuletzt in eine Betrügerey ausschlagen, und den Credit des Landes völlig zu Grunde richten. Ist aber eine Nation mit dem Geiste des Credits und der Handlung erfüllet; so würken dessen Verschreibungen Vertrauen, und die, so Vermögen haben, tragen kein Bedenken denen, die Mangel leiden, und welche sich durch ein Darlehn Vortheil schaffen können, ihren Ueberfluß mitzutheilen.

Weil aber niemand diesen seinen Ueberfluß umsonst weggiebt, oder wegzugeben verbunden ist; so müssen wir die Zahlung der Interessen, als die dritte Stütze des Credits, nunmehro in Betracht ziehen.

Richtige ununterbrochene Zahlung der Interessen erhält nicht nur den Credit, sondern vermehrt auch denselben ungemein. So lange besondere Umstände nicht einen Gläubiger nöthigen; so wird er niemals von seinen Schuldner, der ordentlich die Interessen zahlet, das Kapital wider fordern, sollte ers aber fordern; so findet dergleichen Schuldner bey einem anderen Credit.

So gewiß dieß ist; so ungewiß bleibt es zu bestimmen, nach welchem Maaße die Interessen eingerichtet werden müssen, wenn sie dem Lande Nutzen bringen sollen.

Hohe Interessen können zwar einen Reichen und sonderlich einen Geitzigen reitzen, sein Geld herzugeben. Allein, dieser Weg führet den Schuldner oft zum Bankerot, zum Concurs, und Subhastation seines Vermögens, zumal, wenn Juden im Lande überhand genommen haben. Gleichwohl bleibet in einem Lande, wo der Credit fehlet, einem armen Handwerksmann keine andere Hülfe übrig, als auf Pfand und gegen hohe Interessen zu borgen. Indessen muß er das Verpfändete entbehren, und die hohen Interessen bringen ihn endlich in gäntzlichen Verfall der Nahrung.

Saget jemand: daß, wenn ein Land starke Interessen zahlet: so komme von auswärtigen Ländern, wo die Reichen ihr Geld nicht so hoch nutzen können, vieles herein. Denen kann man antworten, daß auch dafür die Interessen hinausgehen und daß doch endlich das Kapital wieder bezahlet werden müsse; außer, daß die Besitzer der Rittergüter durch solche hohe Interessen am meisten zu Grunde gehen.

Jemehr hingegen die Interessen fallen; je höher steigen die liegenden Gründe eines Landes, und alsdenn haben die Besitzer Gelegenheit, durch Veräuserung ihrer Güter sich von ihrer Schuldenlast zu befreyen, und mit dem was sie übrig behalten, vielleicht eine neue Nahrung zu übernehmen.

Außerdem sind geringe Interessen auch ein Mittel, die Handlung mit auswärtigen Ländern zu befördern.

Dem allen ohngeachtet kann man doch nicht mit Gewißheit bestimmen, wie hoch die Interessen seyn müssen, wenn sie Vortheil schaffen sollen. Es kommt hier auf die besonderen Umstände des Landes, auf die Menge, und auf den Preiß der Materialien, auf die Transportkosten, auf die Industrie der Nation, auf die Ausbreitung der Handlung und auf die Landesauflagen hauptsächlich an.

Ein Kaufmann, der für sechs Procent Geld borgt, und solches alle drey Monate umzusetzen weiß, giebt weniger Interessen, als der nur drey Procent zahlet, und solches nur in einem Jahre einmal nutzen kann.

Würde niemand borgen, als derjenige, welcher mit dem Geborgten wuchert; so hätte kein Finanzier nöthig sich um die Bestimmung der Interessen

teressen zu bekümmern. Allein, es borgen manche, ihrer Verschwendung halber, und eben diese verursachen das Steigen der Interessen.

Jemehr die Anzahl derer die Geld suchen sich vergrößert; jemehr werden Interessen gefordert. Und die Interessen fallen allemal nach Proportion des Ueberflusses an Gelde.

Alles was ein Finanzminister nach den Grundsätzen der Staatskunst thun kann, ist, sich zu bemühen, daß, nach den Umständen des Landes, die Interessen wenigstens nicht höher steigen, als sie gesetzmäßig sind, wofern er nicht im Stande ist, es dahin zu bringen, daß sie sich vermindern. So weit aber ist es im Finanzwesen noch nicht gekommen, daß man die Erhöhung der Interessen anrathen sollte. Wer solches, sogar mit Vorsatz thut, der stiftet nichts gutes, auch wird man eine gar zu große Ungleichheit der Interessen in einem und eben demselben Lande nicht rechtfertigen können.

Ehe ich zur Eintheilung der verschiedenen Arten des Credits schreite, muß ich erinnern, daß der Credit, von welchem ich hier rede, mit den Banken und mit den Wechselbriefen nicht müsse vermenget werden. Hier handle ich von dem Credit, als von dem Genere, von welchem Banken und Wechselbriefe Species sind.

Also kann in einem Lande Credit ohne Bank und ohne Wechselbriefe seyn; aber weder Banken noch Wechselbriefe können ohne Credit bestehen.

Der Credit bestehet erstlich in dem Credit des Landes, zweytens im Credit des Regenten, und drittens im Credit der Privatpersonen.

Alle diese drey Arten müssen in Betrachtung gezogen werden, und alle diese drey Arten, sobald Treue und Glauben im Lande wohnen, und, wie eben gesagt, gehörig unterstützt werden; vermehren nicht nur das baare Geld, sondern auch das Vermögen (fond) des Landes.

Ich will annehmen, daß A. 1000. Thaler von B. gegen Verschreibung und gegen Interessen borget; so wird diese Verschreibung in des B. Händen ein werbendes Vermögen, eben so als wenn er eine Länderey von 1000 Thaler an Werth hätte, wobey noch der Vortheil ist, daß er weder das Land beurbaren, noch für die Witterung sorgen darf. Er erlanget seine Früchte durch die einzige Unterschrift seines Namens. Falls nun B. 1000 Thaler an C. zu zahlen schuldig ist; und ihn mit des A. seiner Verschreibung bezahlt; so wird dieß Papier baares Geld. Vielleicht sehen dieß einige, die in der Finanzwissenschaft noch nicht erfahren sind, für eine bloße Feinheit an, die nichts reelles in sich hat. Sie können einwenden: wenn A. 5 Procent jährlich an B. geben muß;

muß; so fehlen ihm ja nun 50 Thaler, folglich sey es einerley ob A. oder B. 50 Thaler circuliren lassen. Allein erstlich ist es nicht wahrscheinlich, daß wenn A. 50 Thaler jährlich auszugeben übrig gehabt, er 1000 Thaler von B. würde geborgt haben, vielmehr steht zu glauben, daß A. sich mit den erborgten 1000 Thalern mehr als 5 Procent verdienen wolle. Allein, gesetzt B. als ein Verschwender, verthäte diese 1000 Thaler; so schadet dieß dem ganzen gemeinen Wesen nichts. Es circuliren sodann immer 1000 Thaler. Zweytens, wenn die 1000 Thaler in B. seinen Händen geblieben wären; so konnten sie keinen Heller einbringen, da er solche aber, ich sage nochmals, in einem Lande, wo Treue und Glauben wohnet, ausleiht; so bringen sie ihm jährlich Zinsen. Wer weiter nachdenken will, wird von selbst finden, auf wasmaßen ein Land durch den Credit immer reicher und reicher werden kann, und daß das ganze Geheimniß in der Circulation bestehe.

Sonderlich findet dieß bey dem Credit des Landes und des Landesherrn statt.

Wenn Landesschulden dem Lande keinen Nachtheil, sondern vielmehr Nutzen schaffen sollen; so wird wesentlich erfordert:

1) daß in den über diese Schulden ausgestellten Papieren oder Verschreibungen kein fixirter Termin den Creditoribus versprochen; sondern die Zeit der Wiederbezahlung der Landescasse überlassen wird, und

2) ist nöthig, daß gewisse sichere auf keine Art anzugreifende Landeseinkünfte zu Bezahlung der Interessen bestimmt sind, welche Einkünfte so beschaffen seyn müssen, daß jederzeit etwas darüber zum sinkenden Fond vorräthig bleibt (*).

So lange ein Briefsinhaber seine Interessen pünktlich und richtig bekömmt; so lange wird er nicht leicht sein Kapital zurücke fordern. Begehrt er es aber dennoch; so werden sich Banquiers genug finden, welche baar Geld für ein Papier zahlen, das seine Interessen richtig, so gut als klingende Münze, trägt.

Da nun durch sothanen Credit baares Geld in die Herrschaftl. Casse kömmt, und solches nicht dort liegen bleibt, sondern wieder ausgegeben wird;

so

(*) Einen sinkenden Fond nenne ich, nach Art der Engeländer dasjenige, was von dem ein und allemal zur Bezahlung der Interessen assignirten Landesfond übrig bleibt und eigentlich zur successiven Bezahlung der Kapitalien zurücke geleget werden muß. Dieser Fond vermehrt sich natürlicher Weise, so viel sich das Gewerbe im Lande vermehrt.

XXIII

so vermehrt sich die Masse des Geldes, so im Lande circuliret, und das Gewerbe, oder die Nahrung nimmt bey allen Klassen der Einwohner zu.

Der lebendige Credit bevölkert das Land, denn jeder ziehet gern dahin, wo er etwas zu verdienen findet. Der Landmann, welcher allemal seine Produkte vortheilhaft an Mann bringen kann, sucht solche zu vermehren, Handwerker und Künstler haben Arbeit voll auf, die Handlung floriret, und die Reichen werden gereizet ihre Einkünfte circuliren zu lassen.

Daß auch hierdurch die Landesherrlichen Einkünfte zunehmen müssen; solches braucht keines weitern Anführens.

Dieß sind die Grundsätze eines wohl eingerichteten Credits, und jemehr solcher nutzet; je schädlicher werden die Excesse oder Ausschweifungen: zumal wenn die Schulden, so einmal über kurz oder lang bezahlet werden müssen, mit Verlust von 30 Procent an fremde Länder bezahlet werden.

Ein Regente kann fast niemals seinen Credit so hoch als das Land treiben. Je despotischer solcher regieret; jemehr fürchten sich Fremde und Einheimische ihm zu crediiren, und selten wird er anders, als gegen hohe Interessen, oder andere accordirte Vortheile, Geld borgen können. Ist aber ein Regent im Stande sich Treue und Glauben zu erwerben, welcher aus promter und ununterbrochener Bezahlung der Interessen und der Kapitalien zur gesetzten Zeit entstehet, und wenn er bey der Wiederbezahlung niemals in der Gestalt eines Souverains, sondern als eine Privatperson erscheinet; so wird sein durch den Credit geprägtes Papier eben so gut als klingende Münze gelten, und eben so gut circuliren.

Nichts kann allerdings lobenswürdiger seyn, als wenn ein Regente seine Schulden richtig bezahlt, und seinen Creditoribus nichts abbricht. Bey dem Churhause Sachsen verdienet dieß desto mehr Ruhm, da solches, nach einem so gewaltsamen Kriege wohl Fug und Recht hätte, wenigstens über einen Theil seiner Schulden einen Schwamm zu wischen. In Betracht des Credits eines Landes und des Landesherrn, kann ich kein besseres Exempel als Engeland anführen. Die Königliche Rentkammer in London Echiquier genannt, stellt, wenn ihr Geld fehlt, Billets à 6 Procent nach gewissen Klassen aus, die im Publiko cursiren und bald steigen bald fallen. Wenn nun wieder genug Geld in Cassa ist; so läßt die Rentkammer öffentlich anschlagen, welche Klasse von sothanen Billets baar bezahlt werden soll, und dieß geschiehet gemeiniglich wenn sie gar zu sehr fallen. Diese Billets, desgleichen alle übrige Königliche Papiere, sowohl als die Banconoten sind von den Actien der Nationalschulden gänzlich

unter-

unterschieden, als bey denen das Kapital nicht wieder zurück gefordert werden kann, ob wohl die Nation, wenn der sinkende Fond zureicht, selbige zurückzuzahlen die Freyheit hat. Vermöge einer so klugen Einrichtung war man A. 1750 im Stande die Interessen von 4 auf 3 Procent herunter zu setzen. Ob nun wohl diese Nationalschulden so groß sind, daß man behauptet, alles baare Geld in Europa sey nicht zureichend sie zu bezahlen; so bringet diese Last dennoch dem Lande, durch die Circulation, weit mehr Vortheil als Schaden, und es wird dieser Vortheil nicht aufhören, so lange man den Grundsatz unverbrüchlich beobachtet, die Interessen richtig zu zahlen, und einen sinkenden Fond beyzubehalten. Indessen können auch diese Actien, eben ihrer ungeheuren Maße halber, bald steigen bald fallen, nachdem die Inhaber derselben (Actionairs) bey der Speculation eines bevorstehenden Krieges, oder anderer Umstände halber, ihre Actien in Menge zum Verkauf austreiben. Die neuern Subscriptionen zu 4 und 5 Procent verursachen auch bisweilen, daß ein Kapitalist seine alten Actien unter dem sonstigen Cours verkauft, damit er bey den neuen mehr gewinnen möge. Die Banquiers, welche diesen Actienhandel unternehmen, heißen Actionisten. Dieß ewige Spiel kann in Engeland desto vortheilhafter getrieben werden, da, wie man für gewiß versichert, die Ausländer nicht den achten Antheil an der ganzen Englischen Nationalschuld haben.

Der Privatcredit gründet sich theils auf ein wirkliches Vermögen, welches verpfändet wird, theils auf das Zutrauen, welches man in des Debitoris Redlichkeit und guten Umständen setzet.

Privatpersonen wird Credit gegeben, entweder 1) gegen Verschreibung ihres Vermögens, es sey unbeweglich oder beweglich, oder 2) gegen Verschreibung ihrer Person, oder 3) gegen ein bloß schriftliches Versprechen, daß sie wieder bezahlen wollen. Bey allen Arten ist die Bezahlung der Interessen die Seele des Credits.

Die erste Art, wenn entweder unbewegliche Güter verschrieben werden; nennet man Hypotheken, oder, wenn man bewegliche einsetzet; so sind es Pfandverschreibungen.

Die zweyte Art ist die Wechselverschreibung, da der Debitor seine Person zum Unterpfande einsetzet, eine neue Erfindung zu mehrerer Sicherheit des Creditoris.

Die dritte Art bestehet in einer bloßen Obligation, wodurch der Schuldner sich verbindet, das Geborgte zu rechter Zeit wieder zu bezahlen. Diese

letztere

letztere Art ist die unsicherste von allen, zeiget aber auch den größten Credit an, indem sie sich auf das bloße Zutrauen gründet, welches der Creditor in die Redlichkeit seines Debitoris setzet. Sie hat also viel ähnliches mit dem Kaufmannscredit. Wiewohl dieser letztere in dem Wesentlichen von allen obigen drey Arten des Privatcredits unterschieden ist; doch, dieß zu detailliren, würde eine besondere Abhandlung erfordern.

Das durch die Circulation in Umtrieb gebrachte Geld, unterhält den Fleiß einer Nation. Der Fleiß ist eine ununterbrochene Bemühung in demjenigen Gewerbe fortzugehen, dem man sich gewidmet hat.

Der Landmann hat sich dem Ackerbau, der Handwerksmann seinem Handwerke, der Künstler seiner Kunst, der Kaufmann der Handlung und der Gelehrte dem Studiren gewidmet; wenn nun jedermann dieß sein Gewerbe ununterbrochen forttreibt; so ist er fleißig.

Daß aber ein fleißiges Volk ungemein viel Vortheile vor einem trägen voraus hat, solches braucht keines Beweises; nur ist es nicht so leicht, den Fleiß in eine Nation zu bringen, wenn sie schon des Müßigganges gewohnt ist. Sobald jedoch der Landmann, der Handwerker, der Kaufmann, ja sogar der Gelehrte dahin gebracht werden können, daß sie finden und fühlen, welchergestalt der Fleiß mehr Bequemlichkeit und Vergnügen ihnen verschaffen kann; so hat man schon viel gewonnen. Allein, nur muß man ihnen auch die Vortheile ihres Fleißes zu verschaffen wissen. Der Landmann will sein Ueberflüssiges, das ist, was er zu seinem und der Seinigen Unterhalt nicht braucht, sondern übrig hat, absetzen, und davon sich eine Güte thun. Die Handwerksleute und Künstler wollen sich von ihrer Hände Arbeit nähren, und noch darüber etwas verdienen, damit sie desto besser leben können. Der Kaufmann will gewinnen und seine Bequemlichkeiten haben, ja der Gelehrte will nicht umsonst den Wissenschaften obliegen.

Dieß ist das wahre Privatinteresse eines jeden Einwohners, welches ein kluger Finanzminister zu unterhalten suchen muß. Ja sogar die dritte Klasse, nämlich die Reichen, müssen gereizet werden, den Fleiß der andern durch ihr Geld in Umtrieb zu erhalten.

Derjenige Landesherr, welcher durch Errichtung sattsamer Magazine den Preiß des Getraides auf gleichen Fuß zu erhalten, im Stand gekommen ist, hat ein sicheres Mittel in Händen die Industrie seines Volkes zu befördern. Die Arbeiter werden alsdenn in wohlfeilen Zeiten keinen Trieb müssig und ausschweifend zu seyn, desgleichen in theuren Zeiten bey ihren Fleiß keine Verzweifelung

zweifelung bey sich fühlen. Jedoch nicht nur die unentbehrlichen Bedürfnisse, sondern auch, was zur angenehmen Bequemlichkeit, zum vernünftigen Wohlleben, und zur anständigen Befriedigung des feinen Geschmacks dienet, wovon die Moden nicht ausgeschlossen sind, alles dieß befördert den Fleiß der Einwohner.

Es ist auch nicht zu läugnen, daß die Noth die erste Mutter des Fleißes und sehr vieler Erfindungen gewesen. Man muß gleichfalls gestehen, daß die Auflagen anfänglich die Einwohner des Staats zur Arbeit und Industrie angetrieben haben.

In einem Lande, wo alles in Ueberfluß, wo es wohlfeil, und wo wenig Abgaben sind; da findet man gemeiniglich träge und faule Menschen. Wenn aber unsere heutigen Plansmacher daraus schließen wollen, daß man, den Fleiß zu befördern, die Unterthanen in Noth bringen, und mit schweren Auflagen belegen müsse; so vergessen sie, daß die extrema gerade das Gegentheil würken. So wie großer Ueberfluß und Reichthum Faulheit würket; so bringet große Noth und Armuth Verzweiflung hervor.

Nach dem ordentlichen Zirkel der menschlichen Handlungen entstehet aus Bedürfnissen Fleiß, aus Fleiß Reichthum, aus Reichthum Credit, aus Credit Borgen, aus Borgen Schulden, aus Schulden Veräuserungen; wenn nun die Gläubiger sich der Schuldner ihrer Haabseligkeiten bemächtiget haben; so kann der Zirkel wieder von forne anfangen.

Anmerkungen
über den
ersten Theil.

Ueber das erste Kapitel.
Von Landesschulden.

Landesschulden entstehen, wenn ein Land, theils, die seinem Landesherrn bewilligte Summe, theils diejenigen Auflagen, die jeder Kreiß, oder jede Provinz zu seiner besondern Conservation, nach der im Lande gebräuchlichen Repartition angeleget hat, von verschiedenen Contribuenten zur gesetzten Zeit nicht erheben kann, und deshalb Kapitalien gegen Zinsen erborget, welche es gehörig wieder zu bezahlen verspricht.

Oefters bewilligen auch die Stände, daß ihr Oberherr Kapitalien aufnehmen soll, und versprechen, durch einen angelegten sinkenden Fond, Interessen und Kapitalien wieder zu bezahlen.

In einer Monarchie, wo die Stände bey den Auflagen nicht concurriren, können keine andere Landesschulden entstehen, als welche jeder Kreiß, oder jede Provinz, seiner Privatconservation halber, gemacht hat.

Von den Auflagen ist bereits in der Einleitung das Nöthige beygebracht worden. Hier soll also bloß etwas von des Verfassers Meynung über diese Materie gesagt werden.

Er will in diesem Kapitel beweisen, daß ein schlechter Handel mit Fremden mehrentheils Schuld sey, wenn die meisten Länder in Europa in elenden Schulden stecken. Zu dem Ende nimmt er Sachsen zum Exempel, welches, seinem Angeben nach, dergestalt mit Bergwerken versehen ist, daß jährlich eine Million Werth an edlen Metallen und Produkten aus der Erde gegraben werden, daneben ein fruchtbares Land ist, und viele Fabricata und Manufacta an Fremde verkaufet.

Er sagt ferner, wenn man nur bloß die Einkünfte vom Bergbau in Betracht ziehen wollte, so müßte ein solches Land von 1707 bis 1756 allein durch diesen Kanal, an Reichthum 49 Millionen zugenommen haben, wenn alle übrige Umstände gleich gewesen wären (*).

Weil aber A. 1756 in vollen Frieden, die Armuth in Sachsen bereits eingerissen; so schließt er hurtig, daß dieß ein deutliches Zeichen von einem abgeschmackten unglücklichen Handel mit Fremden sey.

Hauptsächlich muß ich anmerken, daß der Verfasser in seinem ganzen Werke fast immer von Excessen redet; ob es wohl überflüssig scheinen möchte, jemanden zu überführen, daß alle Excesse schädlich sind.

Er braucht in seiner Hauptproposition die Wörter schlecht und mehrentheils. Folglich kann man mit eben dem Rechte sagen, daß ein ordentlich eingerichteter Handel mit Fremden mehrentheils die Länder blühend und glücklich gemacht hat.

Vor allen Dingen aber müssen wir dasjenige, was er von den Sächsischen Bergwerken und Produkten sagt, auseinander und in ein helleres Licht setzen.

Nimmt er den Nutzen der Bergwerke und den Nutzen des übrigen Erdreichs von Sachsen zusammen, so muß solcher jährlich mehr als eine Million betragen. Es erscheinet aber aus dem folgenden, daß er nur bloß den Bergbau in Betracht ziehen will. Ich gebe auch zu, daß solcher jährlich eine Million einbringt.

Aber, wer bekommt dann diese Million?

Der Landesherr, die Einwohner, und die Fremden, welche diese Bergwerke bauen.

Was

(*) Unter diesen übrigen Umständen versteht der Verfasser: wenn das Land keinen fremden unnützen Handel getrieben hätte, und in selbigen keine üble Wirthschaft getrieben worden.

Was hat nun der Antheil, welchen der Landesherr nimmt, und welcher wenigstens bisher sehr geringe gewesen, für Gemeinschaft mit den Landesschulden? Sind die wenigen Einwohner in Sachsen, welche Ausbeute erhalten, schuldig gewesen, ihre Ausbeute zur Abführung der vom Lande bewilligten Steuern herzugeben? Dieß wird der Verfasser so wenig behaupten, als daß die Fremden ihre Ausbeute hätten hergeben sollen, damit Sachsen von seinen Landesschulden befreyt seyn möchte.

Dieß Argument von Bergwerken hält also nicht Stich. Es bleibt folglich nur noch zu untersuchen übrig, ob wirklich die Einwohner in Sachsen A. 1756 im vollen Frieden, in solchen armseligen Umständen gewesen, als der Verfasser sie vorstellet. Alsdenn könnte es doch noch einen Schein, wiewohl noch lange keinen demonstrativischen Beweiß abgeben, daß diese Armuth aus einen abgeschmackten unglücklichen Handel mit Fremden entstanden sey.

Der Verfasser gründet seinen Satz der Sächsischen Armuth lediglich auf die großen Landesschulden, welche das Land A. 1756 bereits belästigten.

Wie die Landesschulden entstehen, ist oben gesagt worden.

Da nun die Auflagen entweder auf die liegenden Gründe, oder auf die Consumtion oder auf die Personen, niemals aber auf das ganze Vermögen der Unterthanen gelegt werden können, und jeder Einwohner nur so viel von seinem Vermögen hergiebt, als nach den Repartitionsfuß auf ihm gelegt werden kann; so ist offenbar, daß die Landesschulden keine Connexion mit dem gesammten Vermögen der Einwohner haben. Ein Land kann große und wichtige Landesschulden und gleichwohl sehr reiche Einwohner haben, deren gesammtes Vermögen ein weit mehreres, als die Landesschulden, ausmacht.

Er thut also dem guten Sachsenlande großes Unrecht, wenn er vorgiebt, daß in selbigen A. 1756 in vollen Frieden, die Armuth bereits eingerissen, und die Einwohner von baaren Gelde entblößt gewesen.

Wir wollen nur erstlich einen mäßigen Ueberschlag machen, was Sachsen seit 1707 bis 1756 eingebüßet hat.

A. 1707 zogen die Schweden aus Sachsen, und wenn ich auch nicht rechnen wollte, was dieser Krieg und Ueberzug dem Lande gekostet, so muß ich doch die Landesschulden, die damals schon existirten, desgleichen die Auflagen, so das Land hiernächst seinem Herrn, bey Wiedererlangung der Krone bewilliget, und die ebenfalls aufgenommen werden mußten, in Ansatz bringen. Ich muß hierzu den Krieg von 1740 als den wirklichen Anfang unsers Unglücks, rechnen;

rechnen; und ich werde nicht zu viel thun, wenn ich dieß alles auf 12 Millionen setze.

Der Verfasser rechnet selbst den Krieg von 1745 auf 3 Millionen, welches ich annehme. Also wären 1756 die Landesschulden ohne diese Unglücksfälle wenigstens um 15 Millionen geringer gewesen.

Laßt uns hiernächst die Gelder rechnen, welche die Einwohner von Sachsen seit 1756 bis zum erfolgten Frieden 1763 entweder hergeben müssen, oder welche von ihnen genommen worden.

Die Steuern, Landesanlagen, nebst Accise, betragen jährlich wenigstens 3 Millionen. Solche sind in gehöriger Ordnung 7 Jahre lang dem Preußischen Directorio gezahlet worden. Dieß macht 21 Millionen. Hierzu kömmt die Summe, welche die gesammten Einwohner den feindlichen und freundlichen Truppen gezahlet, welche ich nach einen mäßigen Ueberschlag nur auf 50 Millionen setzen will; wiewohl das Land ein weit mehreres liquidiret hat. Allein, ich muß den Einwurf begegnen: daß die Armeen auch vieles wieder in Sachsen verzehret hätten: wiewohl ich mit Wahrheit sagen kann, daß sie ein weit mehreres aus Sachsen mitgenommen haben.

Jedoch wir wollen alle diese Rechnungen bey Seite setzen, und nur betrachten; daß ein Land, welches 7 Jahre lang solche zahlreiche Armeen ernähren, solche gewaltige Brandschatzungen zahlen, solche landverderbliche Plünderungen ausstehen können, A. 1756 nicht arm gewesen seyn müsse.

Bey dieser Gelegenheit will ich mir die Freyheit nehmen, ein Wort beyläufig von den Schulden des Landesherrn zu sagen. Wir wollen setzen, daß seine Einkünfte des Jahres nur 5 Millionen betragen, welche er in 7 Jahren entbehren müssen, und dieß macht 35 Millionen aus.

Wenn wir nun die Summe, welche 1763 nach wieder hergestellten Frieden, das Land, ingleichen die Summe, welche damals der Landesherr schuldig war, mit unpartheyischen Augen betrachten: so wird man leicht einsehen, daß Sachsen, wenn es nur nicht den letzten verderblichen Krieg ausstehen müssen, in dergleichen klägliche Umstände nicht hätte verfallen können, worein es verfallen ist, und die uns der Verfasser noch kläglicher vormahlet.

Hat er doch nicht in eines jeden Einwohners Beutel gesehen; und so lange die Landesschulden mit dem Vermögen eines jeden Particuliers keine Connexion haben, so lange kann er, von der Schuldenlast eines Landes, auf die Armuth und auf den Reichthum der Einwohner keinen sichern Schluß machen, wie denn Engeland hierinn zum Exempel dienen kann.

Ich

Ich würde in eben den Fehler verfallen, wenn ich hieraus den Schluß machen und behaupten wollte, Sachsen sey anjetzo nicht arm. Daß es aber ein fruchtbares Land sey, wo in den meisten Gegenden ordentlich mehr erbauet wird, als anjetzo dessen Einwohner verzehren können, ja, daß es unzählig viele Produkte und Materialien hervorbringe, welche seine Einwohner zu verbrauchen nicht im Stande sind, solches kann niemand läugnen.

Und ob man wohl etliche, doch sehr wenig Orte in demselben findet, wo theils nicht mehr, theils nicht so viel, als deren Einwohner zu ihrer Nahrung brauchen, erbauet wird; so hat dieß Land doch immer in sich selbst so viele Hülfsmittel, daß es sehr leicht, so bald nur die gehörigen Anstalten gemacht werden, wieder in Aufnahme kommen kann.

Jedoch die Länder haben eben so gut ihre Schicksale, als die Menschen, welche darinn wohnen.

So, wie aller Exceß, er geschehe in welcher Sache er wolle, schädlich ist, so kann auch ein übertriebener Gebrauch fremder Waaren, und ein abgeschmackter unglücklicher Handel mit Fremden einem Lande nichts als Unheil zuziehen. Allein, daß Sachsen wirklich einen dergleichen unglücklichen Handel seit 1767 beständig mit Fremden geführet, und dadurch in so große Landesschulden gerathen, daß es darüber arm geworden, solches hat der Verfasser zwar vorgegeben, aber nirgends bewiesen.

Hingegen ist so viel aus der Erfahrung gewiß, daß Sachsen so gut als alle übrige Länder sich wohl befunden hat, so lange Handel und Wandel frey waren, das ist, so lange die Fremden unsere Waaren und wir von ihnen die ihrigen nahmen. Seitdem aber das heillose Principium: daß kein Land mit dem andern Handel treiben, sondern ein jedes sich selbst im Lande seine Bedürfnisse verschaffen müssen, die Oberhand gewonnen, so ist die Noth in allen Ländern allgemein worden, und es ist kein Land mehr in Europa, welches nicht über Mangel der Nahrung klaget.

Eine besonders böse üppige Wirthschaft, eine ausgelassene Verschwendung, eine übertriebene Sparsamkeit, dieß alles sind Excesse von denen jedermann weiß, daß sie nichts taugen.

Ich bin aber nicht berufen hievon zu schreiben. Doch, wer sonst im Finanzwesen einige Kenntniß hat, und nachdenken will, was die Pohlnische Krone, was die A. 1740 errichtete zahlreiche Armee, was die landverderblichen Kriege, und was viele andere Umstände dem guten Sachsen gekostet haben; ja, wie viel Geld noch immer durch die besonders eingerichtete Bezahlung

zahlung der Schulden, in fremde Länder gehet, ohne die geringste Valutam dagegen zu erhalten, der wird unsere Noth und unsere Nahrungsabnahme, sowohl als die Entvölkerung leicht begreifen, und zugleich gestehen, daß dieß alles, so gut als der gesperrte Handel mit unsern Nachbarn, die wichtigsten Ursachen unsers Verfalls sind.

So lange die Blindheit dieser Sperrung dauret, so lange wird den Sächsischen Ländern das beste Mittel, wieder in die Höhe zu kommen, fehlen.

Weitläuftige und große zusammenhangende Länder können vielleicht noch eher das Principium: keinen fremden Handel zu dulden, bey sich geltend machen. Allein Sachsen, wenn es gleich nicht klein, aber doch so beschaffen ist, daß seine Bevölkerung bloß von der Industrie abhänget, muß ewig diesem Principio entgegen arbeiten. Es ist natürlich: wenn Sachsen behauptet, man müsse nicht mit Fremden handeln, so behaupten die Fremden eben so, man müsse keinen Handel mit Sachsen treiben.

Ueber das zweyte Kapitel.

Allgemeine Betrachtungen vom Handel.

Aller Handel, er heiße, wie er wolle, ist einem Lande nützlich, wenn er den Einwohnern Vortheil bringet, deren arbeitsamen Händen Nahrung verschaft, und das Vermögen des Staats vermehret: so wie aller Handel schädlich wird, wenn durch denselben der Staat leidet.

Dafern der Handel einem Lande nützlich seyn soll, so muß man ihm Sicherheit, Freyheit und Bequemlichkeit verschaffen.

Der beste und nützlichste Handel kann durch den Zwang, durch Uebermacht der Nachbarn, durch innerliche und äußerliche Auflagen, und andere dergleichen Umstände schädlich werden, und alsdenn muß man ihn einstellen.

Dieß sind allgemeine Sätze von der Handlung.

Der Verfasser führt hier besonders verschiedene Schriftsteller an, aus denen man eben so gut den Nutzen einer fremden Handlung beweisen kann, als er aus ihnen dessen Schaden beweisen will.

Sie

Sie sagen, und sie können nicht anders sagen, als daß die Hauptabsicht des Handels, auf das Wohl eines Staats, dahin gehen müsse: den Ueberfluß seines Zuwachses und seiner Fabriken aus dem Lande gehen zu lassen; daß der Debit unserer Manufakturen überhaupt das vortheilhafteste sey, was eine Nation wünschen könne; daß der Tausch von Waaren gegen Waaren Vortheil bringe, und so ferner.

Will der Verfasser bloß von einem übertriebenen abgeschmackten unglücklichen Handel mit Fremden reden, und beweisen, daß solcher einem Lande schädlich sey, so wird seine Abhandlung sehr kurz seyn, und er braucht keinen einzigen Schriftsteller anzuführen, denn niemand zweifelt daran. Er könnte aber mit eben so gutem Fug sagen; ein übertriebener abgeschmackter unglücklicher innerlicher Handel sey dem Lande schädlich, wenn er gleich diesem innerlichen Handel allen Vortheil allein beylegen will.

Ich sage es nochmals, daß es vergeblich ist, wenn man in einem Werke, das zum Unterricht dienen soll, seine Sätze bloß auf die Excesse richtet.

Ist es wahr, daß aller Handel, er sey innerlich oder äusserlich, wenn er vernünftig eingerichtet, das ist, wenn er die Klasse der Fleißigen bereichert, und dem Staate Vermögen bringet, nützlich ist, so muß das Contrarium davon nothwendig schädlich seyn.

Hätte der Verfasser seine Sätze auf dergleichen Maximen gründen wollen, so würde er viele schwankende Schlüsse vermieden haben.

Er behauptet zum Exempel, daß die von Fremden gekauften materiae primae einem Lande bey weiten nicht den Profit bringen können, als die Verarbeitung der einheimischen.

Gesetzt, der Verleger einer Fabrike könnte sein Materiale aus der Fremde weit wohlfeiler, als im Lande erlangen; und der Landesanbauer könnte eben dieß Materiale an einem andern Ort weit theurer anwerden: so wird der Verleger, wenn er gezwungen würde, dieß Materiale theurer im Lande zu kaufen, nicht nur bey dessen Verarbeitung weit weniger Profit haben, sondern vielleicht gar banquerot werden (man müßte ihm dann ein Monopolium geben) oder die Regierung muß den Landesanbauer zwingen, sein Materiale, weil es im Lande bleibt, wohlfeiler zu verkaufen. Keines von beyden kann dem Lande Vortheil bringen; und dieß könnte man mit Recht einen abgeschmackten innerlichen Handel nennen (°). Eigentlich ist der Grundsatz, daß man von dergleichen Materialien keine Fabriken im Lande errichten, sondern die arbeitsamen Hände zu anderer Arbeit, die mehr Nutzen schaft, anwenden muß.

Einen Arbeiter, der ehrlicher Weise 8 gl. des Tages verdienen kann, zu nöthigen, daß er mit 3 gl. zufrieden seyn muß, ist unbillig, würde auch von schlechter Folge seyn.

Eben so finde ich, daß der Verfasser in seinem Werke von Verschickung des Geldes redet, ohne hinzuzusetzen, ob für dieß Verschicken eine Valuta wieder ins Land kommt, und ob die Fleißigen dadurch ernähret werden. Denn dieß ist die Hauptabsicht. Desgleichen verwechselt er auch die Begriffe vom Gelde und von der Industrie.

So lange ein fruchtbares Land mit seinem Ackerbau und seiner Viehzucht nicht in Ordnung ist, sondern noch unbebaute Ländereyen, wüste Marken, Moräste, unschiffbare Flüsse ꝛc. hat, so lange kann und soll es niemals eine Menge von Fabriken unternehmen. Wenn es so viel, als zu seinen nothdürftigen Gebrauch erfordert wird, besorget, so ist es genug.

Ein Staat, der in die Höhe kommen will, muß zuerst auf den Ackerbau (°°), hiernächst an die Bevölkerung und dann an Fabriken denken.

Es ist allerdings wahr, daß eine große Schiffahrt unendlich viel zur Handlung beyträgt. Es ist aber auch nicht weniger wahr, daß ein mit festen Boden eingeschlossenes Land, sobald es seine Flüsse schiffbar gemacht, und diese Flüsse durch Kanäle mit einander verbunden hat, mehr als andere Länder, welche die Wasserfahrt nicht achten, zur Handlung geschickt sey.

Diejenigen Fehler, welche der Verfasser dem Wechselcours zuschreibt, dependiren nicht von der Handlung, sondern von der Einrichtung des Münzwesens. Holland, Hamburg und jedes Land, welches sein Münzwesen richtig eingerichtet hat, leidet bey keinem Cours des Geldes.

Wenn

(°) Wollte man einwenden, daß die hohe Impostirung einer materiae primae öfters einen Verleger außer Stand setze, solche mit Nutzen zu verarbeiten; so ist dieß ein Fehler der Regierung und nicht der Handlung. Beydes muß niemals mit einander verwechselt werden.

(°°) Holland macht hier eigentlich keine Ausnahme: denn was ihm an Ackerbau abgeht, solches wird reichlich durch seine Schiffahrt ersetzet, indem es nicht nur sein nöthiges Getraide, sondern auch ein weit mehrers zur Handlung aus fremden Ländern, wo es am wohlfeilsten zu erlangen ist, holen läßt.

Wenn unser grobes gutes Geld beständig unter den wahren Werth verwechselt worden, und verschwunden ist: Wenn die meisten Fabriken fallen, und der Verdienst der Fabrikanten abnimmt: Wenn in vielen unserer Städte die Häuser leer stehen, und den Preiß verlieren: Wenn in gemeinen Jahren der Zuwachs und die Früchte dem Landmann weniger Nutzen, als vormals, bringen: Wenn die Steuern und Gaben sehr gesteigert werden: Wenn eine elende Theurung eingerissen ist; und ich setze noch hinzu: Wenn so häufige Caducitäten auf dem platten Lande entstünden; so ist an diesem allen warlich der Handel mit Fremden nicht Schuld. Vielmehr trägt ein gesperrter Handel vieles dazu bey. Am meisten aber die Fehler der Einrichtung, welche unbillig der Handlung aufgebürdet werden.

Da der Verfasser den großen Haufen wohlhabender zu machen gesonnen ist, wie er in der Einleitung sagt. Da er das Gewerbe vermehren, vielen Landeskindern Nahrung schaffen, ja sogar Fremde hereinziehen und in Arbeit setzen will; so muß er nicht wider den fremden Handel predigen, sondern vielmehr solchen, durch alle mögliche Gründe, unsern Nachbarn angenehm zu machen und in Sachsen zu erweitern suchen.

Ein mit festen Boden eingeschlossenes Land, welches weit mehr Produkte hervorbringt, als dessen Einwohner zu consumiren vermögen; in welchem fleißige und nahrhafte Menschen wohnen, hat kein ander Mittel sich in Aufnahme zu erhalten, als den Handel mit Fremden.

Sperret diesen Handel, machet daß die Nachbarn, so dieß Land umschließen, dessen Fabricata und Manufacta theils verbieten, theils hoch imposiren, ja wohl gar nicht mehr durchlassen. Verbietet den Handel fremder Waaren, wovon das Land noch einigen Nutzen ziehen könnte; so bleibet diesem Lande zwar noch die kleine elende Resource des Schleichhandels übrig; allein es wird demohngeachtet in seinen Nahrungsumständen immer schlechter werden. Die Klasse der Fleißigen verringert sich von Zeit zu Zeit, die Reichen, welche nicht mehr in vergleichen Lande bequem leben können, ziehen in andere Länder, die Circulation stockt und steht endlich stille. Dieß ist die Geschichte eines Landes, wo der fremde Handel, der es sonst in Aufnahme erhalten, unterdrückt und gesperret worden, und wo die Finanzeinrichtungen nicht sind, wie sie seyn sollen. Aber sich einbilden, daß es zureichend sey, durch das Verbot der fremden Handlung die Fabrikation derer im Lande nöthigen Waaren zu befördern, ist widersinnig.

Die Landfabriken können niemals sicherer in die Höhe kommen, als wenn sie bessere und wohlfeilere Waaren liefern, als man sie anderswo bekommen kann. Dieß wird uns sogar einen Absatz auswärts, alles Verbots ohngeachtet, verschaffen. Denn jeder kauft, wo es am wohlfeilsten ist, und sucht seine Waaren zu verkaufen, wo sie am meisten gelten.

Es wird hierzu allerdings eine kluge Einrichtung von Seiten der Regierung erfordert, aber hievon ist allhier nicht die Rede, sondern bloß von der Handlung.

Es ist ein Grundsatz, daß nichts rohes aus einem Lande herausgehen, sondern durch die Handarbeit der Einwohner, in so viele Gestalten als immer möglich, verwandelt werden soll.

Ein Pfund Flachs in Leinewand verarbeitet, erhöhet den Preiß doppelt und dreyfach. Werden Spitzen daraus gefertiget, so gehet es ins hundertfältige.

Nicht nur was über der Erde, sondern auch was unter der Erde gezeuget wird, verdienet, daß für dessen Verarbeitung Sorge getragen und alle Hindernisse, wodurch die Fabrikation der rohen Materialien im Lande gehemmet wird, aus dem Wege geräumet werden.

Deshalb haben auch einige Staatsmänner für rathsam gehalten, wenn entweder von einzelnen Kaufleuten, oder von ganzen Gesellschaften neue Branchen von Handlungen errichtet, und unternommen werden, daß man solche durch verschiedene Immunitäten und Freyheiten begünstige, wodurch die Entrepreneurs angereizet werden, dergleichen Geschäfte zu unternehmen, wozu sie sich sonsten, wegen der Ungewißheit des Gewinnstes, nicht leicht bequemen würden.

Dergleichen Freyheiten aber müssen bloß in gewissen Ausnahmen, von den ordentlichen Abgaben, und solchen Vortheilen bestehen, die dem Ganzen nicht schaden können. Die Absicht muß seyn, damit ein Verleger, die im Lande fabricirte Waare, desto leichter abzusetzen, und dadurch das tägliche Gewerbe, nebst dem Nahrungsstand zu vermehren, Gelegenheit bekomme

Was der Landesherr hiebey auf der einen Seite an Abgaben verlieret, solches gewinnet er durch die Bevölkerung auf der andern Seite doppelt.

Wer aber dieß so weit treiben, und den Monopolien das Wort reden, also die Einwohner eines Landes zwingen will, die Waaren, welche es nöthig hat, weil sie im Lande gemacht werden, theuer zu bezahlen und schlechter anzunehmen, der wird ein solches Land nur desto geschwinder elend machen.

Es ist zwar zu unsern Zeiten fast in allen Ländern Mode geworden, wenn man höret, dieß oder jenes Land gewinne mit dieser oder jener Fabrike ausnehmend viel, daß man alsobald eben eine solche Fabrike aufrichtet, ohne zu überlegen, ob man solche mit gleichem Vortheil und nicht zum Schaden des Landes unternimmt? Desgleichen ob man nicht das Materiale dadurch theuer macht, und die Waare in höhern Preiß bringet, als sie sonst gewesen?

Bey einer Fabrikhandlung, wenn solche nicht lediglich von uns, sondern von andern Ländern mit dependiret; ist es besser ein Gewerbe mit Dependenz, als gar keines, zu haben.

Diejenigen, welche die Monopolia favorisiren, führen gemeiniglich zur Hauptursache an; daß dadurch das Geld im Lande bleibe. Allein sie bedenken nicht, daß sie gerade das Gegentheil befördern.

Der Verleger dergleichen Fabrike, wenn er durch das Monopolium reich worden und nunmehro (er sey es selbst oder seine Kinder) besser und bequemer leben will, ziehet gemeiniglich mit allem Gelde davon, sobald er einen Ort findet, wo er mit mehrerer Freyheit leben kann.

Wir haben leider sattsame Exempel, daß diejenigen, welche wir, aus diesem Principio, das Geld im Lande zu behalten, reich gemacht haben, zuletzt, mit allem im Lande erworbenen Vermögen, in ein fremdes Land gezogen sind. Ich muß annoch hier die unvergleichliche Antwort des Königs August des II. anführen, welche er dem Aufseher der Meißnischen Porcellainfabrike Herrn Herolden gab, als er den Monarchen bat, das fremde Porcellain verbieten zu lassen. Machet das Meißnische Porcellain besser, und gebet es wohlfeiler, so verbietet sich das fremde von selbsten.

Ueber das dritte Kapitel.
Von Importation und Exportation der Kaufmannswaaren.

In diesem Kapitel bringt der Verfasser viele gute Maximen bey: Nur müssen unsere Nachbarn uns erlauben, diese Sätze in Ausübung zu bringen.

Daß ein gutes Commercium darinn bestehe, wenn man sich des Debits seiner Landwaaren versichern kann, dieser Debit sey innerlich oder äußerlich,

äusserlich, solches ist ein wahrer umumstößlicher Grundsatz. Nur kann ich daraus nicht folgern, daß ein fruchtbares Land kein nützliches Commercium treiben könne, bis es fremder Fabriken nicht mehr bedarf.

Jedes Land hat seine besondern Produkte, und es ist eine Thorheit, wenn ich eben diese Produkte in meinem Lande erzwingen will.

Wer auf einem sandigten Boden Waitzen zu erbauen sich bemühen wollte, der würde wider die Natur handeln, und wenn er auch, mit vielen Kosten dazu gelangen sollte, so wird es doch allemal schlechter Waitzen seyn und bleiben.

Wenn aber jedes Land dasjenige, was es vorzüglich vor andern hervorbringt, cultiviret; wenn es seine Produkte verfeinert, und solche in verschiedene Gestalten, durch die Hände seiner Einwohner verändert; wenn es alsdenn sein Ueberflüssiges fremden Ländern zusendet, und ihnen wiederum das, was ihm fehlet, abnimmt; so blühet Handel und Wandel.

Wer solchen sperren will, handelt wider die Absicht des Schöpfers. Deswegen sind Meere, Seen und Flüsse erschaffen: Deswegen hat jedes Land seine besondere Eigenschaften, damit die Menschen mit einander handeln sollen; und dieß ist vom Anfang der Welt geschehen. Nur in diesem Seculo hat man die natürliche Connexion der Länder aufgehoben, und ein jedes Land hat bey sich alles, was dessen Einwohner brauchen möchten, hervorzubringen erzwingen wollen.

Der Verfasser widerspricht sich auch hierinn selbst, wenn er vorhersetzet, daß wir ohne Umstände die Einfuhre unterschiedener Dinge, die wir ohne sonderliches Bedenken entbehren können, zu vermindern suchen müßten. Folget nun nicht hieraus, daß wir die Einfuhr unterschiedener Dinge, die wir nicht entbehren können, erlauben, also uns fremder Fabriken bedienen müssen?

Es kommt nicht darauf an, ob wir fremder Fabriken bedürfen, ob wir unser Geld an fremde Arbeiter auszahlen? Sondern, ob wir bey unserm Handel, er sey mit Einheimischen oder Auswärtigen, gewinnen? Ob wir die Klasse der Fleißigen, durch unsern Handel ernähren, und den Staat bereichern? Geschieht dieß, so werden wir vielen Menschen Nahrung und Arbeit geben können; wir werden von Jahr zu Jahr mehr Spinner, mehr Würker, mehr Walker, mehr Färber, mehr Hut- und Strumpfwürker erlangen, und unser Wohlstand wird von Zeit zu Zeit zunehmen.

Leider

Leider denken unsere Nachbarn so, wie der der Verfasser denket, und wollen das Commercium mit fremden Fabriken nicht dulden. Sachsen aber ist so beschaffen, daß es, falls dieß Principium, wider die Natur, die Oberhand behalten sollte, schwerlich in denjenigen blühenden Stand kommen wird, worinn es gewesen.

Ueber das vierte Kapitel.

Von dem Handel fruchtbarer mit festen Boden eingeschlossener Länder.

Es ist abermal ein wahrer unumstößlicher Grundsatz, daß die Glückseligkeit eines Landes in der Fruchtbarkeit, in der Bevölkerung und in der Ernährung seiner Einwohner bestehe.

Was würde es helfen, wenn ein Land fruchtbar wäre, und nicht sattsame Menschen hätte, welche seine Produkte verzehrten; und wozu würde die Menge der Menschen dienen, wenn solche keine Nahrung hätten? Also macht weder der innerliche noch der fremde Handel an sich ein Land glücklich, sondern der eine und der andere ist nur in so weit gut und nützlich, als er den Einwohnern Nahrung verschaft. Jemehr also die Nahrung in einem Lande zunimmt, jemehr brauchen dessen Einwohner Bedürfnisse, theils zu ihrer Erhaltung theils zu ihrer Bequemlichkeit, und destomehr wird sich dessen Handel so innerlich als äusserlich vergrößern.

Anfänglich thun die Menschen alles, um zu essen, zu trinken, zu wohnen, und sich zu kleiden; jemehr sie nun an Vermögen zunehmen, je besser wollen sie essen, trinken, wohnen, und sich kleiden.

Welches Land wird so thörigt seyn von Fremden seine Nothdurft und Bequemlichkeit zu holen, wenn es solche mit aller Bequemlichkeit bey sich haben kann. Welches Land, das mit festen Boden umschlossen, wird so widersinnig handeln, und sich den großen Seemächten gleich stellen, oder Kolonien in fremde Welttheile senden wollen?

Und endlich, wie können die Bergwerke von edlen und unedlen Metallen, ohne Handlung, die Glückseligkeit eines Landes ausmachen? Sind denn Spanien und Portugall bey ihren amerikanischen Schätzen so glücklich?

Sogar

Sogar der Eigennutz, oder die einzelnen Absichten und Beschäftigungen, wie sie der Verfasser nennet, können den allgemeinen Nahrungsstand ungemein befördern.

Von Excessen ist, wie schon oft erinnert, nicht die Rede. Der Excesse halber muß man das Kind nicht mit dem Bade auswerfen.

Wohl dem Staatsmanne! welcher den Eigennutz der Privatpersonen mit dem allgemeinen Interesse zu verbinden weiß! denn es bleibt eine ewige Wahrheit, daß die Menschen niemals besser, als durch Erregung ihres Eigennutzes, in Bewegung gebracht werden können.

Der Verfasser sagt: er kenne kein fruchtbares mit festen Boden eingeschlossenes Land, welches mehr, oder so viel Einwohner hätte, als es bey guter Einrichtung in gemeinen Jahren erhalten könnte. Mehr Einwohner zu haben, als das Land ernähren kann, es mag mit festen Boden, oder mit der See umschlossen seyn, ist nicht möglich. Die Nahrung braucht eben nicht im Lande zu wachsen, wenn nur der Staat solche seinen Einwohnern verschaffen kann, er mag sie hernehmen, wo er will. Sollte aber jemals dergleichen Land gefunden werden, daß seine Einwohner auf keine Art ernähren könnte, so müssen solche entweder verhungern, oder fort wandern. Es geschehe nun eins oder das andere, so wird der Verfasser nirgends dergleichen Land, wohl aber Länder finden, welche so viel Einwohner haben, als sie zu ernähren vermögen. Daß aber so lange dergleichen nicht gefunden wird, der fremde Handel als ein Nebenwerk angesehen werden soll, involviret nach des Verfassers eigenen Sätzen, daß, wenn man wirklich ein dergleichen Land findet, welches so viel Einwohner hat, als es ernähren kann, der fremde Handel als ein Hauptwerk angesehen werden muß.

Jedoch dieß ist zu weit getrieben. Denn eizentlich soll derjenige Handel, welcher den Einwohnern den meisten Vortheil bringet, das Hauptwerk seyn. Sobald aber der fremde Handel weit mehr zur Ernährung der Einwohner, als der innerliche dienet, so ist er allerdings das Hauptwerk. Ja dieß geht so weit, daß ein Land, welches seine Einwohner weit eher durch den fremden Handel ernähren kann, als durch alle andere Mittel, sogar den Ackerbau, welcher doch sonst das erste zur Erhaltung der Menschen ist, zum Nebenobject nehmen muß. Was würde Holland nicht für ein elendes Land seyn, wenn es den fremden Handel fahren lassen und sich mit Bebauung seines Ackers beschäftigen sollte?

Ich

Ich will hierdurch im mindesten nicht behaupten, daß diejenigen Länder, welche in dergleichen Umständen nicht sind, und in solcher Lage sich nicht befinden, Holland nachahmen sollen, sie würden zu kurz kommen; ich will bloß zeigen, daß des Verfassers Schlüsse nicht richtig sind.

Ich kann mit mehrern Rechte sagen, daß ich keinen Ort und kein Land kenne, welches alle Bedürfnisse, so die Menschen zu ihrer Nahrung brauchen und begehren, hervorbrächte. Eben deswegen, ich wiederhole es abermal, ist Handel und Wandel von Erschaffung der Welt an, unter allen Völkern üblich gewesen.

Unter den Klassen der Einwohner ist eine, welche wir die Reichen nennen, und welche unendlich viel zur Ernährung der Fleißigen beyträgt, wenn deren eine Menge im Lande wohnet.

Es thut dem gemeinen Wesen nichts, wenn gleich öfters einige durch ihre Thorheit aus dieser Klasse in die Klasse der Fleißigen übergehen, und wenn hingegen einige aus dieser Klasse, durch ihre Geschicklichkeit, in die erstere treten: so wie es dem gemeinen Wesen gleichgültig seyn kann, wenn von hundert Fleißigen, die in einem fruchtbaren Lande reich geworden, etliche neunzig ihren Reichthum von den Einwohnern erworben haben, falls diese neunzig Personen nur alsdenn, durch ihren Reichthum, wieder hundert Fleißige ernähren.

Die Vernachlässigung der Ackerarbeit entstehet nicht, wie der Verfasser meynet, aus der fremden Handlung, auch nicht daher, daß in einem fruchtbaren auf festen Boden gelegenen Lande mehr Volk nach den großen Städten lauft, und alsdenn in den Städten viel zierliche, viel unnöthige Arbeit vorgenommen wird.

Wenn sonst die Einrichtung eines Landes nicht fehlerhaft ist, so wird das platte Land allemal mehr Menschen hervorbringen, als es zum Ackerbau brauchen kann; und da ist es ein großer Vortheil, wenn diejenigen, so auf den Landgütern übrig sind, ihre Nahrung in den Städten finden, und daselbst, es sey mit welcher Arbeit es wolle, ihr Brod verdienen.

Ich möchte wohl fragen, was der Verfasser unter zierlicher, unnöthiger, vergebener Arbeit verstehet? Will er etwann die freyen Künste, und die schönen Wissenschaften aus dem Lande, so er sich zum Exempel vorgesetzt, verbannet wissen. Will er uns in die alte Barbarey wieder führen, und solche Veranstaltung treffen, daß wir uns in Schaafpelze kleiden, in Hütten von Leim wohnen, und uns mit den Früchten unserer Aecker nähren sollen. Es ist wahr, wir werden bey dieser Lebensart nicht für Hunger sterben. Ich will indeß den Verfasser gern erlauben, in dergleichen Land zu ziehen, mich aber mitzunehmen, muß ich verbitten.

Wir wollen nun auch den Fall betrachten; wenn derer Einwohner weniger sind, als ein wohl bestelltes Land in gemeinen Jahren, nach seiner Fruchtbarkeit zu fassen vermag.

Hier müßte wohl die erste Frage seyn: was für eine Ursache die Bevölkerung hindere.

Der Handel kann es unmöglich seyn, denn dieser befördert vielmehr die Bevölkerung. Aber durch Krieg, durch Hungersnoth, durch Sperrung des Handels, durch verkehrte Finanzanstalten können die fruchtbarsten Länder entvölkert werden.

Die Abnahme des Landmanns würket die Abnahme der Fleißigen, und wenn deren im Lande weniger werden, so nimmt ebenfalls der Ackerbau ab.

Verlassen noch überdem die Reichen ein solches Land, so wird die Abnahme der Menschen desto fühlbarer.

Wenn es dahin kommt, daß der Landmann von seinen Produkten wenig an Mann bringen, folglich auch seine Abgaben nicht ordentlich zahlen kann, so muß er seine sonstigen Ausgaben einziehen, und derjenigen Dinge, die nicht höchst nöthig sind, embehren. Hieraus folget nothwendig die Verminderung der Handwerker, der Fabrikanten, der Kaufleute und der ganzen Klasse der Fleißigen. Der Landmann fängt nun an wenigere Früchte und Lebensmittel zu erbauen, zumal da verschiedene caduc werden. Viele Arbeiter werden unnütze, die sonst bey den guten Umständen des Landmanns Brod und Nahrung gefunden hatten. Kommt nun noch hinzu, daß der fremde Handel verboten ist, so müssen diejenigen, so sich bisher mit diesem Handel beschäftiget, aus dem Lande wandern, und eben so nimmt die Zahl der Contribuenten ab, welches dann nothwendig die Abnahme der letzten Klasse auch nach sich ziehet.

Ich bin mit dem Verfasser einig, daß dergleichen Unglück aus fehlerhaften Einrichtungen entstehe; nur kann ich den Handel nicht als die Ursache dieses Unglücks angeben. Vielmehr ist dessen Abnahme zugleich mit eine Würkung einer fehlerhaften Einrichtung.

Die Länder, das ist die Einwohner brauchen eben nicht, wie der Verfasser meynet, eine richtige Kenntniß vom Lande zu haben: wenn nur der Regente und die am Ruder sitzen, das Land kennen.

Desgleichen

Desgleichen ist das Publikum, das ist das ganze Volk, weder berechtiget, noch im Stande, auf die vielfältigen Beschäftigungen der Einwohner seine Absicht zu richten, dieß kommt nie einigen Personen im Staate zu: außer daß die Umstände der Zeitläufe, die Denkungsart der Einwohner und der Nachbarn hiebey einen großen Einfluß haben.

Wenn aber der Verfasser glaubt, daß ein wohlfeiles Leben in einem Lande die Sachen verbessern würde, so irret er sehr, wie wir in den Anmerkungen über das Kapitel von der Theurung sehen werden.

Eben so viel Unheil würde unter den sämmtlichen Einwohnern entstehen, wenn das Geld eines Landes unter den großen Haufen vertheilet wäre. Er wollte dann eine freye Republik errichten, wo das Volk regieret.

Zwar läßt der Verfasser an verschiedenen Orten deutlich sehen, daß er einen richtigen Begriff vom Gelde habe. Er bekennt, daß man den Nutzen des Handels nicht in baaren Gelde suchen müsse; daß, wenn die Länder nur auf die Beschäftigung, Nahrung und Vermehrung ihrer Einwohner sähen, alsdenn sich das Geld sicherlich finden müsse, und gleichwohl macht er das Geld an verschiedenen Orten zur Hauptabsicht.

Ueber das fünfte Kapitel.
Vom Durchgangshandel und vom Fuhrwesen.

Hier bin ich völlig des Verfassers Meynung, und wünsche herzlich ein Land zu sehen, wo diese seine Grundsätze in Ausübung gebracht sind.

Ich erinnere mich ganz wohl der Zeit, da die Handlung ihren Hang nach einen gewissen Ort nehmen wollte. Allein, der Vorzug, den man ein vor allemal einer andern Stadt zugestanden, hinderte dieß gute Vorhaben, und hat unsere Nachbarn bereichert. Außerdem hätte ich gewünscht, daß es dem Verfasser gefallen, bey dieser Gelegenheit uns seine Gedanken von der Wasserfahrt zu sagen. Denn, daß diejenigen Länder, welche ihre Flüsse schiffbar gemacht, und durch Kanäle mit einander vereiniget, vieles vor andern voraus haben, ist ihm gewiß so gut, wie mir, bekannt.

Vorzüglich aber will ich allen Cameralisten, den letzten §. dieses Kapitels fleißig zu lesen, bestens empfehlen.

Ueber das sechste Kapitel.

Von Kaufleuten.

Der Verfasser hat alles zusammen gesucht, was nur immer die Kaufleute verhaßt machen kann.

Es giebt in allen Ständen schlechte und würdige Leute.

Ein rechtschaffener Kaufmann ist eine ehrwürdige dem Staate unentbehrliche Person.

Wehe dem Lande, welchem dergleichen fehlet.

Was sollte die Klasse der Fleißigen, was sollten die Fabrikanten anfangen, wenn keine Kaufleute da wären? Sollen sie selbst ihre Waaren verkaufen, so wird es schlecht mit ihnen am Ende aussehen, indem sie ihre Zeit, welche zur Arbeit bestimmt, durch die Bemühung, ihre Arbeit an Mann zu bringen, verlieren. Wo dieß geschieht, da ist schon ein Fehler vorhanden. Soll aber der Verleger einer Fabrike, wie der Verfasser meynt, die Waaren seiner Unternehmung selbst verkaufen, so wird er ein Kaufmann.

Ich weiß wohl, daß man unter den Namen von Kaufleuten Menschen findet, welche kein Bedenken tragen, sich durch den Ruin des Landes zu bereichern, und denen es gleichgültig seyn würde, wenn morgen der Staat untergienge, falls sie nur dabey gewinnen können. Aber, das sind Blutigel und keine Kaufleute.

Wir finden hingegen ebenfalls unter diesen Namen rechtschaffene Männer, denen das Wohl des Landes am Herzen liegt, und die wissen, daß, wenn das Vaterland untergeht, sie und die ihrigen mit untergehen. Diese wenden gewiß alles an, und sparen sogar nicht ihr Vermögen, das Land, worinn sie sich etabliret und festgesetzt haben, wenn es in Gefahr kommt, zu retten.

Man muß nicht Krämer, Budenbesitzer, Mäckler und dergleichen, mit solchen rechtschaffenen Männern verwechseln.

Wollte man diese letztern in Commerciensachen um Rath fragen, so würde man freylich wunderlich Zeug hören, so wie wir oft wunderliche Dinge von denen hören, welche das feine und wesentliche der Handlung nicht verstehen, und doch davon schreiben.

Wer

Wer einen rechtschaffenen Kaufmann um Rath fragen wollte, wie es zu machen, daß mit fremden, zum Gebrauch des Landes verschriebenen Waaren, nicht weiter gehandelt würde, der würde gewiß zur Antwort bekommen: Man sollte nur solche Anstalten vorkehren, daß alle Waaren, so das Land brauchte, im Lande gut und wohlfeiler geliefert würden, als auswärts: Gewiß kein Kaufmann ließ alsdenn solche mit schweren Kosten von außen kommen: Vielmehr hätte er Gelegenheit solche auswärts zu debitiren.

Gleichwohl hält der Verfasser die Kaufleute vor gut genug, Facta von ihnen zu sammlen, und diese Facta sind so wichtig, daß wenn er darinnen unterrichtet ist, sie ihn mehrentheils das wesentliche der Handlung gelehret haben. Wenn er von den Beschwerden unterrichtet ist, welche in fremden und in einheimischen Zöllen vorfallen, denn die schlechten und fast imprakticablen Wege erfährt er noch besser von den Fuhrleuten. Wenn er weiß, aus welchen Orten man diese, oder jene Waaren am wohlfeilsten holen, oder wohin unsere Fabriken die ihrigen an vortheilhaftesten verkaufen können.

Wenn man ihn lehret, was unsern Manufakturen an innerlicher Güte, an Farbe, an Zurichtung und dergleichen abgehet, und warum fremde Waaren einen Vorzug bey uns haben, oder was die Ursache sey, warum die unsrigen nicht so wohlfeil, als die fremden können verkauft werden?

Wenn man ihn von dem Wechselnegotio Unterricht ertheilet, welches der feinste Artickel der Handlung ist, und wozu alles gehöret, was man vom Cours des Geldes, von der klingenden Münze, und von den durch den Credit gültig gemachten Papieren, zu wissen verlangen kann. Wenn er dieß alles von den Kaufleuten erfahren hat, so haben sie ihm den wichtigsten Dienst erwiesen, den sie ihm jemals erweisen können. Gleichwohl ist er so undankbar, zu behaupten, daß die Kaufleute, sobald sie uns von dergleichen Dingen Nachricht gegeben, hiernächst uns wenig mehr helfen könnten: Denn sie wären, und blieben ewiglich in der Finsterniß.

Ich habe Kaufleute gekannt, und kenne noch dergleichen, welche allemal würdige Finanzministers abgeben könnten. Die Geschichte saget uns auch, daß es dergleichen zu allen Zeiten gegeben habe. Le Fort war ein Kaufmann.

Der Verfasser macht einen Unterschied zwischen Kaufleuten und Verlegern einer Fabrike, welche doch von einer Gattung sind, sobald der Verleger seine Fabrikwaaren selbst verkauft. Wenn er gute Waaren fertigen läßt, solche wohlfeiler, als man sie bey Fremden kaufen kann, debitiret, so ist er dem Lande nützlich. Hat er aber über seine Fabrike ein Monopolium erlanget, und die Einwohner sind gezwungen, die Waaren bey ihm zu nehmen, sie mögen kosten was, und seyn, wie sie wollen, so ist er dem Lande höchst schädlich.

Alle Exempel, welche der Verfasser von Waaren anführet, die von Nürnbergern, Berlinern und so ferner gekauft, oder von fremden Orten verschrieben werden müssen, zeigen an, daß man solche in dem Lande, wo dieß geschieht, entweder nicht mit Nutzen fertigen kann, oder durch verkehrte Anstalten deren Verfertigung hindert. Ein jedes Land hat seine besondern Artickel, welche es besser und wohlfeiler, als ein anderes, liefern kann. Wenn wir bey uns Waaren verfertigen, welche in einem andern Lande entweder gar nicht, oder nicht so gut zu bekommen sind, so müssen die fremden Länder solche von uns holen. Liegt aber der Fehler an der Einrichtung, so muß man solches nicht der Handlung zur Last legen und die Menschen zwingen wollen, solcher Dinge zu entbehren.

Der Verfasser darf nur die Messen und Jahrmärkte in einem Lande aufheben, so wird er der Circulation einen unersetzlichen Schaden zufügen. Ist es denn ein Unglück, wenn in den Städten und Marktplätzen, bey dieser Gelegenheit, einige Tonnen Bier mehr ausgeschenkt werden?

Die Erfahrung lehret, daß, wenn der Landmann (ich will nicht von Kaufleuten reden) nicht zur Jahrmarktszeit auf einmal seine Bedürfnisse einkaufen und auf dem Markt finden könnte, er lieber dergleichen entbehret, als wenn er bey jeder Bedürfniß, mit Versäumung seiner Wirthschaft, in die Stadt laufen, den Handwerker oder Künstler aufsuchen, und ihn vielleicht, wenn er auf dem Felde seinen Acker bestellt (denn in unsern kleinen Städten sind die meisten Handwerksleute Bauern) nicht zu Hause finden sollte.

Wenn aber auf die Messen und Jahrmärkten fremde Waaren kommen, und daselbst vorzüglich von den Landeseinwohnern gekauft werden, so muß man solche entweder nicht so gut, oder nicht so wohlfeil im Lande fertigen können.

Weiß der Verfasser ein Land, oder kann er ein Land so einrichten, daß es alles, was dessen Einwohner zur Nothdurft und Bequemlichkeit des Lebens

brauchen,

brauchen, hervorbringen und fertigen kann, so ist er der Größte unter den Sterblichen, den jemals die Welt hervorgebracht hat; und da würde er mit leichter Mühe die Kaufleute dahin bringen, allen verbotenen Handel zu unterlassen. So lange man aber dieß nicht prästiren kann, so wird man durch kein Gesetze, durch keine Gewalt, den Defraudationen in diesen Stücken den Weg abschneiden. Dieß ist der größte und strengste Monarch zu bewürken niemals im Stande gewesen, und es bleibet eine ewige Wahrheit, daß die starken Auflagen, und die schärfsten Verbote, in Sachen, die man im Lande selbst nicht bekommen kann, nur den Schleichhandel vermehren.

Indessen ist nicht zu läugnen, daß in diesem Stücke, in allen Ländern, vieles verbessert, und verschiedene Waaren, mit eben dem Vortheil, als auswärts gefertiget werden könnten.

Bey dem Exempel, so der Verfasser von einem Krämer, der mit Aachner Tuch handelt, anführet, kann man erinnern, daß vieles im Lande fabricirte Tuch vor Aachner verkauft wird, und vielleicht nicht verkauft worden, wenn man es nicht für Aachner ausgegeben hätte. Dieß beruhet nun auf der Denkungsart einer Nation, und wer derselben entgegen arbeiten will, wird sehr viel Mühe haben.

Ueber das siebende Kapitel.
Von der Nutzbarkeit der Banquiers.

Ein Banquier ist eigentlich ein Kaufmann, der mit Gelde, als mit einer Waare, handelt.

Er kann einem Lande nützlich, er kann auch demselben schädlich seyn.

Derjenige, welcher das gute Geld eines Landes in Fässer packt und solche nach andern Ländern schickt, holländische Wechsel dafür einzukaufen, ist deshalb dem Lande noch nicht schädlich, wenn er nur solche Wechsel zum Vortheil des Landes wieder braucht.

Man muß sowohl das Feine der Wechselhandlung, nebst den wahren Münzfuß, als auch den Nutzen, welchen ein Landesherr rechtschaffener und redlicher Weise von seinem Ausmünzen haben kann, vollkommen kennen, wenn man richtige Begriffe von Wegschickung des Geldes haben will.

Aber

Aber derjenige Banquier ist schädlich, welcher statt guten Geldes schlechtere Münze oder unwichtiges Gold ins Land herein schleppt und im Lande debitiret, dabey auf alle Art den Cours unserer Münze zu verringern, und den Cours fremder Gelder zu erhöhen suchet.

Ich sage wohl bedächtig, das gute Geld des Landes wegschicken, und schlechteres oder unwichtiges dagegen kommen zu lassen, und im Lande zu debitiren, sey schädlich.

Nach Amsterdam, nach Hamburg und nach allen den Orten, wo der Münzfuß gehörig eingerichtet ist, kann man so viel Geld als man will, schlechtes und gutes, hinschicken und hinbringen. Niemals aber wird man dadurch dem Gelde dieser Länder Schaden zufügen, noch das fremde Geld anders, als nach seinen Werth, debitiren können.

Auf den holländischen Plätzen laufen viele Französische, viele Englische, viele Hamburger Wechsel herum, sonderlich sendet Frankreich viel baares Geld auf andere Plätze, aber niemals ohne Vortheil, und so vice versa. Daraus aber ist noch kein Argument zu ziehen, daß diese Länder durch die Quantität ihrer weggeschickten Gelder arm werden, wenn sie nur vor ihr Geld Valutam erhalten.

So viel aber ist gewiß, daß wenn ein Land, mit Verlust von 15, 20, ja 30 Procent baares Geld an andere Länder zahlet, ohne dafür die geringste Valutam zurück zu erhalten, so muß es arm werden.

Ich merke hiebey abermal an, daß der Verfasser bald an einem Orte die Beybehaltung des Geldes im Lande, als ein Stück seiner Glückseligkeit angiebt, bald aber an einem andern Orte gestehet, daß die Glückseligkeit nicht auf der Beybehaltung des Geldes, sondern auf der Industrie der Einwohner beruhe.

Digreſſion von Luxu.

Der Luxus wird von einigen, als ein nöthiges Mittel der Bevölkerung, der Circulation des Geldes, und überhaupt der Aufnahme des Staats angegeben; von andern aber vor die Ursache des gänzlichen Verfalls und Untergangs eines Landes gehalten. Dieß richtig auseinander zu setzen, muß man zuförderst bestimmen, was man durch das Wort Luxus verstehet, zumal, da es uns im Deutschen an einem Worte fehlet, wodurch man den vernünftigen Begriff, welcher diesem Worte beygelegt werden sollte, ausdrücken kann.

Wenn

Wenn unter diesem Worte ein standesmäßiger Aufwand, eine vorzügliche Unterscheidung und ein feiner Geschmack in den unentbehrlichen und entbehrlichen, aber doch zum bequemen und vergnügten Leben gehörigen Dingen verstanden wird, so kann dergleichen Luxus dem Staate unmöglich nachtheilig seyn.

Verstehet man aber unter dem Worte Luxus, diejenige Pracht oder Üppigkeit, und Verschwendung, dadurch die Bedürfnisse in allen Ständen dergestalt vermehret und consumiret werden, daß die Klassen des Landmanns und der Fleißigen durch beständig fortdauernde Ausschweifungen endlich selbst in Armuth gerathen, so würde es thörigt seyn, dergleichen Einrichtung das Wort zu reden.

Der nützliche Luxus ist, wie gesagt, wenn die Reichen in einem Lande durch ihre Lebensart eine Feinheit des Geschmacks, er mag nun in Essen und Trinken, oder in Kleidung und Wohnung bestehen, vorzüglich anzeigen, und dadurch die Erfindung und Arbeit der Armen anspornen, ihren Unterhalt von jener ihrem Ueberflusse zu erlangen, wodurch der Fleiß der zweyten Klasse von Einwohnern aufgemuntert, die Circulation vermehret, und die Bezahlung der landesherrlichen Auflagen erleichtert wird. Ja in einem Lande, wo die Einwohner ihre Nahrung durch Fleiß und durch ihrer Hände Arbeit suchen müssen, ist der Luxus unentbehrlich.

Da also festgesetzt ist, auf welche Art von Luxu ein Finanzier sein Augenmerk richten muß, so will ich zuförderst, theils einige Grundsätze wiederholen, theils einige neue beybringen, damit die Begriffe von dem Luxu desto deutlicher und richtiger werden.

Die erste Absicht eines Finanzier ist und muß allemal der Ackerbau und die Viehzucht seyn.

Ehe solche in Aufnahme gekommen, werden seine übrigen Operationes niemals einen festen Grund haben.

Hiernächst hat er seine Gedanken auf die Bevölkerung des Landes zu richten, bey welcher dann die zweyte Klasse der Einwohner, nämlich die Fleißigen, vorzüglich in Betrachtung kommen. Denn die Anzahl der Menschen kann in einem Lande so lange zunehmen, als der Boden ihnen Unterhalt zu verschaffen im Stande ist; oder so lange man ihnen die nöthigen Lebensmittel, sie kommen her wo sie wollen, ordentlich verschaffen kann.

Anfänglich müssen die Menschen leben, und jemehr Lebensmittel ein Land hat, destomehr kann es in die Höhe kommen, sobald der Umtrieb der Nahrungsmittel gehörig besorgt ist.

G

Ein

Ein Land ist elend, wenn dessen Einwohner entweder aus Armuth viele zur Bequemlichkeit des Lebens dienende Sachen entbehren muß, oder sich angewöhnet hat, schlecht und kümmerlich zu leben, dabey aber das Geld in Kasten liegen zu lassen.

Millionen die verborgen liegen, können nicht den geringsten Nutzen stiften, oder zum Unterhalt auch nur eines Thieres etwas beytragen; da hingegen ein einziger Thaler zureichet, wenn er beständig von einer Hand in die andere gehet vielen Menschen Nahrung zu verschaffen.

Vom Anfange der Welt hat es immer Reiche und Arme (*) gegeben, und die Reichen haben sich immer durch ihren Aufwand, theils in Kleidungen, theils in Wohnungen, theils in der Nahrung und in ihrer ganzen häußlichen Wirthschaft von den übrigen Einwohnern unterschieden, dadurch aber den Armen Mittel zu ihrer Unterhaltung gegeben: Ja es sind sogar einige dieser letztern, durch die Ausgaben der Reichen, selbst reich geworden, zumal wenn jene den Luxum so weit getrieben haben, daß sie dadurch in Armuth gerathen sind.

Dem Staate kann es indeß gleichgültig seyn, ob Peter oder Paul reich ist. Es ist ihm aber nicht gleichgültig, wenn entweder lauter Arme, oder solche Reiche sich im Lande befinden, die ihr Geld verschlossen halten, und nicht circuliren lassen.

Die Vermehrung der Bedürfnisse, so durch den Luxum entstehet, kann also, so lange solcher in seinen Schranken bleibet, nicht schädlich seyn. Vielmehr wird er dem Landmann, dem Handwerker, dem Fabrikanten, dem Künstler und so ferner nützlich.

Ja sogar die Moden und deren Veränderung, zumal wenn solche im Lande selbst erfunden werden, stiften durch die Circulation des Geldes, viel Gutes.

Stewart in seiner Staatswirthschaft führet ein hier so passendes Exempel an, daß ich nicht umhin kann, es herzusetzen. Wenn ein Reicher, sagt er, von der Vorstellung eines Morallehrers gerühret: daß er des armen Landmanns

saure

(*) Wenn ich von Armen rede, so verstehe ich diejenigen unter der Klasse der Fleißigen, welche entweder gern arbeiten wollen, aber keine Arbeit bekommen können, oder diejenigen, welche Arbeit haben und nicht arbeiten wollen, oder diejenigen, so nicht arbeiten können. Die erste Art ist sodann genöthiget aus dem Lande zu gehen. Die zweyte Art muß von dem Staate zur Arbeit angehalten werden, und die dritte Art ist der Staat schuldig zu ernähren.

saure Arbeit so gleichgültig verpraßte, nun eine eingezogenere Lebensart anfienge; ganz böse würde alsdenn der Bauer auf euch Herr Reformator zufallen. Haltet ihr mich für des reichen Mannes Sclaven? oder meynet ihr, daß ich seines Befehls halber, oder aus der geringsten Achtung für ihn, so pferdemäßig arbeite. Weit gefehlt, ich thue es um seines Geldes willen. Seitdem er aber, auf euer Zureden, wirthschaftlich haushält, so sitze ich da, mit Frau und Kindern, und muß hungern. Da ist mein Nachbar, dem geht es eben so schlecht, der muß nun all sein Heu und seinen Hafer auf den Boden behalten, seitdem der reiche Herr, auf euren klugen Rath, seine überflüssigen Pferde abgeschaft hat. Da sitzen alle die Tagelöhner, die bey ihm sonst gearbeitet haben, und die sind eben so toll auf euch, als ich u. s. ferner.

Hingegen ist nicht zu läugnen, daß der Luxus sehr leicht von seiner vernünftigen Einrichtung in eine Ausschweifung gerathen kann, welche endlich dem ganzen Staate zur Last fallen.

Dieß geschieht gemeiniglich in solchen Ländern, die zu einer großen Höhe, Macht und Reichthum hinangestiegen sind, und dieß ist die weise Einrichtung des Schöpfers, daß einige Staaten untergehen, andere aber empor kommen.

Gleichwie die Mittelstraße allemal die beste ist, also ist es auch löblich, wenn ein Landesherr, theils selbst die Pracht und den Aufwand seines Hofes dergestalt einrichtet, wie es seine Kräfte zulassen und wie es zur Beförderung der Circulation des Geldes nöthig ist, theils aber auch in seinem Lande ein gewisses Ansehen, und einen vorzüglichen Aufwand bey denen, die es zu thun im Stande sind, unterhält.

Es ist freylich keine leichte Sache hier die wahre Mittelstraße zu halten, indem bald auf einer Seite, durch eine übertriebene Ersparniß, die Quellen der Einkünfte verstopft, bald auf der andern Seite, durch eine übermäßige Verschwendung, vertrocknen können.

Im ersten Fall kann ein Land leicht in die uralte Barbarey verfallen. Ich will mich hierüber nicht weitläuftig einlassen, sondern bloß die allgemeine Finanzregel anführen. Wo der Landesherr nichts ausgiebt, da kann er vieles einzunehmen, nicht begehren.

Der andere Fall, nämlich eine übermäßige und grundlose Verschwendung würket ganz gewiß den Untergang eines Staats: wobey hauptsächlich zu bedauren ist, daß, sobald solche in einem Lande eingerissen, es unendlich schwer wird, sichere Mittel dagegen auszufinden, ohne in das andere Extremum zu verfallen.

Es ist weit leichter von einer armen und mittelmäßigen Lebensart zu einem Wohlleben zu schreiten, als von diesem zu jener wieder zurück zu kehren.

Dieß ist die Ursache, warum hohe Impostirungen derer zum Luxu gehörenden Waaren, warum die Kleiderordnung und dergleichen Policeyveranstaltungen, dasjenige nicht würken, was sie würken sollten.

Ein Staat, welcher Gesetze giebt, die entweder nicht gehalten werden, oder deren Uebertretung, theils nicht geahndet wird, theils nicht übersehen werden kann, zeiget nur seine Schwäche an.

Das beste Mittel der übermäßigen Pracht in jedem Stande Einhalt zu thun, ist ohnstreitig, wenn die Vornehmsten, den Landesherrn selbst mit gerechnet, in allen diesen Stücken ein gutes Exempel geben. Wiewohl es gleichfalls ein großes Glück ist, wenn die Denkungsart einer Nation selbst das ihrige zur Einrichtung eines wohlanständigen Luxus, bey jedem Stande, freywillig und ohne Zwang beyträgt.

In Frankreich unterscheiden sich die Rechtsgelehrten, die Kaufleute, die Handwerker, nicht allein durch ihre Kleidung, sondern auch durch ihre Lebensart. Die Ausschweifungen geschehen von den sehr Reichen, theils Edelleuten, theils Generalpächtern, theils andern zu einem geschwinden Vermögen gelangten Personen, sonderlich aber von der Jugend. Und diese Ausschweifungen thun daselbst nicht so viel Schaden, als in andern Ländern, weil dadurch eine unendliche Menge Handarbeiter und Künstler von allen Arten erhalten werden.

In den alten griechischen Republiken waren die Reichen durch eine unvergleichliche Einrichtung verbunden, dem Volke Festivitäten zu geben, eine Kapelle von Musikanten zu halten, bey Wagen- und Pferderennen Depensen zu machen, und so ferner. Der Reichthum, sagt Montesquiou, war daselbst eben eine solche Last, als die Armuth. Uebrigens kann man über diesen Artickel nichts als Generalsätze beybringen; die specielle Einrichtung, welche theils zur Beförderung und Erhaltung eines vernünftigen Luxus, theils zur Hemmung einer übertriebenen Verschwendung und landverderblichen Ueppigkeit dienlich sind, müssen der Regierung eines Landes überlassen werden.

Ueber das achte Kapitel.
Von guten und schlechten Messen.

Messen und Jahrmärkte sind nöthig, wenn in einem Lande das Geld circuliren, die Industrie befördert, und die Klasse der Fleißigen ernähret werden werden soll. Jede Messe, jeder Jahrmarkt der dieß befördert, ist gut, und jede Messe oder Jahrmarkt, der die Circulation, den Fleiß der Einwohner, und den Umtrieb ihrer Arbeit hindert, ist schlecht. Es kommt nicht auf die Absicht der Kaufleute und Krämer an, welche ihren Nutzen suchen. Nicht nur der Kaufmann, sondern jeder Einwohner, er sey von welchen Stande er wolle, suchet seine Interesse. Dieß wird der Verfasser nicht ändern, er mag sich noch so viel Mühe geben.

Es kommt darauf an, daß die so am Ruder sitzen, das Privatinteresse eines jeden so regieren, damit es dem allgemeinem Interesse nicht schädlich, sondern vielmehr nützlich werde.

Wer wollte sich wohl nach den Reden der Krämer und Budenbesitzer richten, wenn er von einer guten oder schlechten Leipziger Messe Nachricht verlanget?

Von allen Reden ist mir anjetzt keine lächerlicher vorgekommen, als wenn man sagt: die Landwaaren wären diese oder jene Messe gut abgegangen. Das ist kein Wunder, denn von zehn Fabrikanten, die sonst in Sachsen waren, sind gewiß neun weggewandert, oder verdorben, also kann der wenigen ihre Arbeit leicht debitiret werden. Wären Handel und Wandel frey, so würden mehr Arbeiter im Lande, und die Messen und Jahrmärkte gut seyn; auch nicht so viel Flachs und Wolle unverarbeitet aus dem Lande gehen.

Ueber das neunte Kapitel.

Generalia von der Extension derer Fabriken und Manufakturen in einem fruchtbaren mit festen Boden umgebenen Lande.

Hier behauptet der Verfasser, daß es sogar einem mit festen Boden umgebenen fruchtbaren Lande schädlich sey, wenn es allzuviel Manufakturen und Fabriken an Fremde verkaufet, weil dadurch der Gebrauch unnöthiger, zur Eitelkeit und Ueppigkeit gehöriger fremder Waaren einreißt. Dieß verdienet eine Untersuchung.

In jedem fruchtbaren Lande kann jeder Bauer oder Hüffner außer seiner Familie wenigstens fünf Mann von seinen Produkten, und jeder Besitzer eines Landguths, es gehöre zu den Domainen des Landesherrn, oder zu den Rittersitzen, eins ins andere gerechnet, wenigstens hundert Menschen ernähren.

Eben so kann ein Manufakturier, Fabrikante oder Handwerksmann, allemal funfzig Menschen mit ihren nöthigen Bedürfnissen versehen. Von geringen Handwerkern will ich nicht einmal reden. Ein Schuster kann wenigstens zweyhundert, und ein Schneider mehr als hundert Menschen versorgen.

Man stelle sich nun ein Land vor, darinn nicht mehr Bauern, nicht mehr Fabrikanten und Handwerker wohnen, als zur nöthigen Nahrung, Kleidung und Wohnung derselben mit Inbegriff der Gelehrten, des Kriegs, und des Hofstaats erfordert wird. Was müßte das nicht für ein elendes Land seyn.

Baumeister, Mahler, Bildhauer, Kupferstecher, Uhrmacher und eine unzählige Menge andere Künstler und Arbeiter sind unnütze; denn sie machen unnöthige, eitle, ja oft zur Ueppigkeit gehörige Sachen. Von Collisichers will ich gar nichts sagen, diese müßten gänzlich ausgerottet werden; ja eine Menge von Gelehrten wären überflüssig und des Verfassers eigenes Buch, nebst meinen Etwas sehr vergeblich.

Man stelle sich hingegen ein Land vor, da die Klasse der Fleißigen, wozu ich die Gelehrten und alle Art Künstler, ja sogar die Putzmacherinnen und Friseurs rechne, bey weiten die Anzahl der andern Einwohner übertrift. Man stelle sich vor, daß diese Fleißigen alle zu arbeiten haben, daß der Landmann solche mit nöthiger Nahrung erhalten, daß sie hingegen nicht nur das

Land

Land mit ihrer Arbeit versorgen, sondern sogar solche durch die Kaufleute in auswärtige Länder vertreiben können. Man stelle sich vor, daß diese Kaufleute dagegen verschiedene Sachen, welche unsere Fleißigen nicht mit Vortheil machen können, sie mögen zur Nothdurft oder Eitelkeit gehören, wieder einbringen. Wollte man sagen: es wäre besser, wenn die Kaufleute, vor diese auswärts angebrachten Waaren der unsrigen, baares Geld ins Land zögen, so müßten wir zum Grunde setzen, entweder, daß wir allein klug, oder, daß die Fremden gezwungen wären, unsere Waaren zu kaufen, wenn wir gleich von ihnen nichts wieder kaufen wollten. Wollte man sagen, man könnte alle Waaren von ihnen wieder nehmen, nur keine die zur Eitelkeit und Ueppigkeit gehören, so würden sie theils keine dergleichen wieder von uns nehmen, theils würden sich die nothwendigen Waaren dergestalt bey uns häufen, daß sie uns endlich zur Last gereichten. Ja, wenn es auch möglich wäre, vor alle unsere weggesandte Waare, baares Geld ins Land zu ziehen, so würde doch zuletzt, aus der Menge des Geldes, nichts als Unheil entstehen. Bey solchen Uebermaße würde die Arbeit theurer werden, der Debit dadurch abnehmen, und die Fleißigen endlich zu emigriren genöthiget seyn, welches der Verfasser selbst eingestehet.

Man stelle sich ferner vor, daß die Reichen oder reich gewordenen, durch die verschiedenen sinnreichen Erfindungen der Fleißigen gereizet, ihr Geld denenselben zuwenden, und daß dieß alles die gesammten Einwohner im Stand setzet, dem Landesherrn die gehörigen Auflagen ordentlich abzuführen.

Man stelle sich endlich vor, daß der Landesherr durch verschiedene Mittel, es sey nun durch Haltung einer zahlreichen Armee, oder durch Errichtung verschiedener Gebäude, oder durch von Zeit zu Zeit angestellte Festivitäten, und andern Einrichtungen, die der Verfasser vielleicht eitel, oder wohl gar üppig nennen wird, einen Theil des von seinen Unterthanen erhobenen Geldes, ihnen wieder zufließen und circuliren läßt, folglich den Landmann aufmuntert, die Fleißigen ernähret, Künstler und Gelehrte belohnet, und dadurch seinen Staat in blühenden Umständen erhält.

Wer wollte in einem solchen Lande nicht gerne wohnen? Die Ausschweifungen oder Excesse welche vorfallen können, müssen das Gute niemals aufheben. Genug daß dergleichen Staat möglich ist, und es würde wenig Mühe kosten zu beweisen, daß er wirklich da gewesen.

Wenn der Verfasser ferner behauptet, daß der wohlfeile Verkauf unserer im Lande fabricirten Waaren an Fremde, von derselben wohlfeilen

feilen Preiß, und dieser von dem geringen Lohn der Arbeiter und der Fuhrleute dependiret, so hat er allerdings Recht; aber es ist eben so wahr, daß wohlfeile Zeiten gerade das Gegentheil würken können.

Der Verfasser gehet in seinem Haß gegen den fremden Handel so weit, daß er sogar behauptet, wenn auch der Preiß der ab= und zugeführten Güter gleich wäre, dennoch viel Bedingungen vorauszusehen wären, ehe das Land, von dem er redet, ohne Schaden dergleichen Handel führen könne.

1) Daß zu keiner von unsern ausgeführten Manufakturen ein fremdes Materiale gebraucht werden müßte.

Ein Satz, der wider alle Fabrikationsprincipia streitet. Ein jedes Land, das seinen Vortheil kennet und fremde Materialien bey sich mit Nutzen verarbeiten und auswärts wieder debitiren kann, würde thörigt handeln, wenn es sich dieses Vortheils nicht bedienen wollte.

2) Will er ein Mittel haben, die Ueppigkeit und Eitelkeit, welche durch den Gebrauch fremder Waaren einreißt, zurückzuhalten.

Erstlich wäre es nöthig gewesen, zu erklären, was er eigentlich zur Eitelkeit und Ueppigkeit rechnet! Salomon nennet alles eitel. Verstehet er nun diejenigen Dinge, welche zum nöthigen Unterhalt des menschlichen Lebens eigentlich nicht, sondern bloß zur Bequemlichkeit und dem Wohlstand gehören, und will daß dergleichen nur nicht von Fremden ins Land gebracht werden, so muß er veranstalten, daß solche im Lande selbst können gefertiget werden. Ist dieß nicht möglich, so muß er erlauben, daß dergleichen Waaren gegen ein= ländische von Fremden genommen werden. Es wäre dann, daß er ein höchst elendes Land zum Object genommen hätte, wie es fast scheint, weil er auch die Ungleichheit des Vermögens vermieden wissen will. Soll dieß seyn, so muß jeder Einwohner, einer so viel als der andere im Vermögen haben, und da fällt allerdings alle Eitelkeit und Ueppigkeit weg. Es bleibt nichts übrig, als was jeder, sein Leben zu erhalten, höchst nöthig hat. Sobald aber die geringste Ungleichheit im Vermögen entstehet, so, daß einer mehr als der andere besitzet, so entstehet auch die Begierde besser als derjenige zu leben, welcher weniger hat. Hier fängt also der Luxus an, welchen der Ver= fasser vermuthlich mit den Wörtern eitel und üppig andeuten will. Dieser Luxus ist, so lange er vernünftig eingerichtet bleibet, einem Staate höchst vortheilhaft; denn es hat von Anfang der Welt Arme und Reiche gegeben, und wird wohl bis ans Ende also bleiben.

Sein

Sein Begehren, welches er hier noch hinzufüget, daß die Reichen die Armen nicht verachten sollen, muß von den Lehrern und Predigern bewürket werden, und gehöret weder zum fremden noch einheimischen Handel.

3) Ist seine vornehmste Bedingung, daß wir im Stande seyn müßten alle Arbeit des Zuwachses und einheimischer Bedürfnisse, neben der Anwendung einer großen Menge der Manufakturiers und Fabrikanten, der Krämer- und Handelsleute (so vor die Fremden arbeiten) durch die Arbeit unserer Einwohner zu besorgen.

Bey dieser Bedingung muß sich der Verfasser ein Land zum Object genommen haben, worinn die Klasse der Fleißigen die Bedürfnisse, so die Einwohner desselben brauchen, nicht fertiget, sondern welches vielmehr vor Fremde arbeitet, folglich den fremden Handel befördert und den einheimischen nicht achtet.

Ordentlich arbeitet jedermann am liebsten vor den, der das meiste zahlet: Wenn also die Fabrikanten die Bedürfnisse, so das Land brauchet, nicht verfertigen wollen, sondern lieber vor fremde auswärtige Kaufleute arbeiten, so muß die Ursache davon seyn, daß die Auswärtigen besser zahlen. Sollten nun die Einheimischen deshalb darben müssen, und ihre unentbehrliche Bedürfnisse nicht erlangen können, so wäre es freylich ein Fehler. Dieser Fall aber läßt sich nicht leicht denken; vielmehr ist zu glauben, daß alsdenn die Einheimischen dergleichen nöthige Waaren anderswo wohlfeiler, als bey ihren Fabrikanten, bekommen können, denn sonst würden sie denenselben eben das, was die Fremden zahlen.

Ein Exempel wird dieß noch deutlicher ins Licht setzen. Wir wollen annehmen, ein Tuchmacher könne sein im Lande fabricirtes Tuch in eine auswärtige Gegend die Elle vor 2 Rthlr. verkaufen, die Einwohner hingegen wüßten eben dergleichen Tuch aus einer andern Gegend vor 1 Rthlr. 12 gl. die Elle zu erlangen. Soll nun der Landesfabrikante gezwungen werden, die Elle Tuch, weil sie im Lande bleibt, ebenfalls vor 1 Rthlr. 12 gl. herzugeben?

Der Verfasser giebt uns zwar ein ander Exempel in der Nota, wenn er sagt: Man müßte keine fremde Schnitter in der Aerndte brauchen. Es ist auch wirklich andem, daß, sonderlich in der Gegend von Dreßden, zur Aerndtenzeit verschiedene Arme aus Böhmen kommen, und als Schnitter gebraucht werden. Allein, dieß widerspricht keinesweges meine übrigen Exempel. Dieß geschieht dorten ebenfalls, weil man diese fremde Schnitter wohlfeiler haben kann; als wenn der Bauer so viel Gesinde mehr, der Aerndte wegen,

wegen, erhalten müßte. Die Fleißigen wissen in dortiger Gegend durch andere Arbeit mehr, als durchs Kornschneiden zu verdienen.

Indessen ob wohl Sachsen nunmehro ungemein an Menschen abgenommen hat, so würden wir wenigstens zur Landwirthschaft noch Leute genug haben, wenn man die Bettler erstlich zur Arbeit anhalten wollte. Man darf nur die Anzahl derer, die sich in Dreßden und in den übrigen Städten befinden, nachrechnen, und solche zu arbeiten nöthigen, so wird es keiner fremden Schnitter bedürfen.

Mich deucht ein fruchtbares und volkreiches Land sey einerley, denn eins folgt aus dem andern, und die Distinction, welche der Verfasser macht, findet nicht eher statt, als bis Fehler in der Regierung vorgehen. Allein alsdenn nimmt auch die Fruchtbarkeit eben so ab, als das Volk abnimmt; denn, wenn der Landmann seine Produkte nicht mehr loß werden kann, so unterläßt er, solche zu bauen.

Wenn hingegen der Verfasser setzet, daß unfruchtbare Länder, welche ihre Einwohner ohne fremde Hülfe und Früchte nicht ernähren können, gezwungen sind mit Fremden zu handeln, so kann solches nur einzig und allein auf Holland passen. Gleichwohl dienet dieß Land zum Gegenbeweiß aller derjenigen Sätze, welche der Verfasser wider die fremde Handlung beybringt. Durch seinen innerlichen und äußerlichen Handel, durch eine Menge von außen hineingebrachter Materialien die es im Lande fabriciret, durch seinen unglaublichen Fleiß, und sein unaufhörliches Gewerbe, ist dieß Land in die Höhe gekommen, und erhält sich in seinem blühenden Zustand. Gewiß, wenn es auch eben so viel Getraide erbauete (denn an Viehzucht fehlet es ihm nicht) als dessen Einwohner brauchten, so würde es deshalb keinen schlechten fremden Handel treiben. Die Schiffahrt kann mir zwar jedermann, nur der Verfasser nicht, entgegen setzen, weil er einmal angenommen, daß, was die Scribenten von der Schiffahrt sagen, auch auf das Landfuhrwerk paßt. Außerdem sollte in Holland, seines gewaltigen fremden Handels halber mit nöthigen, mit unnöthigen, eitlen, und üppigen Waaren, nach des Verfassers Grundsätzen, der Luxus auf höchste gestiegen seyn, und gleichwohl herrschet nirgends eine solche Frugalität, als dorten. Und dieß beweiset, daß nicht die Handlung, sondern andere Umstände an den Excessen Schuld sind.

Andere Länder aber, welche nicht so viel Früchte hervorbringen, daß ihre Einwohner ernähret werden könnten, und welche weder Schiff- noch Wasser-

Wasserfahrt haben, sind elend, und der Handel, welchen sie führen, um ihr Brod zu gewinnen, ist jämmerlich.

Uebrigens hat der Verfasser recht, wenn er sagt: Ein fruchtbares Land, wenn es mit festen Boden umgeben, und nicht große Schiffahrt exerciret, solches habe von einem weitläuftigen fremden Handel und den Gebrauch fremder Waaren oft nichts als Schaden zu hoffen. Allein, er konnte mit eben dem Grunde sagen, Ein dergleichen fruchtbares Land habe von einen weitläuftigen fremden Handel und den Gebrauch fremder Waaren oft nichts als Vortheil zu hoffen.

Der Verfasser behauptet ferner, daß die Länder, welche edle Metalle unter der Erden finden, nicht nöthig hätten, mit fremden Ländern zu handeln, sondern daß ihre Hauptbemühung seyn müßte, das Geld, so ihnen zuwächßt, zu Hause zu behalten, und wohl zu vertheilen.

Diesem Satz einigen Schein zu geben, setzet er die Bedingung hinzu: Wenn sie in der Vermehrung des Geldes was Gutes fänden: Folglich stößt er durch diese Bedingung seinen Hauptsatz wieder übern Haufen. Denn kein Land kann in der beständigen Vermehrung des Geldes, ohne mit Fremden Handlung zu treiben, was Gutes finden.

Er mag nur berechnen, wie viel Geld ein Land, dergleichen er im Sinne hat, ohne fremden Handel, bey sich zur Circulation braucht, und dann die Masse, welche jährlich aus dessen Bergwerken kommt, hinzusetzen. Wenn nun alles dieses Geld im Lande bleiben müßte, so wird er selbst finden, was aus dergleichen Land endlich werden möchte.

Ewig daurende Generalia müssen sich nicht widersprechen.

Ueber das zehnte Kapitel.

Von der Theurung.

Der Verfasser verwechselt hier den hohen Preiß der Arbeit mit dem Preiß der Lebensmittel.

Der hohe Preiß der Waaren kann einem Lande, das seine Fabricata an Mann bringen und dadurch die Klasse der Fleißigen erhalten will, nichts als

Schaden verursachen, und eben dieß thun sehr oft die wohlfeilen Lebensmittel, indem sie den hohen Preiß der Arbeit zuwege bringen.

So wahr es ist, daß der beständige Streit zwischen Land und Städten über ihren Vortheil, daß allzu hohe und übel eingerichtete Auflagen, daß die Vernachläßigung der Policey, daß schlechte Straßen und andere versäumte Anstalten, daß eine schlechte Einrichtung des Münzwesens, daß eine unnöthige und doch große Consumtion fremder Waaren, Theurung in den Landwaaren macht, und die Klasse der Fleißigen in nahrlosen Stand setzet: Eben so irrig ist es, daß die ungleiche Austheilung der Reichthümer und der darauf folgende Luxus, ordentlicher Weise, zu dieser Theurung etwas beytragen sollte. Der Luxus müßte dann ausschweifend seyn.

Der Verfasser gestehet selbst, daß derjenige, welcher das meiste Geld hat, am meisten vor die Arbeit bezahlen kann. Wenn also die Anzahl derjenigen, welche unsere Nothwendigkeiten verfertigen, sich verringern, so sind nicht die Reichen, sondern eine übel eingerichtete Policey daran Schuld, denn die Reichen brauchen die nothwendigen Sachen eben so wohl, als die Armen. Wenn aber in einer Art von nothwendigen Handwerkern, öfters nur eine Person in einer Stadt sich befindet, und derselbe, ohne Aufsicht, den Preiß der Arbeit desto mehr erhöhet, je nothwendiger sie ist, so bringet dieß den Armen in Noth. Am meisten aber trägt der gesperrte fremde Handel zur Theurung bey, denn dadurch gehen eine Menge Arbeiter aus dem Lande, und diejenigen, welche zur Nothdurst des Landes übrig bleiben, können ihre Arbeit steigern, wie sie wollen, man muß ihnen solche bezahlen, weil man sie nöthig hat. Solche von Fremden kommen zu lassen, würde gemeiniglich, außer der Beschwerlichkeit, eben so viel kosten.

Allein, hieraus entstehet, daß die Menschen anfangen, vieler sonst nöthigen und nützlichen Sachen zu entbehren, wodurch sich die Anzahl der arbeitenden Hände immer mehr und mehr vermindert, und dieß erstreckt sich sogar bis auf den Landmann.

Der kleine Haufen der Reichen hilft freylich, wie der Verfasser sagt, dem Publiko wenig, aber der große Haufen dieser Klasse desto mehr. Der Verfasser irret, wenn er glaubt, daß diejenigen, welche, vermöge ihrer Glücksgüter unter uns leben, bey uns bleiben werden, wenn sie gleich nicht mehr mit Bequemlichkeit leben könnten. Die tägliche Erfahrung widerspricht ihm, ja, dergleichen vermögende Personen, wenn sie gleich ihrer

Güter

Güter und anderer Umstände halber, nicht gänzlich wegziehen, begeben sich dennoch, der Bequemlichkeit und des Vergnügens halber, von Zeit zu Zeit, in andere Länder, und verzehren dorten ihr Geld.

Der Zusammenlauf vieles Volkes an wenig Orten, kann auch keine Theurung, die dem Lande schädlich wäre, verursachen. Vielmehr entstehen an solchen Orten mehrere Bedürfnisse, mehrere Begierden, mehrere Erfindungen.

Es kommt niemals darauf an, wie theuer die Waare, sondern, ob viele Nachfrage nach ihr ist, und ob sie Liebhaber genug findet? So lange nur Geld genug circuliret, darf man sich vor keine Theurung der Waaren fürchten.

Ein ganz anders ist es mit der wohlfeilen Zeit, das ist mit den gar zu geringen Preiß der Lebensmittel.

Dieses macht bey den Arbeitern die Arbeit theuer. Ein Tagelöhner, ein Handwerker, ein Fabrikante, der bey der wohlfeilen Zeit in zwey Tagen seine Nahrung verdienen kann, wird die übrigen vier Tage der Woche selten arbeiten. Ich rede von den großen Haufen, und aus der Erfahrung. Denn es kann hie und da einige geben, die anders gesinnet sind.

Gar zu theure Zeiten stiften hingegen noch mehr Uebel, sie bringen den Arbeiter entweder zur Verzweifelung, oder treiben ihn aus dem Lande.

Die größte Kunst eines Staatsmannes ist also, in dem Lande, welches er in die Höhe bringen will, es also einzurichten, daß die Lebensmittel nicht allzu wohlfeil und nicht allzu theuer sind.

Das Getraide ist unstreitig das aller nöthigste und unentbehrlichste, folglich auch das wichtigste Object eines Regenten.

In einem Lande, wo zureichende Magazine errichtet sind, da kann der Preiß des Getraides allemal in einer gewissen Gleichheit erhalten werden. Ja dieß ist das einzige Mittel, die Hungersnoth abzuwenden, oder doch wenigstens erträglich zu machen.

Der Krieg, nachdem er geführet wird, kann allerdings ein Land völlig zu Grunde richten, so, daß es eine Zeitlang wüste bleibet. Hungersnoth und Pest können aus demselben entstehen; doch sind dieses weit ärgere Landesplagen, als der Krieg.

Die ungleiche Austheilung der Güter und des Vermögens vermeiden wollen, wie der Verfasser verlanget, würde eine vergebliche Bemühung seyn, auch nichts gutes würken, wie schon erwähnt worden.

Der Verfasser will sich zwar helfen, wenn er die Bedingung, nämlich eine allzu ungleiche Austheilung hinzusetzet. Wer kann aber ausrechnen, wie viel jeder Einwohner des Staats eigentlich an Gütern und Vermögen besitzen müsse, wenn die Austheilung nicht allzu ungleich seyn soll.

Ich glaube, es sey einem Staate weit vortheilhafter, wenn man es dahin bringen kann, daß die Reichen ihr Geld den Armen zufließen lassen, und daß die Armen von Betteln abgezogen und zur Arbeit genöthiget werden, als sich bey dergleichen speculativischen Austheilungen aufzuhalten.

Eine gleiche Austheilung des Vermögens kann bloß bey Errichtung einer neuen freyen Republik statt finden, allein, auch in selbiger wird solche nicht lange dauren, und es werden bald Arme und Reiche entstehen.

In einer Monarchie aber, würde sie nichts als Unglück anrichten.

Noch unglücklicher aber würde das ganze menschliche Geschlecht seyn, wenn jedermann in einem Staate mit seinen Umständen zufrieden wäre. Die Begierde immer glücklicher zu werden, ist ein Trieb, den die Natur weißlich in uns gelegt hat.

Wenn auch die Philosophie, oder das Alter bey einigen, deren Neigungen von Natur ruhig sind, es dahin gebracht hat, daß solche wirklich nichts weiter begehren, so ist dieß ein rares Phönomenon, welches eben, weil es so selten ist, auf das Ganze nichts besonders würket.

Daß aber auch hier nicht so gut, wie in allen Dingen Excesse vorfallen sollten, solches kann nicht geläugnet werden. Allein, Excesse müssen von einer klugen Regierung auf ihre Mittelstraße zurück geführet werden.

Anmerkungen
über den
zweyten Theil.

In selbigen handelt der Verfasser von den Accisen, und er hat hier sonderlich eine bessere Regie, bey der in Sachsen eingeführten Generalconsumtionsaccise, in Vorschlag gebracht.

Mir kommt diese Generalconsumtionsaccise vor, wie ein Anfangs schön und wohl gemachtes Kleid, das durch das lange Tragen alt worden, und Löcher bekommen hat, welches man aber beständig wieder geflickt, und doch mit allen Flicken nicht dahin bringen können, daß es tragbar bleiben sollte.

Es giebt Sachen in der Staatskunst, die man sagen, auch schreiben kann, die sich aber nicht schicken, gedruckt zu werden.

Die besten Projekte, sind in der Execution so vielen Veränderungen unterworfen, welche niemand voraus zu sehen vermag, daß derjenige, welcher zugleich deren Detail hererzählet, sich der Gefahr aussetzet, daß er von denjenigen, die nur einige Kenntniß und Erfahrung in eben denselben Sachen haben, dergestalt in den Nebenumständen widerlegt werden kann, daß alles Gute, was sonst sein Projekt enthält, dabey leidet.

Principia und Grundsätze bleiben immer einerley; allein, die Anwendung derselben muß sich nach der Beschaffenheit und Lage des Landes, nach den Umständen der Zeit und der Oerter, ja sogar nach der Denkungsart einer Nation richten. Dieß alles findet sich gemeiniglich erst, wenn man ein Projekt in Ausübung bringen will.

Es würde so unnöthig als vergeblich seyn, etwas über diesen zweyten Theil des Verfassers zu sagen, wer dergleichen Arbeit unberufen übernimmt, der verdienet ordentlich keinen Dank.

www.ingramcontent.com/pod-product-compliance
Lightning Source LLC
Chambersburg PA
CBHW032142230426
43672CB00011B/2423